거꾸로 가는 교회

믿음의 방주인 교회 바로 세우기

거꾸로 가는 교회

최근용 지음

비전북

"다스는 누구 거예요?"

얼마 전에 이 질문이 모든 매스컴이나 사람들의 가장 큰 관심과 의문으로 사회적인 이슈가 된 적이 있습니다. 회사의 주인을 못 찾아서 생긴 웃지 못할 해프닝입니다.

"그러면 교회는 누구 거예요?"

이 질문에 대해서 대부분의 사람들은 하나님의 것, 목사님의 것, 장로나 교인들의 것이라고 저마다 자신의 생각에 따라 대답할 것입니다.

그러나 교회의 존재 근거가 되는 성경에서 교회는 예수 그리스도의 핏값으로 사신 하나님의 소유임을 분명하게 밝히고 있습니다. 또 모든 교회도 교회는 하나님의 것이라고 인정합니다. 그럼에도 불구하고 요즈음 교회의 세습이나 재산권 때문에 문제가 되고 있는 교회들을 보면 교회의 모든 소유권이 정말 하나님께 있는 것인가에 대해서 쉽게 동의하기 어려울 것입니다.

물론 천지를 만드신 하나님은 인간들이 목숨을 걸고라도 포기하지 않으려는, 언젠가는 없어질 가시적인 것들에 대해서는 관심조차 없으십니다. 다만 눈에 보이지 않는 하나님 나라보다 우선 눈에 보이는 것을 잡으려는 사람들의 어리석은 욕심 앞에서 하나님은 착잡해하실 것입니다. '다스'라는 회사는 사회적인 문제의 중심에 있으면서도 실질적인 주인을 심증적으로만 생각해 볼 뿐, 정작 주인이라고 짐작되는 사람은 본인이 그 주인이 아니라고 하기 때문에 문제가 된 것입니다.

그런데 "교회의 주인은 바로 나다." 하고 교회의 존재 근거를 제공하는 성경에서 하나님 자신이 교회의 주인임을 분명하게 밝히고 있음에도 불구하고 주인으로부터 잠시 관리를 맡은 인간들이 교회의 주인인 것처럼 행세를 하기 때문에 문제가 되는 것입니다.

교회가 이렇게 변질된 것은 포스트모더니즘이라는 인본주의적인 철학 사조가 교회에까지 침투한 결과이며, 그로 인해 하나님 중심으로 나가야 할 교회가 인간 중심적으로 왜곡되고 변질되었다는 증거입니다.

교회가 목회자 세습과 같은 인간적인 문제로 갈등을 겪는 것도 결국 성경, 즉 하나님의 뜻이 아닌 인간중심의 사고와 의식의 결과이며 기득권을 포기하지 않으려는 인간적 욕심 때문입니다.

"기독교(교회)는 그리스로 가서는 철학이 되었고, 로마로 가서는 제도가 되었으며, 유럽으로 가서는 문화가 되었다. 또 미국으로 가서는 기업이 되었다."는 로버트 헐버슨 목사의 주장에 이어 "그리고 한국으로 와서는 대기업이 되었다."는 어느 방송 관계자의 교회에 대한 신랄한 비판에 대해서 깊이 생각해 봐야 합니다.

하나님이 주신 말씀은 하나인데 그 말씀으로 그리스는 철학을 만들고, 로마는 제도(법)를 만들고, 유럽에서는 문화를 만들고, 또 미국에서는 기업으로 변질되었다는 것은 부끄럽지만 많은 사람이 동의할 수밖에 없을 것입니다. 세계의 역사와 문화적 관점으로 보더라도 기독교를 어떻게 받아들이는가에 따라 세계 역사와 문화가 바뀔 만큼 그 영향은 실로 대단했기 때문입니다.

그 말을 다시 성경적 관점으로 보면, 즉 성경을 어떻게 보는가에 따라

같은 말씀을 율법으로도 볼 수 있고 복음으로도 볼 수 있다는 것이며, 더 나아가서 똑같은 성경 말씀이 생명의 말씀이 될 수도 있고, 심판의 말씀이 될 수도 있다는 교훈으로 받을 수 있어야 할 것입니다.

시대와 문화가 바뀌고 수천 년의 역사가 흘러도 하나님의 말씀은 변하지 않습니다. 따라서 예수를 믿는 우리는 성경을 바르게 알고 믿어야 합니다. 그것은 곧 하나님의 뜻인 예수 그리스도를 바르게 아는 것과 같기 때문입니다.

더구나 교회는 우리 신앙의 중심에 있기 때문에 우리의 신앙을 위해서 정말 중요한 믿음의 방주라고 할 수 있습니다. 그럼에도 불구하고 교회에서 크고 작은 문제가 발생하는 가장 큰 원인은 성경적인 '교회론'이 제대로 정립되어 있지 않았기 때문이며, 또 바르게 적용되지 않기 때문이라고 할 수 있습니다.

교회를 이루는 사람들은 결국 믿음이 있는 성도들이라는 것을 전제로 합니다. 따라서 이 책은 믿는 자들의 교회 생활과 교회가 가야 할 길 등 교회론을 중심으로 썼습니다. 모든 교회가 성경적인 교회론의 정립으로 바르게 서야 한다는 간절한 마음으로 교회에 속한 모든 성도에게 이 책을 드립니다.

이 책을 통해서 사랑하는 딸 보윤이 내외와 형제들, 그리고 많은 성도들이 교회에 대한 올바른 인식과 성찰로 바른 신앙생활을 할 수 있기를 바라며 천국의 소망을 이루는 그날까지 승리하시기 바랍니다. 끝으로 예전에 출판된 《믿음인가 착각인가》《나를 깨운 편지》를 읽고 많은 격려와 성원을 보내주신 독자들과 지인들께 이 지면을 통해서 진심으로 감사를 드립니다.

또 이 책이 나오기까지 도움을 주신 일산 서머나교회 박장호 목사님과 성도님들께 감사드리며 비전북의 박종태 사장님과 민상기 편집장님, 이레서원 나기영 부사장님께 감사드립니다. 또 저를 목포에 정착해서 선교와 집필할 수 있도록 많은 도움을 주신 목포 CBMC 회장 이성식 장로님과 송태후 장로님, 그리고 친구인 김삼열 군에게 감사를 드립니다. 또 믿음의 동역자로서 함께 신앙 교제를 나누고 있는 해남 김영일 장로님과 영암 윤영본 전도사님, 목포 홍철수 장로님, 이상열 장로님 그리고 신안 김철담 장로님과 한판수 집사님 부부에게도 존경과 감사를 드립니다.

2020. 2.

최근용

목 차

1장

교회

1. 교회란 무엇인가

대부분 사람은 교회라고 하면 먼저 건물을 떠올립니다. 그래서 건물 옥상에 붉은 네온 십자가가 첨탑에 걸려 있으면 그 건물을 교회라고 말합니다. 즉 건물을 중심으로 예수를 믿는 사람들이 모여서 예배와 찬송을 드리기 때문에 그런 건물 자체를 교회로 인식하고 있는 것입니다.

그런 이유에서인지 그곳에 모이는 사람들의 수효가 많아지면 대부분 교회는 제일 먼저 교회 건물을 건축하는 것을 교회의 가장 크고 중요한 목표로 정합니다. 교회 건물이 있어야 더 많은 사람이 올 수 있기 때문입니다. 그래서 건축을 할 때 가능하면 분에 넘치더라도 크고 화려하게 지으려고 생각합니다. 대부분 사람은 모인 사람들뿐만 아니라 겉으로 보이는 건물의 규모나 외부의 디자인, 또 고급스러운 내부 인테리어 등을 보고 그것을 그 교회의 능력으로 판단하기 때문입니다.

그런 이유로 많은 교회들이 다른 교회보다 더 크고 멋있게 건축하기 위해 경쟁하듯이 멀쩡한 기존 교회 건물을 허물어서 새로 멋지게 짓기도 하고, 빚을 내서 땅을 매입해서라도 교회를 좀 더 크고 화려하게 지으려고 하는 것입니다. 그 결과 요즈음은 큰 도시는 말할 것도 없고 작은 지방도시나 읍면 단위의 지방에 가더라도 크고 화려하게 꾸며진 멋진 교회 건물을 쉽게 찾아볼 수 있습니다.

그러다 보니 어떤 교회들은 무리하게 건축을 추진하다 그 과정에서 크고 작은 문제가 발생하여 주위에 가십거리를 제공하기도 하고 간혹 보기에 민망한 모습을 연출하는 경우도 적지 않습니다.

어떤 교회는 교회 건물을 건축할 때 단순한 예배당 건축의 의미를 넘어서 '성전건축'이라는 거룩한 의미를 부여하기도 합니다. 그러면 교인들은 '성전건축'이라는 귀하고 거룩한 사명을 감당한다는 차원에서 건축하는 데 더 적극적으로 참여하게 됩니다. 이때 성경을 잘 모르는 사람들은 구약의 솔로몬 성전을 연상하여 자신이 하나님의 거룩한 '성전건축'에 참여한다는 종교적 자부심이 발동하여 분에 넘치는 시간과 물질로 헌신함으로써 자신의 존재감을 나타내려고 합니다. 아무튼 사람들이 모여서 함께 예배드리고 교제하는 공간은 꼭 필요합니다. 그러므로 형편이 된다면 이용하기 편하고 멋있게 건축하는 것도 좋을 것입니다.

그러나 교회가 무엇인지, 성전이 무엇인지 제대로 구분하지도 못하면서도 이렇게 종교적인 열심을 신앙으로 착각하고 있는 사람들이 많이 있다는 것은 큰 문제입니다.

그러면 교회를 통한 우리의 신앙생활은 제대로 하고 있는지, 또 교회는 어떻게 가야 하는지 성경을 통해서 알아봅시다.

성경에서 교회는 우리 믿음의 중심에 있기 때문에 가장 중요한 신앙의 주제라는 것을 설명하고 있습니다. 따라서 교회를 다니는 사람들은 성경에서는 교회를 무엇이라고 하는지 교회에 대해서 바르게 아는 것이 매우 중요합니다.

〈마 16:13-19〉

13예수께서 빌립보 가이사랴 지방에 이르러 제자들에게 물어 이르시되 사람들이 인자를 누구라 하느냐 14이르되 더러는 세례 요한, 더러는 엘리야, 어떤 이는 예레미야나 선지자 중의 하나라 하나이다 15이르시되 너희는 나를 누구라 하느냐 16시몬 베드로가 대답하여 이르되 주는 그리스도시요 살아 계신 하나님의 아들이시니이다 17예수께서 대답하여 이르시되 바요나 시몬아 네가 복이 있도다 이를 네게 알게 한 이는 혈육이 아니요 하늘에 계신 내 아버지시니라 18또 내가 네게 이르노니 너는 베드로라 내가 이 반석 위에 내 교회를 세우리니 음부의 권세가 이기지 못하리라 19내가 천국 열쇠를 네게 주리니 네가 땅에서 무엇이든지 매면 하늘에서도 매일 것이요 네가 땅에서 무엇이든지 풀면 하늘에서도 풀리리라 하시고

오늘날 많은 사람이 한국 교회를 걱정하고 있습니다. 그것은 교회의 세습이나 지나친 기복신앙과 같은 인간적인 문제들인데, 그런 문제점들은 성경적인 '교회론'이 제대로 정립되지 않았기 때문에 발생하는 현상들입니다. 교회론이 바르게 정립되어 있어야 우리가 신앙인으로서 이 땅을 살아가는 분명한 이유와 목적 있는 삶을 살아갈 수 있습니다.

그러나 사람들이 모이는 건물을 교회라고 오해하는 사람의 대부분은 호칭에 대한 의미를 정확하게 알고 그렇게 호칭하기보다는 습관적이고 묵시적인 약속과 그 인식 아래서 그렇게 부르는 것에 지나지 않습니다. 그런 인식의 결과로 각 교회마다 '성전 건축' 또는 '교회 건축'의 이름으로 헌금을 하지 않는 교회가 거의 없을 정도입니다. 예전에는 심지어 "너희들이 사는 곳은 그렇게 화려한데 하나님이 거하시는 곳은 이렇게 허름해서야 되겠는가?" 하면서 노골적으로 교회 건물 건축을 위한 헌금을 강요하

기도 했습니다.

　그래서 제가 어렸을 때는 목사님이 설교하는 강대상이 있는 곳은 제단이라고 해서 그 위에는 아무나 올라가지도 못했고, 누구라도 신발을 신고는 올라가지 못하게 했습니다. 그곳은 거룩한 곳이기 때문에 모세나 여호수아가 하나님 앞에서 신을 벗었듯이 신을 벗고 올라가야 한다는 것이었지요. 물론 지금도 교회 건물을 버젓이 성전이라고 부르는 교회들이 많이 있지만, 교회 건물을 성전이라고 부를만한 성경적인 근거는 없습니다.

2. 건물성전은 없다

　AD 70년 로마에 의해 불타버린 이스라엘의 성전 이후에는 그 터에 통곡의 벽만 남아있을 뿐 기독교에서 성전이라고 호칭하는 건물은 없습니다. 그 이후에도 교회 건물을 성전이라고 호칭하기 위해서는 성경이 그런 근거를 제공해 주어야 합니다.

　창세 이래 하나님은 모든 만물과 역사를 주관하고 계시고, 구약의 율법 기능을 수행하던 그런 건물 성전이 불타버리고 없음에도 불구하고, 더구나 2천 년 동안 세계 어디에도 없던 성전이 20세기 말에 이르러 그것도 구약 성전이 있었던 이스라엘도 아닌 한국에서 갑자기 많은 교회 건물이 '성전'이라는 이름으로 등장하고 있습니다. 그러나 교회 건물을 성전이라는 호칭에 대한 정당성을 인정받기 위해서는 성경에 근거한 설명이 가능해야 합니다.

　그러나 성경에서 보듯이 교회는 건물을 말하는 것이 아닙니다. 교회를 헬라어로 '에클레시아'라고 합니다. 이는 세상으로부터 건져내어진, 세상과 구별된 거룩한 무리, 하나님의 백성, 성도라는 뜻이며 바로 믿음으로 구원받은 성도들의 모임을 교회라고 합니다.

그러므로 그 교회가 모여 예배를 드리는 장소는 예배당이라고 하는 것이 맞는 표현이고, 성전이라고 하면 안 됩니다. 오히려 이단 교회 중에는 그들이 모여서 예배드리는 곳을 예배당이라고 하는 교회가 있더군요. 성전이라는 말은 하나님이 계신 전이라는 뜻인데, 구약 때에는 하나님을 만날 수 있는 유일한 곳이 바로 성전이었습니다. 그러나 신약시대인 지금은 하나님이 구약 이스라엘의 예루살렘 성전과 같은 그런 건물 성전에 계시지 않습니다.

그 하나님이 지금은 우리 안에 성령으로 들어오셨습니다. 그래서 우리의 몸이 성전이라고 하는 것입니다. 하나님이 계신 전, 즉 성전은 바로 믿음 안에 있는 우리 자신입니다.

많은 교회에서 성지순례라는 이름으로 이스라엘이나 터키 등 성경에 기록된 유적지를 찾기도 하는데, 이때 성지순례라는 말도 성경적으로는 전혀 맞는 말이 아닙니다. '성지(聖地)'는 하나님이 계신 거룩한 곳이라는 뜻인데, 지금 그런 데가 이 땅 어디에 있습니까? 굳이 성지에 대해 알아본다면 구약의 성전이 있던 예루살렘이나 신약의 사도들의 흔적이 있는 터키 같은 지역이나 장소가 아니라 바로 구원받은 성도들의 몸, 즉 성령이 거하는 성도들의 몸이 성지입니다.

성경 말씀에 근거해서 좀 더 확대해 살펴보면 성지는 옛 예루살렘의 성전이 있던 흔적이나 바울과 같은 사도들이 전도 여행을 했던 도시가 아니라, 성령을 받은 성도들, 바로 자신의 주위에 있는 올바른 믿음을 소유한 믿음 안에 있는 형제자매들이라고 할 것입니다. 그들 안에는 지금 성령 하나님이 계시기 때문입니다.

성지순례라는 이름으로 비싼 여행경비를 지불하고 다녀오기보다 오히려 교회 안에서 주위에 있는 경건한 믿음의 형제들과 함께 교제하며 기쁨이나 애환을 나누는 것이 더 가치 있는 믿음을 위한 순례가 될 수 있을 것입니다.

사도 바울이 교회들에게 쓴 편지들을 '서신서'라고 하는데 그 서신서의 인사말들을 보면 교회가 무엇인지 좀 더 분명하고 정확하게 알 수 있습니다.

〈갈 1:1-3〉
¹사람들에게서 난 것도 아니요 사람으로 말미암은 것도 아니요 오직 예수 그리스도와 그를 죽은 자 가운데서 살리신 하나님 아버지로 말미암아 사도 된 바울은 ²함께 있는 모든 형제와 더불어 갈라디아 여러 교회들에게 ³우리 하나님 아버지와 주 예수 그리스도로부터 은혜와 평강이 있기를 원하노라

〈빌 1:1〉
그리스도 예수의 종 바울과 디모데는 그리스도 예수 안에서 빌립보에 사는 모든 성도와 또한 감독들과 집사들에게 편지하노니

〈엡 1:1〉
하나님의 뜻으로 말미암아 그리스도 예수의 사도 된 바울은 에베소에 있는 성도들과 그리스도 예수 안에 있는 신실한 자들에게 편지하노니

〈고전 6:19〉
너희 몸은 너희가 하나님께로부터 받은바 너희 가운데 계신 성령

의 전인 줄을 알지 못하느냐 너희는 너희 자신의 것이 아니라

"갈라디아에 있는 교회들에게, 빌립보에 있는 성도들에게, 에베소에 있는 성도들에게", 이렇게 믿음 안에 있는 신실한 자들, 성도들을 가리켜 교회라고 합니다. 그리고 그 교회를 이룬 성도들을 가리켜 성전이라고 하는 것입니다. 성경은 이렇게 하나님의 성령을 받은 성도들이 교회이며 성전이라고 분명하게 밝히고 있습니다.

그러면 죄 가운데 있던 우리가 어떻게 성전이 되었을까요?
하나님은 절대로 죄와 함께 거하실 수 없는 분이십니다. 그런데 지금 하나님이 우리 안에 계시다는 것은 우리 안에 하나님이 책망하실 만한 죄가 모두 도말되고 없다는 뜻입니다. 그러면 죄와 허물로 더러워진 우리가 어떻게 하나님이 거하실 수 있는 성전이 되었을까요? 바로 구세주이신 예수 그리스도의 십자가 때문입니다. 예수님은 자신을 가리켜 성전이라고 하셨는데, 그 예수를 믿음으로 연합한 성도가 바로 성전이 된 것입니다.

3. 참 성전이신 예수그리스도와 성도

동안에 일으키리라 20유대인들이 이르되 이 성전은 사십육 년 동안
에 지었거늘 네가 삼 일 동안에 일으키겠느냐 하더라 21그러나 예
수는 성전 된 자기 육체를 가리켜 말씀하신 것이라

이렇게 주님은 자신을 가리켜 성전이라고 하셨습니다. 이 말은 구약의
성전이 담고 있던 그 내용이 바로 예수님 자신이었다는 것을 설명하고 있
습니다. 건물이 진정한 성전이고 꼭 있어야 할 것이라면 유대인들이 사십
육 년 동안 지은 성전을 왜 허물라고 하시겠습니까. 그 성전 건물은 실체
이신 예수님의 오심으로 그 역할을 다 했기 때문입니다. 그래서 AD 70년
이스라엘의 마지막 성전이 불타버린 후에는 더 이상 성전을 건축할 필요
가 없게 된 것이고, 그래서 건축하지 않은 것입니다.

〈요 1:48-51〉
48나다나엘이 이르되 어떻게 나를 아시나이까 예수께서 대답하여
이르시되 빌립이 너를 부르기 전에 네가 무화과나무 아래에 있을
때에 보았노라 49나다나엘이 대답하되 랍비여 당신은 하나님의
아들이시요 당신은 이스라엘의 임금이로소이다 50예수께서 대답
하여 이르시되 내가 너를 무화과나무 아래에서 보았다 하므로 믿
느냐 이보다 더 큰일을 보리라 51또 이르시되 진실로 진실로 너희
에게 이르노니 하늘이 열리고 하나님의 사자들이 인자 위에 오르
락내리락하는 것을 보리라 하시니라

여기에서도 주님은 자신을 '벧엘', '성전'이라고 하십니다. 창세기 28장
에 보면, 야곱이 에서를 피해 도망가다가 광야에서 피곤하여 돌베개를 베
고 잠이 들었습니다. 그런데 하늘 문이 열리고 사닥다리가 땅 위에 섰는

데 그 꼭대기가 하늘에 닿았고 하나님의 사자들이 오르락내리락하는 것을 보았습니다. 그때 야곱은 이곳이 하나님이 계신 하나님의 전이라 하여 그곳을 '벧엘'이라고 이름 짓습니다. 그런데 주님께서 우리를 그 벧엘의 주인공이라고 말씀하시는 것입니다.

이렇게 진정한 벧엘, 참 성전은 바로 예수 그리스도이시고 우리는 그 예수 그리스도를 믿음으로 그와 함께 연합된 자들인데, 그 연합이란 그리스도의 영, 즉 성령이 우리 안에 있다는 의미이고, 그 영을 품은 우리가 성전인 것입니다. 그것은 참 성전이신 예수님 안에서 구원을 받은 자들이라는 것이고, 그런 우리가 하나님이 거하시는 성전이 된 것이라는 의미입니다.

이와 같이 교회나 성전은 건물을 의미하는 것이 아닙니다. 교회는 하나님의 백성, 곧 성도들을 가리키는 것입니다. 더 분명한 사실은 성경에서 교회를 가리켜 예수님의 피 값을 주고 사신 것이라고 밝히고 있다는 것입니다. 그런데 만일 이 건물이 교회라고 한다면 예수님의 피로 이 건물을 사신 것이라는 참으로 말도 안 되는 결론을 얻게 됩니다.

〈행 20:28〉

여러분은 자기를 위하여 또는 온 양 떼를 위하여 삼가라 성령이 그들 가운데 여러분을 감독자로 삼고 하나님이 자기 피로 사신 교회를 보살피게 하셨느니라

〈마 16:18-19〉

[18]또 내가 네게 이르노니 너는 베드로라 내가 이 반석 위에 내 교회를 세우리니 음부의 권세가 이기지 못하리라 [19]내가 천국 열쇠를 네게 주리니 네가 땅에서 무엇이든지 매면 하늘에서도 매일 것이요

예수님께서 제자들에게 사람들이 나를 누구라 하더냐고 물으셨습니다. 제자들이 대답하기를 사람들이 예수님을 세례 요한, 엘리야, 더러는 예레미야나 선지자라고 한다고 했습니다. 그래서 다시 제자들에게 너희들은 나를 누구라 하느냐고 물으셨습니다. 그때 성질 급한 베드로가 "주는 그리스도시요 살아계신 하나님의 아들입니다."라고 대답했습니다. 예수님은 그렇게 대답하는 베드로를 칭찬하셨습니다.

"바요나 시몬아 네가 복이 있도다. 너에게 그 고백을 하게 하신 이는 하나님이시다."라고 하셨습니다. 그리고 베드로에게 "이는 베드로라 내가 이 반석 위에 교회를 세우겠다. 그리고 천국의 열쇠도 주겠다. 그 천국의 열쇠를 가진 자가 땅에서 풀면 하늘에서도 풀리고 땅에서 매면 하늘에서도 매인다."고 말씀하셨습니다.

이 구절이 바로 가톨릭이 교황권의 근거로 삼는 유명한 구절입니다. 로마 가톨릭에서는 하나님이 베드로 위에 교회를 세우셨고, 그 베드로를 음부의 권세도 이기지 못하며, 천국의 열쇠까지 가진 자로 믿고 있습니다. 그래서 가톨릭은 베드로를 초대 교황으로 받들고 있는 것입니다. 따라서 그 교황권을 전수받은 지금의 교황도 역시 천국의 열쇠를 쥐고 있다고 굳게 믿고 있습니다.

그 결과 그들은 교황을 '교황 성하'라고 부릅니다. 각하도 아니고 전하도 아니고 폐하도 아닌 '성하'라고 합니다. 존칭 중 극존칭이지요. 그런데도 교황은 자신이 사인(sign)하는 모든 문서에 자신을 가리켜 '하나님의 종의 종'이라고 사인을 합니다. 하나님의 종의 종이라고 겸손한 표현을 하지만 머리에는 무려 65억 원이나 되는 최고급 보석이 박힌 모자를 쓰고 다니면서 말입니다.

이 구절을 헬라어 원어로 자세히 살펴보면 그들의 주장이 얼마나 허구적인가를 알 수 있습니다. 베드로라는 이름은 '반석'이라는 뜻입니다. 헬라어로 베드로는 '페트로스'인데 예수님이 베드로에게 "너는 베드로라 내가 이 반석 위에 교회를 세우리니"라고 말씀하신 '이 반석'은 여성명사입니다. 이 반석이 베드로를 뜻하는 것이라면 명사의 '성'이 둘 다 똑같아야합니다. 그런데 베드로는 '페트로스' 남성명사이고, 반석은 '페트라' 여성명사입니다.

그러면 이 반석은 다른 것을 의미하는데 그것이 무엇일까요? 이 반석은 베드로와 베드로가 한 고백을 모두 받는 말입니다. 정확히 말하자면 "주는 그리스도시요 살아 계신 하나님의 아들입니다."라고 고백을 하는 그 베드로의 믿음 위에 교회를 세우시겠다는 것입니다. 결코 오해해서는 안됩니다.

주님은 단순히 제자인 인간 베드로 위에 교회를 세우시겠다고 말씀하신 것이 아니라, 올바른 신앙고백을 한 베드로의 믿음 위에 교회를 세우시겠다고 하신 것입니다. 그것은 비단 베드로만을 말씀하시는 것이 아니라 앞으로 "주는 그리스도시요 살아 계신 하나님의 아들"이라고 성경적 고백을 하는 모든 하나님의 백성들 위에 예수 그리스도의 교회를 세우시겠다는 말씀인 것입니다.

그 말씀의 의미는, 교회는 하나님의 선택에 의해서 믿음을 가진 자들, 즉 주는 그리스도시요 살아 계신 하나님의 아들이심을 고백할 수 있는 사람들이라는 말이 됩니다. 그리고 바로 그들에게 천국의 열쇠가 주어져 있다는 것입니다.

여기에서 천국 열쇠라는 단어에 대해서도 정리를 잘해야 합니다. 교회가 천국 열쇠를 가지고 있다는 것은 교회로 부름을 받은 사람들은 하늘 나라와 격리되어 있는 자들이 아니라 이 땅에서도 천국 백성으로 살아가는 사람들을 말합니다. 이것은 하늘의 뜻이 교회인 성도들의 삶 속에서 나타나게 된다는 것을 의미합니다. 그래서 교회가 땅에서 풀면 하늘에서도 풀리고, 교회가 땅에서 매면 하늘에서도 매인다고 하는 것입니다.

만일 가톨릭이 말하는 것처럼 이 반석이 베드로 한 사람을 지칭하는 것이라면 바로 아래의 23절에 예수님이 베드로를 향해서 사탄이라고 말씀하시는 것을 어떻게 이해해야 할까요?

4. 믿음 위에 세운 교회

〈마 16:22-23〉

22베드로가 예수를 붙들고 항변하여 이르되 주여 그리 마옵소서 이 일이 결코 주께 미치지 아니하리이다 23예수께서 돌이키시며 베드로에게 이르시되 사탄아 내 뒤로 물러가라 너는 나를 넘어지게 하는 자로다 네가 하나님의 일을 생각하지 아니하고 도리어 사람의 일을 생각하는도다 하시고

예수님이 예루살렘에 올라가서 제자들에게 자신의 죽음에 대해 말씀하시자 베드로는 자신의 앞날을 확실하게 책임져 주실 것으로 믿고 있는 스승이 죽을 것이라고 하니까 화가 나서 주님을 꾸짖습니다. 22절에 "항변하여"라고 번역이 된 헬라어는 '책망하다, 꾸짖다'라는 뜻의 단어입니다. 예수님이 폭풍을 꾸짖으실 때 쓰셨던 단어입니다(마 8:26).

그런 베드로의 이런 반응을 보시고 조금 전에 베드로의 신앙고백을 들

고 칭찬하셨던 예수님께서 그 베드로에게 사탄이라고 야단을 치셨습니다. 그리고 너는 나를 넘어지게 하는 자라고 꾸짖습니다. 그 말씀은 "너는 나의 걸림돌이다."라는 의미입니다. 그렇게 되면 언제든지 이렇게 사탄의 도구가 되어 예수님을 넘어지게 하는 걸림돌이 될 수 있는 사람 위에 예수님이 교회를 세우고 또 그에게 천국 열쇠를 주시겠다는 말씀이 됩니다.

베드로가 어떻게 했을 때 "복이 있도다"라는 칭찬을 들었고 또 어떤 말을 했을 때 "사탄아 내 뒤로 물러가라"는 소리를 들었는지를 잘 살펴봅시다. 베드로가 하나님의 계획과 뜻을 헤아리지 않고 자신의 인간적인 생각으로 예수님을 섬긴다고 했을 때 그는 '사탄'이라는 책망의 소리를 들었습니다. 또 성경이 말씀하시는 하나님의 뜻을 제대로 헤아려 "주는 그리스도시요 살아 계신 하나님의 아들이십니다."라는 고백을 했을 때 예수님의 칭찬을 받는 반석이 된다는 사실을 알 수 있습니다.

이렇게 예수님은 지금 참 복음, 예수님은 그리스도이시며 바로 하나님의 아들, 즉 성자 하나님이시다라는 그 참 복음을 알고 고백하는 자들 위에 교회를 세우시겠다고 말씀하신 것입니다. 베드로 한 사람만 아니라 바로 그런 고백을 하는 모든 사람에게 천국의 열쇠를 주신 것입니다. 그들이 땅에서 매면 하늘에서도 매이고 그들이 땅에서 풀면 하늘에서도 풀린다는 것입니다.

그런 구절이 또 어디에 쓰였는지 살펴봅시다.

〈마 18:15-18〉
[15]네 형제가 죄를 범하거든 가서 너와 그 사람과만 상대하여 권고하라 만일 들으면 네가 네 형제를 얻은 것이요 [16]만일 듣지 않거든

한두 사람을 데리고 가서 두세 증인의 입으로 말마다 확증하게 하
라 ¹⁷만일 그들의 말도 듣지 않거든 교회에 말하고 교회의 말도 듣
지 않거든 이방인과 세리와 같이 여기라 ¹⁸진실로 너희에게 이르노
니 무엇이든지 너희가 땅에서 매면 하늘에서도 매일 것이요 무엇이
든지 땅에서 풀면 하늘에서도 풀리리라

이 구절은 교회의 치리에 관한 내용입니다. 예수님께서 지금 범죄 한 자
가 교회의 말도 듣지 않거든 이방인과 세리와 같이 여기라고 말씀하시고
바로 이어서 "너희가 땅에서 매면 하늘에서도 매일 것이고 땅에서 풀면
하늘에서도 풀릴 것이라"고 말씀하십니다.

이렇게 이 말씀은 베드로 한 사람에게 주어진 것이 아니고 또 이 열쇠는
로마 가톨릭에서 주장하는 교황에게만 주어진 것이 아니라는 것입니다.
이는 믿음의 반석 위에 바로 서 있는 성도, 즉 교회에게 주어진 권한을 가
리키는 것입니다.

그러면 교회에게 주어진 이 권한은 무엇을 뜻하는가에 관해서 조금 더
생각해 봅시다.

이 말은 우리가 교회라고 해서 아무나 저주해 버리면 그가 하늘에서도
매이고 아무나 받아들여주면 그가 하늘에서도 풀린다는 말이 아닙니다.
여기에서 '매면 매일 것이다'라는 단어와 "풀면 풀릴 것이다"라는 단어의
시제는 미래완료형입니다. 헬라어에서 미래완료 시제라는 것은 여러 가
지의 뜻이 있는데, 여기서는 '확실성의 완료'로 쓰인 것입니다. 그것은 확
실하다는 것입니다. 교회가 된 우리가 매면 확실하게 매이고 우리가 풀면
확실하게 풀리는 엄청난 권세를 갖고 있다는 것입니다.

이와 비슷한 구절이 또 있습니다.

<요 20:21-23>

21예수께서 또 이르시되 너희에게 평강이 있을지어다 아버지께서 나를 보내신 것같이 나도 너희를 보내노라 22이 말씀을 하시고 그들을 향하사 숨을 내쉬며 이르시되 성령을 받으라 23너희가 누구의 죄든지 사하면 사하여질 것이요 누구의 죄든지 그대로 두면 그대로 있으리라 하시니라

이 말씀은 예수님이 부활하신 날 열한 사도와 글로바와 그의 아내와 다른 많은 사람이 있는 곳에 친히 오셔서 하신 말씀입니다.

가톨릭에서는 이 구절을 근거로 전승된 사도직을 이어받은 성직자들이 죄를 사할 권세가 있다고 믿고 '고해성사', '종부성사' 같은 것을 합니다. 그러나 그 부활의 현장에는 사도들만이 있었던 것이 아닙니다. 엠마오 마을로 가던 길에서 부활하신 예수님을 만났던 글로바와 다른 제자가 예수님을 만나고 놀라서 예루살렘으로 돌아가 보니 거기 열한 사도와 그와 함께 한 많은 이들이 있었습니다. 그들이 예수님을 만났다고 이야기하고 있는데 예수님이 오셔서 그들에게 "샬롬"이라고 축복을 하시고 그 무리에게 하신 말씀입니다.

<눅 24:33>

곧 그때로 일어나 예루살렘에 돌아가 보니 열한 제자 및 그들과 함께 한 자들이 모여 있어

이 말씀도 제자들에게만 하신 말씀이 아니라 교회에게 하신 것입니다. 그들에게 "너희가 죄를 사하면 사하여질 것이고, 너희가 죄를 그대로 두면 그대로일 것이라"고 말씀하셨는데, 여기서 쓰인 동사는 현재완료 시제입니다. 헬라어에서 현재완료 시제는 이미 이루어진 것을 의미합니다. 그러므로 이 말씀의 정확한 번역은 "너희들이 죄를 사하면 그 죄는 이미 사하여진 것이고, 너희들이 그 죄를 용서하지 않으면 그 죄는 아직 사해지지 않은 것이다"라는 것입니다.

이 말의 의미를 다시 성경에 비추어 정리하면, 창세 전에 이미 구원을 받을 자들이 예정되어 있는데 하나님은 바로 우리를 교회의 구원 사역에 동참시키셨다는 것입니다. 그래서 우리에게 복음을 전하게 하시는 것이고, 우리가 복음을 전했을 때 상대방이 복음을 받아들였다면 그는 창세 전에 이미 용서받기로 정해져 있던 자였지만 외형적으로는 우리가 그들의 죄를 사해주는 모습이 된다는 것입니다. 그러나 복음을 전하는 우리의 말을 듣지 않으면 그는 이미 창세 전에 택함에서 제외된 사람이라는 것입니다. 그런데 우리는 누가 택함을 받은 자인지 누가 택함을 받지 못한 자인지 모릅니다. 그러므로 때를 얻든지 못 얻든지 열심히 복음을 전해야 하는 것입니다.

마태복음 16장의 이야기도 바로 그 내용입니다. 교회가 땅에서 매면 하늘에서도 매이고 땅에서 풀면 하늘에서도 확실하게 풀린다는 이야기는 복음을 알지 못하던 자들이 복음을 듣고 교회의 일원이 될 때, 그들이 진짜 교회인가 아닌가를 판단하여 받아들이거나 받아들이지 않는 권한을 가지고 있으며, 또 우리가 받아들인 자들은 이미 하나님께서 받아들이기로 한 자들이었다는 것입니다. 그러므로 우리는 이미 하나님의 백성으로 하늘나라의 삶을 이 땅에서도 살게 된다는 것입니다.

그러면 왜 하나님이 우리 교회에게 그런 권한을 주셨을까요?

어느 날 어떤 사람이 꿈에 계시를 받고 "난 오늘부터 장로다"라고 하면 장로가 되는 것이 아니라, 교회가 그의 배경과 자질과 여러 가지를 판단하여 시험해 보고 장로라고 인정하는 것처럼 교회의 일원이 되는 것도 어느 날 갑자기 "난 오늘부터 그리스도인이다."라고 주장한다고 해서 그리스도인이 되는 것이 아닙니다. 그가 정말 성경에 맞는 신앙을 가지고 있으며 바른 복음을 알고 있는가를 교회가 알아보고 정말 그렇다고 생각될 때에 "저 사람은 그리스도인이다. 우리 교회의 일원으로 받아들이자."고 하면 그때 비로소 그리스도인이 되는 것입니다. 물론 그렇게 해서 교회의 일원이 되었다고 모두 구원받은 그리스도인이라고 말할 수는 없습니다. 마지막 판단은 하나님의 몫이기 때문입니다.

그래서 성경적으로 보면 교회를 이루는 성도는 무조건 교회에 출석하기만 하면 되는 것이 아닙니다. 따라서 교회의 일원으로 받을 때에는 신중을 기해야 합니다.

그런데 요즘은 머릿수를 늘리기 위해 아무나 한 사람이라도 더 교회의 신자로 받아들이는 것을 당연한 것으로 여깁니다. 따라서 나중에 다른 사람을 교회의 일원으로 받아들일 때도 신중할 수 없습니다. 그러다 보니 성경에서 보증해준, 교회가 소유하고 있다는 천국의 열쇠는 이미 교인들의 머릿속에서 지워진 것처럼 희미해져 버렸습니다. 그런 면에서 교회의 역할이 얼마나 어렵고 책임이 무거운 것인지 모릅니다.

어떤 사람이 교회의 일원이 되기 위해서는 그 사람이 가지고 있는 신앙이 옳은 것인지 판정할 수 있어야 하고, 그렇게 하기 위해서는 성경을 바르게 알아야 합니다. 교회는 하나님의 원하신 뜻에 합당하고, 성경을 바르게 알고 바른 믿음을 가지고 있는 제대로 된 성도들이 교회에 얼마나 있을 것인가에 대해서 깊이 생각하고 고민해야 합니다. 예수님께서 약속하신 천국의 열쇠는 예수 그리스도와 믿음으로 연합한 성도들, 즉 참 교회들에게만 천국의 열쇠가 주어져 있기 때문입니다.

5. 교회(성도)의 권세와 책임

〈계 3:7〉
빌라델비아 교회의 사자에게 편지하라 거룩하고 진실하사 다윗의 열쇠를 가지신 이 곧 열면 닫을 사람이 없고 닫으면 열 사람이 없는 그가 이르시되

믿음으로 그리스도와 연합한 모든 성도에게 예수님께서 그 열쇠를 똑같이 부여하시는 것입니다. 그러므로 우리는 참으로 신중하고 진지하게 그 앞에 설 수 있어야 합니다. 그런 특권과 함께 거기에는 엄청난 책임이 따르기 때문입니다. 따라서 절대 의례적이고 형식적인 신앙생활을 해서는 안 됩니다. 진리 되시는 예수 그리스도에 대해서 더 깊이 알아가는 지식과 믿음을 위해서 더 진지하고 겸손하고 신중해야 합니다.

예수 그리스도에 대해서는 아무것도 모르고 형식적으로만 '무조건 믿습니다' 식의 신앙은 겉으로는 그럴듯해 보일 수도 있으나 내용은 전혀 없는 쭉정이와 같은 신앙입니다.

이렇게 자기 신념과 의지로 하는 신앙생활은 하나님과 관계없는 '지성이면 감천이다'와 같은 우리나라의 전통적 민간신앙인 샤머니즘과 같은 자기만의 종교 생활일 뿐입니다. 그런 결과가 바로 엉터리 종교인을 양산

하고 한국 교회의 위기를 자초하고 있는 것입니다.

교회는 오직 성령의 능력으로 세워지는 천국의 예표입니다.

〈마 16:18〉

또 내가 네게 이르노니 너는 베드로라 내가 이 반석 위에 내 교회
를 세우리니 음부의 권세가 이기지 못하리라

그러면 교회는 누구의 것일까요? 모든 교회는 담임목사의 교회나 장로
들의 교회가 아닙니다. 교회는 하나님이 주인이신 하나님의 교회입니다.

그럼에도 불구하고 오늘날 자신이 개척하여 키운 교회라고 그 교회에
서 황제 대접을 받는 목사들이나 또 자신이 세웠다고 교회에서 목에 힘을
주는 장로들이 얼마나 많이 있습니까? 그러나 한마디로 그것은 교회를
세우신 예수님을 모독하는 범죄 행위와 같습니다.

〈고전 3:11〉

이 닦아 둔 것 외에 능히 다른 터를 닦아 둘 자가 없으니 이 터는
곧 예수 그리스도라

이와 같이 교회는 예수 그리스도의 터 위에 세워집니다. 예수 그리스도
는 곧 말씀이고 말씀은 진리입니다. 교회는 바로 그 진리의 터 위에 세워
지는 것입니다. 따라서 교회는 성경이 무엇을 이야기하고, 무엇을 설명하
는 것인지, 성도들에게 무엇을 요구하는 것인지 바로 알고 가르치는 일
에 집중해야 합니다. 믿음의 근간인 성경에 대해서는 아무것도 모르고 어
떻게 구원을 받았는지조차 모르는데 교회에 가서 열심히 십일조하고, 헌

금하고, 기도하고, 봉사하고, 전도하는 것으로 "나는 크리스천이다"라고 말하는 것은 정말 웃지 못할 코미디 같은 난센스입니다.

<엡 2:20>
너희는 사도들과 선지자들의 터 위에 세우심을 입은 자라 그리스
도 예수께서 친히 모퉁잇돌이 되셨느니라

사도들과 선지자들은 하나님의 말씀을 대언하고 기록한 사람들입니다. 이렇게 교회는 진리의 말씀 위에, 말씀으로 세워지는 것입니다. 온 천지 만물들이 하나님 말씀으로 창조되었습니다. 말씀(로고스)이 오셔서 하나님의 백성들을 구해내셨습니다. 태양과 바다와 모든 자연이 말씀으로 지어지고 존재하게 되었듯이, 교회도 하나님 말씀으로 지어져 가는 것입니다.

"돈 많은 사람 몇 명이 있어야 교회가 운영된다. 교회는 일꾼이 어느 정도 있어야 움직인다."는 등 교회의 운영이나 미래에 대해서 걱정하는 사람들이 있습니다. 그러나 성경적으로 보면 이는 믿음이 없는 사람들의 인본주의적인 생각에 지나지 않습니다.

한국교회의 침체는 바로 성경에 근거한 내용보다 그런 인본주의적 발상으로 무리한 확장이나 인위적인 운영으로 나타난 결과라고 할 수 있습니다. 교회는 사람의 생각으로 운영되고 존재하는 것이 아니고 또 그렇게 해서도 안 됩니다.

어떤 목사님이 그러한 힘의 원리로 운영되는 교회들의 행태를 비꼬면서 "교회 올 때 벤츠 타고 오는 사람은 월척이고 티코 타고 오는 사람은 피라미냐?"라고 일갈하신 것을 어느 책에서 읽은 적 있습니다.

교회는 부자들이 운영하는 곳이 아니고, 능력 있는 경영인들이 움직이는 곳이 아닙니다. 교회는 예수님이 주인이시고 예수님이 이끌어가시는 곳입니다. 사람의 생각으로 교회를 운영하겠다는 생각을 하는 순간 하나님은 그곳과는 관계가 없습니다. 그곳은 사람들이 모이는 종교적인 공동체일 뿐 성경 말씀을 믿는 믿음 위에 세워진 하나님의 교회라고 할 수 없습니다. 예수님은 오직 말씀에 대한 바른 믿음을 가진 교회를 가리켜 '내 교회'라고 말씀하셨습니다.

다시 한번 정리해봅시다. 교회는 하나님으로부터 선택되어져서 예수 그리스도로 말미암아 죄에서 용서를 받고 구별되어 건져진 자들로, 주 예수만이 우리를 구원하시는 메시아, 즉 그리스도이신 것을 고백하고, 그분은 참 하나님이신 성부 하나님의 아들 성자 하나님이시라는 것을 고백하는 모든 '하나님의 백성들'을 말하며, 천국 열쇠가 주어져 있는 자들을 말합니다.

교회는 하나님을 믿겠다고 하는 사람들을 교회의 구성원으로 받아들이느냐 안 받아들이느냐의 권세까지 부여받았습니다. 교회는 그렇게 큰 거룩한 책임을 부여받았기 때문에 더욱더 겸손함과 진지함을 지녀야 합니다.

우리는 예수님으로부터 그토록 엄청난 권세와 권위를 가진 천국의 열쇠를 받은 자들로서 그 천국의 열쇠를 남용하지 않기 위해서는 진리이신 하나님과 그분이 원하신 뜻에 대해서 열심히 알고 적용해 나가야 합니다. 그것은 하나님의 백성, 즉 믿는 자들이 마땅히 해야 할 의무이기 때문입니다.

그런데 입술로는 예수님을 믿고 영생을 선물로 받았다고 고백하면서도 하나님을 잘 모르고 예수님에 대해서 잘 모른다는 것은 말도 안 되는 코

미디와 같은 것입니다.

<요 17:3>
영생은 곧 유일하신 참 하나님과 그가 보내신 자 예수 그리스도를
아는 것이니이다

하나님에 대한 지식, 예수 그리스도에 대한 지식은 영생하는 자들, 하
나님의 백성들, 하나님의 교회임을 나타내는 증거입니다. 아무리 열심히
믿고, 또 교회를 오래 다녔다 할지라도 하나님과 예수 그리스도에 대해
서 바르게 아는 지식을 근거로 하지 않는다면 그 믿음은 헛것에 지나지
않습니다.

구약에서 습관적인 율법과 선민사상에 취해있던 이스라엘 민족을 향해
서 하나님이 호세아 선지자를 통해서 주신 교훈을 묵상해 봅시다.

<호 6:6>
나는 인애를 원하고 제사를 원하지 아니하며 번제보다 하나님을
아는 것을 원하노라

2장
교회의 치리

<마 18:15-20>

15네 형제가 죄를 범하거든 가서 너와 그 사람과만 상대하여 권고하라 만일 들으면 네가 네 형제를 얻은 것이요 16만일 듣지 않거든 한두 사람을 데리고 가서 두세 증인의 입으로 말마다 확증하게 하라 17만일 그들의 말도 듣지 않거든 교회에 말하고 교회의 말도 듣지 않거든 이방인과 세리와 같이 여기라 18진실로 너희에게 이르노니 무엇이든지 너희가 땅에서 매면 하늘에서도 매일 것이요 무엇이든지 땅에서 풀면 하늘에서도 풀리리라 19진실로 다시 너희에게 이르노니 너희 중의 두 사람이 땅에서 합심하여 무엇이든지 구하면 하늘에 계신 내 아버지께서 그들을 위하여 이루게 하시리라 20두세 사람이 내 이름으로 모인 곳에는 나도 그들 중에 있느니라

부모들은 사랑하는 자기 자식이 만일 거짓말을 하거나 잘못을 저지르면 심하게 꾸중을 하거나 야단을 쳐서라도 그 자식이 바르게 되기를 바랍니다. 그러나 자신이 알지 못하는 사람의 아이가 거짓말했다면 그와

아무 상관이 없기 때문에 야단은커녕 어떤 관심도 두지 않습니다. 그러나 사랑하는 아들이, 내 혈육이 잘못하고 있다면 그 아이들의 장래를 위해서라도 당연히 모른 척하고 그대로 지나칠 수 없을 것입니다. 그런 사랑을 근거로 잘못에 대한 제재를 가하는 것을 교회에서는 '치리'라고 합니다.

1. 치리의 대상

국가에는 삶의 질서를 위해서 법이 있듯이 교회 안에도 교회의 화합과 질서를 위해서 반드시 '치리'가 있어야 합니다. 교회의 삼 요소를 '말씀, 성례, 치리'라고 합니다. 교회의 삼 요소 중에 '치리'가 들어있을 만큼 교회에서의 '치리'는 중요합니다.

혹자는 '아니 다른 곳도 아닌 교회에서도 간섭을 받아야 하나? 요즘 한 동네에 교회가 몇 개인데 교회가 여기 하나뿐인가?' 이런 생각을 하는 사람도 있을지 모릅니다. 그러나 그것은 이 시대에 잘못된 오해 등으로 교회의 가치가 너무 훼손됨으로 말미암아 교회가 너무 폄하되고, 교회의 중요성이 무시되었다는 증거입니다. "손님은 왕이다."라는 세상의 경영 논리를 교회가 받아들인 결과라고 할 수 있지요.

아무나 많이 와서 규모가 커지면 교회 운영에 보탬이 되고 외부에도 교회의 규모를 자랑할 수 있기 때문에 사람 모으기에 급급하여 누구든지 교회만 오면 성도라고 인정해 주는 것이 사실입니다. 그 결과 교회의 권위가 없어지고 심지어 조롱을 받는 데까지 전락한 것입니다.

그러면 교회에 성경적 치리가 왜 있어야 하며 그것이 무엇을 뜻하는가에 대해서 알아봅시다.

앞에서 알아보았듯이 "예수 그리스도는 나의 구세주이시며 하나님의 아들이시다"라는 참된 신앙고백을 하는 자들을 가리켜 '교회'라고 합니다. 또 그들은 천국의 열쇠를 가지고 있고 이 땅에서 매고 푸는 권세까지도 소유한 자들입니다. 그 권세를 제대로 사용하기 위해서는 하나님과 하나님 나라를 바르게 아는 지식이 있어야 하며 열심과 진지함도 요구된다는 것을 알아야 합니다.

구약 시대에는 하나님께서 이스라엘을 택하셨고 그 이스라엘을 가리켜 하나님의 백성이라 칭하셨습니다. 따라서 구약 시대에 하나님의 백성이 되는 조건은 이스라엘 민족으로 태어나는 것이 유일한 것이었습니다. 그래서 하나님이 그들의 삶을 간섭하시며 그들을 가나안까지 강권적으로 끌고 가셨습니다. 그런 결과로 유대인들은 지금도 자기들만이 선민이라는 선민의식을 버리지 못하고 있습니다.

이렇듯 구약에서는 하나님께서 이스라엘 백성들을 다른 민족과 구별되게 선택하셔서 선민으로 삼으시고 그들의 역사에 간섭하시고, 그들의 생활 습관과 모든 문제에 율법을 요구하시며 또 결례를 요구하셨습니다. 그러나 이스라엘을 택하시고 또 그들을 통해서 그런 것을 보여 주신 것은 하나님께서 장차 미래의 교회들이 어떻게 선택받고, 어떻게 인도함을 받고, 어떤 것들을 요구받을 것인가에 대한 실체가 아닌 상징이며 그림자일 뿐입니다.

하나님께서 이스라엘이라는 한 민족을 택하시고 구원을 설명해 나가신 것은 하나님의 백성들이라는 무리의 울타리를 분명케 하시기 위한 상징으로 한 민족을 선택하셨던 것입니다. 그들이 뭔가 다른 이들보다 특별했기 때문이 아니라는 것은 성경에서 이미 밝히고 있고, 구약 자체가 그 사실을 설명해 주고 있습니다.

구약의 이스라엘은 영적 이스라엘인 신약의 '교회'를 상징하는 것입니다. 즉 민족적 구별을 넘어서 예수 그리스도를 주와 그리스도로 고백하는 자들을 상징하는 것입니다. 그래서 하나님께서 구약을 통해 이스라엘이라는 민족을 설명하고 계시지만 이스라엘이라고 다 이스라엘이 아니란 것을 창세기부터 일관성 있게 알려 주고 있습니다.

〈롬 9:6-8〉
6그러나 하나님의 말씀이 폐하여진 것 같지 않도다 이스라엘에게서 난 그들이 다 이스라엘이 아니요 7또한 아브라함의 씨가 다 그의 자녀가 아니라 오직 이삭으로부터 난 자라야 네 씨라 불리리라 하셨으니 8곧 육신의 자녀가 하나님의 자녀가 아니요 오직 약속의 자녀가 씨로 여기심을 받느니라

이스라엘의 시조는 아브라함입니다. 그래서 이스라엘 사람들은 자신이 하나님의 백성임을 증명할 수 있는 것은 자신이 아브라함의 자손이라는 것뿐이었습니다. 그래서 예수님과 바리새인과의 논쟁에서도 예수님께서 "너희들은 마귀의 후손이다. 그래서 나를 믿지 못하고 나를 사랑하지 않는다."라고 말씀하시자 바리새인들이 발끈해서 되받아칩니다. "우리가 음란한 데서 나지 아니하였으니 우리의 조상은 아브라함이요 우리의 아버지는 하나님이다." 이렇게 이스라엘 사람들에게는 하나님이 선택하신 아브라함의 자손으로 태어났다는 것이 하나님의 백성이라고 주장할 수 있는 유일한 근거였습니다.

그러나 로마서의 말씀처럼 성경은 아브라함의 후손이라는 이유로 이스라엘, 즉 하나님의 선택을 받은 것이 아니라고 분명하게 명시하고 있습니다.

하나님께서 아브라함에게 자녀를 주시기 전에 아브라함에게 네 자손이 저 하늘의 별과 같고 바다의 모래와 같을 것이라고 약속하십니다. 그런데 아브라함은 하나님의 뜻이 아닌 자기 뜻대로 이스마엘을 낳았습니다. 그러나 하나님께서는 장자인 이스마엘이 아니라 이삭을 선택하셔서 믿음의 계보를 이어가게 하십니다. 그리고 "이삭으로부터 난 자라야 진짜 이스라엘이다"라고 선언하십니다. 즉 하나님의 언약을 믿고 거듭난 자가 진짜 교회라고 확인해 주신 것입니다.

그런데 하나님이 이삭을 주시기 전에 아브라함에게 할례를 받으라고 하십니다. 할례를 받는다는 것은 오늘날 남자들의 단순한 포경수술에 불과하지만 그것은 인간의 생식기능을 끊어버린다는 상징입니다. 그래서 하나님의 백성들은 인간의 종족보존 능력, 즉 생물학적인 능력과 방법으로 이어지는 인간적인 승계 개념이 아니라, 하나님이 주신 약속의 자녀, 즉 영적 개념의 자녀라는 것을 상징적으로 보여 주신 것입니다.

2. 하나님의 선택 받은 자

아브라함의 자녀 중에 장자인 이스마엘이 아니라 이삭을 택하시고, 이삭의 자녀 중에서도 이삭이 사랑한 에서보다는 약삭빠르고 비열한 야곱을 택하신 것처럼, 이스라엘 안에서도 하나님께서 택하시는 원칙이나 방법을 우리는 알 수 없을 뿐만 아니라 관여할 수도 없습니다. 그것은 창조주이신 하나님의 고유 권한이기 때문입니다. 그러나 분명한 것은 하나님의 계획에 따라 사람을 선택하신다는 사실을 성경은 우리에게 보여 주고 있습니다.

이렇게 하나님께서는 이스라엘을 택하시고 그 민족이라는 울타리 안에 있는 자들을 보호하시고 인도해 가시는 과정을 통해서 선택하신 자들의 구원을 설명하셨지만 그것이 단순히 한 민족(nationalism)만을 근거로 한 것이 아니라는 것을 구약 내에서 증명하고 계십니다.

그런데 신약에 와서 사도 바울이 예수 그리스도를 통하여 구약을 완전히 이해하고 그 구약의 이스라엘이 영적 이스라엘인 교회를 나타내는 것임을 깨닫고 교회들에게 그 진리를 다음과 같이 설파합니다.

〈롬 10:11-13〉

11성경에 이르되 누구든지 그를 믿는 자는 부끄러움을 당하지 아니하리라 하니 12유대인이나 헬라인이나 차별이 없음이라 한 분이신 주께서 모든 사람의 주가 되사 그를 부르는 모든 사람에게 부요하시도다 13누구든지 주의 이름을 부르는 자는 구원을 받으리라

여기서 가장 중요한 단어는 바로 "누구든지"입니다. 구약에서 상징으로 설명되던 것들이 예수님께서 오심으로 인해서 이제는 완성이 되었기 때문에 이스라엘이라는 종족주의(nationalism)에서 벗어나야 한다는 것입니다.

〈골 3:9-11〉

9너희가 서로 거짓말을 하지 말라 옛 사람과 그 행위를 벗어버리고 10새 사람을 입었으니 이는 자기를 창조하신 이의 형상을 따라 지식에까지 새롭게 하심을 입은 자니라 11거기에는 헬라인이나 유대인이나 할례파나 무할례파나 야만인이나 스구디아인이나 종이나 자유인이 차별이 있을 수 없나니 오직 그리스도는 만유시요 만유 안에 계시니라

<요 1:12-13>

12영접하는 자 곧 그 이름을 믿는 자들에게는 하나님의 자녀가 되는 권세를 주셨으니 13이는 혈통으로나 육정으로나 사람의 뜻으로 나지 아니하고 오직 하나님께로부터 난 자들이니라

이렇게 영적 이스라엘인 '교회'는 민족과 학식과 인간의 의지를 뛰어넘어 하나님의 선택을 받아 예수를 주와 그리스도로 고백하는 무리를 일컬어 교회라고 하는 것입니다.

그런데 왜 신자나 성도나 믿는 자들이란 말도 있는데 굳이 '교회'라는 집단적 의미의 단어를 써야 하는 것일까요? 그 사실을 바르게 알게 되면 왜 그 교회에 치리가 있어야 하는지 이해할 수 있습니다. 하나님은 왜 우리를 교회로 부르셨을까요? 하나님께서 혹시 우리의 도움이 필요하셔서 우리를 부르셨을까요?

<엡 1:3-10>

3찬송하리로다 찬송하리로다 하나님 곧 우리 주 예수 그리스도의 아버지께서 그리스도 안에서 하늘에 속한 모든 신령한 복을 우리에게 주시되 4곧 창세 전에 그리스도 안에서 우리를 택하사 우리로 사랑 안에서 그 앞에 거룩하고 흠이 없게 하시려고 5그 기쁘신 뜻대로 우리를 예정하사 예수 그리스도로 말미암아 자기의 아들들이 되게 하셨으니 6이는 그가 사랑하시는 자 안에서 우리에게 거저 주시는 바 그의 은혜의 영광을 찬송하게 하려는 것이라 7우리는 그리스도 안에서 그의 은혜의 풍성함을 따라 그의 피로 말미암아 속량 곧 죄 사함을 받았느니라 8이는 그가 모든 지혜와 총명을 우리에게 넘치게 하사 9그 뜻의 비밀을 우리에게 알리신 것이요 그의

기뻐하심을 따라 그리스도 안에서 때가 찬 경륜을 위하여 예정하
신 것이니 10하늘에 있는 것이나 땅에 있는 것이 다 그리스도 안에
서 통일되게 하려 하심이라

3. 치리의 목적

하나님이 이루시려는 궁극적인 목적과 계획은 하늘에 있는 것이나 땅에
있는 것들이 모두 그리스도 안에서 통일되게 하시는 것입니다. 죄로 말미
암아 혼돈과 무질서가 되어버린 우주를 예수 그리스도 안에서 다시 통일되
게 하시고 조화로움으로 만드시는 것이 하나님의 궁극적인 목적입니다.

거기에서 제일 중요한 대상이며 주인공이 바로 인간이며, 그 인간 중에
서도 통일된 새 하늘과 새 땅에 참여하게 되는 자들을 교회라고 합니다.
교회가 그 새 하늘과 새 땅에 들어가기 위해서는 4절 말씀처럼 거룩하고
흠이 없게 만들어져서 들어가야 하는데, 그들을 거룩하고 흠이 없게 만드
는 방법으로 교회를 예수님과 한 몸으로 묶어 놓으신 것입니다.

〈엡 1:21-23〉
21모든 통치와 권세와 능력과 주권과 이 세상뿐 아니라 오는 세
상에 일컫는 모든 이름 위에 뛰어나게 하시고 22또 만물을 그의 발
아래에 복종하게 하시고 그를 만물 위에 교회의 머리로 삼으셨느
니라 23교회는 그의 몸이니 만물 안에서 만물을 충만하게 하시는
이의 충만함이니라

하나님의 궁극적 목적인 우주 만물을 다시 통일시키는데 가장 중요한
대상이자 주인공인 교회를 거룩하고 흠이 없게 만드시는 방법으로 예수

님을 머리로 하고 교회인 우리를 그 머리에 붙이셨습니다. 그래서 우리는 예수님과 피와 핏줄이 함께 통하는 한 몸이 된 것입니다. 그러한 연합을 통해서 하나님은 우리를 예수님의 형상으로 변화시켜 가고 계신 것입니다. 그러므로 우리가 신자다, 성도다 하는 소속과 신분의 차원을 넘어 예수님과 한 몸이 되어버린 하나의 유기체로서 '교회'라는 집단적 의미의 이름을 갖게 된 것입니다.

따라서 교회에 속한 우리는 피를 나눈 한 형제자매와 같습니다. 교회의 이름으로 모인 사람들이 진실로 믿음으로 교회에 속한 자들이라면 그 사람들은 한 영과 한 피가 흐르고 있는 분리할 수 없는 유기체가 된 것과 같습니다. 그런 교회는 육신적인 피를 나눈 가족의 차원을 넘어서 한 몸으로서 존재하는 것과 같습니다.

생각해 봅시다. 우리는 우리 자신을 얼마나 위하고 생각합니까? 그리고 얼마나 남들에게 자기를 자랑하고 싶습니까? 그것처럼 우리는 교회의 일원이자 교회 자신인 서로에 대해 그런 관심과 사랑과 자랑스러움을 가지고 있어야 합니다.

그러므로 자기의 몸이 범죄하여 잘못된 길로 가는 것을 보고만 있을 수 없어 지적하고 교훈하고 훈계하여 바른 길로 이끄는 것이 바로 교회의 '치리'입니다. 그러므로 "너희가 뭔데 남의 일에 상관이야?" 같은 말은 교회가 무엇인지 모르고 하는 무지의 소치라고 할 것입니다.

교회는 같은 믿음 안에서 이루어진 가족으로서 하늘에서 영원히 함께 살게 될 공동 운명체로 존재하는 참 가족이기 때문에 그런 치리가 필요한 것입니다.

<마 12:48-50>

⁴⁸말하던 사람에게 대답하여 이르시되 누가 내 어머니이며 내 동생
들이냐 하시고 ⁴⁹손을 내밀어 제자들을 가리켜 이르시되 나의 어
머니와 나의 동생들을 보라 ⁵⁰누구든지 하늘에 계신 내 아버지의
뜻대로 하는 자가 내 형제요 자매요 어머니이니라 하시더라

예수님이 제자들에게 하신 말씀입니다. 참 가족은 하늘에 계신 아버지
의 뜻대로 하는 자들을 말하는데 바로 그들을 교회라고 합니다. 따라서
믿음 안에 있는 성도의 가족관은 이렇게 다를 수밖에 없습니다.

예수님께서 십자가의 죽음 앞에서 요한에게 "보라 네 어머니다"라고 말
씀하셨습니다. 그 말씀은 단순히 "요한아, 내가 죽고 없더라도 우리 어머
니를 부탁한다."는 인간적인 부탁의 말씀이 아니라 이제는 십자가로 말
미암아 요한에게 새로운 가족이 탄생되었다는 것을 암시하는 말입니다.
교회는 그렇게 서로 사랑해야 할 가족입니다.

그래서 본문 마태복음 18장에 나타난 형제의 잘못을 고쳐주는 것이 바
로 그 사랑하는 가족에 대한 사랑의 표현입니다. 왜냐하면 우리는 모두
거룩하고 흠이 없는 상태가 되어서 하나님 앞에 가야 할 존재들이기 때문
입니다.

<레 19:17>

너는 네 형제를 마음으로 미워하지 말며 네 이웃을 반드시 견책하
라 그러면 네가 그에 대하여 죄를 담당하지 아니하리라

이 말은 형제가 죄를 지었을 때 그 형제를 죄로 인하여 미워하지 말라

는 것과, 형제의 죄를 보고도 책망하지 않고 가만히 있는 것은 자기도 그 죄에 참여하게 되는 것이라는 엄중한 경고의 말씀입니다. 형제가 죄를 범하고 있음에도 그냥 내버려 두는 것은 관용이 아니라 무관심입니다. 그것은 결코 사랑이 아닙니다. 견책 없이 무조건 용서하는 것은 기독교 정신이 아닙니다.

〈눅 17:3〉
너희는 스스로 조심하라 만일 네 형제가 죄를 범하거든 경고하고 회개하거든 용서하라

〈갈 6:1〉
형제들아 사람이 만일 무슨 범죄한 일이 드러나거든 신령한 너희는 온유한 심령으로 그러한 자를 바로잡고 너 자신을 살펴보아 너도 시험을 받을까 두려워하라

"그러한 자를 바로잡고"라는 원어의 정확한 번역은 '완전히 수리하다'라는 뜻입니다. 형제가 죄를 짓거든 강력하게 비난하거나 하여 형제가 상처를 받기보다는 온유한 마음으로 충고하고, 조언하고, 책망하여 완전하게 잘못을 돌이키게 하라는 의미입니다.

이렇게 성경은 형제가 죄를 범하거든 반드시 치리를 하라고 말씀하고 있습니다. 그렇게 하는 것이 진짜 가족이라는 것입니다. 그래서 본문에서도 형제가 죄를 지으면 가서 형제를 훈계하라고 하는 것입니다. 그래도 듣지 않으면 증인이 될 만한 사람을 한두 사람을 함께 데리고 가서 권고하라고 하십니다.

이 말씀은 신명기 19장 15절에 "어떤 잘못이나 어떤 범죄라도, 한 사람의 증언만으로는 판정할 수 없으니 두세 사람의 증언이 있어야만 그 일을 확정할 수 있다"라는 말씀에 근거한 것입니다. 그래서 그 사람이 회개하면 그것으로 모든 잘못이 없어지고 그 일은 종료가 됩니다. 그래도 듣지 않고 회개하지 않으면 교회에게 알리라고 합니다. 그래서 교회가 재판을 하게 되는 것입니다. 교회가 그 사람의 죄를 재판해서 정말 성경과 하나님의 뜻에 부합하지 않는 사람이면 이방인이나 세리처럼 여기라는 것입니다. 즉 출교하라는 것입니다. 무섭게 생각되지만 그것이 바로 성경적인 것입니다.

교회가 '저 사람은 교회가 아니다.'라고 매면 하늘에서도 똑같이 그렇게 매인다는 것이 오늘 본문의 말씀입니다. 그러나 주의할 것이 있는데, 본문에서 교회에 알리라고 하는 것은 교회 광고 시간에 교회 전체에게 알리라는 말은 물론 아닙니다.

교회라 함은 장로교 헌법에 의하면 '당회'를 가리킵니다. 당회는 그 교회를 대표하는 목사와 장로들이 교회의 해결할 문제 등을 논의하고 대변하는 기관입니다. 그들이 매거나 푸는 재판을 하는 것입니다. 따라서 당회원은 매우 중요한 역할을 수행하는 직분으로서 교회에 오래 다닌 사람이나 직분자라고 해서 무조건 자격 요건을 갖췄다고 여겨서는 안 됩니다. 성경을 바로 알고 교회가 나가야 할 방향을 정확하게 알고 있는 사람들이 당회원이 되어 교회를 대표할 수 있어야 합니다. 성경이 무엇을 말씀하고 있는 것인지, 하나님의 뜻이 무엇인지 잘 알지도 못하는 사람들이 모여서 자신의 인간적인 능력이나 권위를 입증하기 위해 목소리를 높이는 곳을 당회라고 할 수 없습니다.

국민을 대표하는 대통령이나 국회의원들을 잘못 뽑아서 낭패를 보는 경우가 얼마나 많이 있는지 우리의 경험을 통해서도 알 수 있습니다. 하물며 하나님의 말씀으로 신실하게 세워져야 할 교회의 목사를 잘못 청빙하거나 장로들을 잘못 선출하면 교회가 어떻게 되겠습니까?

4. 치리자의 자격

제가 서울 근교에서 신앙생활을 처음 시작할 때 교회에서 만나 친구처럼 지냈던 지인의 얘기입니다. 그는 한국에서 작은 자영업을 하다 미국 시카고로 이민 갔는데, 그곳에서 세탁소를 시작해서 지금은 제법 성공하고 그곳 한인 교회에서 장로 직분을 받아 봉사하고 있습니다. 바로 그 친구로부터 들은 얘기입니다.

한국에서 이민 가거나 직장 때문에 미국에 처음 간 사람들은 한국 동포들을 쉽게 만날 수 있는 한인 교회를 찾는 경우가 많이 있다고 합니다. 그곳에서는 많은 사람이 서로 말도 잘 통하고, 먼저 가서 정착한 사람들로부터 직업이나 생활에 대한 자문도 받을 수 있고, 고국의 정을 나눌 수 있는 장소가 되기 때문이랍니다.

그런데 한국에서는 학벌이나 경력으로 자기의 사회적 지위나 직장에서 좋은 대우를 받을 수 있는 경우가 제법 있지만, 미국에서는 일정한 직업이나 직장이 없으면 오히려 한국보다 생활하기가 어렵다고 합니다. 특별한 기술이 없으면 한국에서의 학력이나 경력은 거의 인정해 주지 않는 곳이 미국이랍니다. 그래서 한국의 명문 대학 졸업자가 웨이트리스를 하기도 하고 명문대 법대를 나온 사람이 청소하기도 하며, 한국에서 유명했던 연예인이 건물 경비를 하기도 한답니다. 이렇게 이민 사회에서는 한국에서의 학벌이나 경력 같은 것으로 자기를 나타낼 수가 없다고 하더군요. 한국에서는 잘 나가던 사람이라도 잠깐 다니러 간 사람이 아니고 일단 거기에서 정착하려는 사람은 아무도 알아주지 않는다고 합니다.

과거에 한국에서는 집에 금송아지가 있었다는 것이 그곳에서는 전혀 인정해 주지 않을 뿐만 아니라 아무 자랑거리가 안 된다는 것입니다. 그래서 한인 교회에라도 와서 자기를 드러내고 싶어 하는 사람들이 많은데 인정을 잘 안 해주면 다툼과 문제가 많이 생기는 곳이 한인 교회라고 하더군요. 만일 그런 사람들이 장로 같은 교회 지도자나 당회원이 된다면 교회가 어떻게 되겠습니까?

그러면 성경에 기록된 장로와 같은 교회 지도자들의 자격에 대해서 살펴봅시다.

〈딛 1:5-9〉

5내가 너를 그레데에 남겨 둔 이유는 남은 일을 정리하고 내가 명한 대로 각 성에 장로들을 세우게 하려 함이니 6책망할 것이 없고 한 아내의 남편이며 방탕하다는 비난을 받거나 불순종하는 일이 없는 믿는 자녀를 둔 자라야 할지라 7감독은 하나님의 청지기로서 책망할 것이 없고 제 고집대로 하지 아니하며 급히 분내지 아니하며 술을 즐기지 아니하며 구타하지 아니하며 더러운 이득을 탐하지 아니하며 8오직 나그네를 대접하며 선행을 좋아하며 신중하며 의로우며 거룩하며 절제하며 9미쁜 말씀의 가르침을 그대로 지켜야 하리니 이는 능히 바른 교훈으로 권면하고 거슬러 말하는 자들을 책망하게 하려 함이라

이렇게 교회를 대표하는 장로들은 교회를 교훈으로 권면하고 교회에 해를 끼치는 자들을 책망할 수 있는 그런 인격과 신앙적인 실력이 있어야

합니다. 성경에 의하면 목사도 가르치는 장로이기 때문에 목사도 마찬가지입니다.

교회에게 치리해야 할 사안이 생겼을 때 장로들로 구성된 교회가 성경을 근거로 하여 판단을 하고 그 죄의 경중에 따라 교회가 그에게 판결을 내립니다. 치리는 그렇게 시작이 되는 것입니다.

사안이 경미한 경우에는 훈계(서면이나 말로 가볍게 충고하는 것)에서 끝냅니다. 그리고 그보다 조금 중한 경우는 징계(좀 더 강한 충고나 경고)를 합니다. 그보다 더 중한 것이라 판단되었을 때에는 교회생활에 대한 징계를 내립니다. 그것은 교회의 멤버로서 누릴 혜택을 일정 기간 누리지 못하게 하는 것입니다. 예를 들어 일정 기간 성례에 참여시키지 않는 것입니다. 혹 그 중에 "그것이 무슨 징계야? 성찬 안 먹으면 되지."라고 그런 징계를 하찮게 여기는 사람이 있을지도 모릅니다. 그런 사람들은 성례에 참여한다는 것이 얼마나 영광스러운 것인지 모르고, 더 나아가 성찬의 의미 자체를 모르는 사람들입니다.

그리고 그보다 더 무거운 징계가 교회의 직분을 박탈하는 것입니다. 즉 장로, 집사, 목사의 직분을 박탈하는 것이고, 가장 무서운 것이 바로 출교입니다. 그는 더 이상 교회의 성도가 아닌 것입니다.

마태복음 16장 19, 20절에 의하면 두세 사람이 합심하여 구하면 하늘에 계신 아버지께서 그들의 구하는 바를 이루어 주시리라고 기록되어 있습니다. 그리고 두세 사람이 예수님의 이름으로 모인 곳에 예수님께서 함께 하신다고 하셨습니다.

징계를 당한 대부분의 사람은 "그럼 다른 교회 가면 되지" 하고 대수롭지 않게 생각할 수 있을지 모릅니다. 그러나 성경 말씀에 의하면 참 교회들이 땅에서 매면 하늘에서도 매입니다. 즉 이 땅의 어떤 유형적인 교회에서만 매이는 것이 아니라는 것입니다. 그리고 그들의 결정에 예수님께서 함께 하신다고 하셨습니다. 이러한 권세를 받은 자들이 바로 교회입니다. 교회가 땅에서 매면 하늘에서 매이고 땅에서 풀면 하늘에서 풀리는 것입니다. 따라서 진리를 바르게 알고 믿는 것이 얼마나 중요한 것이며 또 그 진리에 경건하고 진지하게 접근해야 하는지에 대해서는 이론의 여지가 없습니다.

예수를 믿는다는 것은 단순하게 일요일에 습관적으로 성경책 들고 교회 가서 헌금하고 목사님 설교만 듣고 오면 할 일을 다한 종교 형식이 아닙니다. 신앙이란 영원한 생명에 관한 문제를 다루는 것입니다. 우리 인생도 한 번 시도해 보았다가 안 되면 다시 할 수 있는 게임이 아닌 것처럼, 믿음도 두 번 다시 시작할 수 없는, 모든 것이 죽음의 순간에 모두 끝나 버리는 단판 승부와 같습니다.

따라서 성경적인 교리가 아닌 것들을 가지고 교회를 혼란케 하는 사람들은 하나님의 영광과 진리를 가리는 사람들이기 때문에 당연히 치리의 대상입니다. 예를 들어 "내가 예언을 받았는데 당신은 올해 순탄하게 잘될 거야."라거나, "내가 환상을 봤는데 누구누구는 조심해야 한다."는 등의 황망한 말을 하고 다니면서 마치 자기가 기도해야 그 액운이 나가게 된다는 식으로 자기의 특별한 능력이나 종교심을 자랑하려는 사람은 치리의 대상이 됩니다. 성경에 근거하지 않는 그런 자들의 신앙은 우상숭배를 하는 무속인과 똑같은 사람입니다.

또 성경이 아닌 잘못된 개인의 체험을 하나님의 은혜나 능력으로 포장하여 사람들을 미혹하고 혼란스럽게 하는 사람들도 당연히 치리의 대상입니다.

<딛 1:9-14>

9미쁜 말씀의 가르침을 그대로 지켜야 하리니 이는 능히 바른 교훈으로 권면하고 거슬러 말하는 자들을 책망하게 하려 함이라 10불순종하고 헛된 말을 하며 속이는 자가 많은 중 할례파 가운데 특히 그러하니 11그들의 입을 막을 것이라 이런 자들이 더러운 이득을 취하려고 마땅하지 아니한 것을 가르쳐 가정들을 온통 무너뜨리는도다 12그레데인 중의 어떤 선지자가 말하되 그레데인들은 항상 거짓말쟁이며 악한 짐승이며 배만 위하는 게으름뱅이라 하니 13이 증언이 참되도다 그러므로 네가 그들을 엄히 꾸짖으라 이는 그들로 하여금 믿음을 온전하게 하고 14유대인의 허탄한 이야기와 진리를 배반하는 사람들의 명령을 따르지 않게 하려 함이라

치리하는 자는 성경에 근거하여 하나님의 자녀로서 하지 말아야 할 것을 하는 자나 교회에 피해를 주고 교회의 연합과 하나 됨과 통일을 방해하는 자, 이간질하는 자, 개인의 유익을 위해서 교회에 피해를 주거나 분란을 일으키는 자들이 있을 때는 반드시 치리를 해야 합니다.

그러나 치리를 할 때 주의하고 명심해야 할 것이 있습니다. 성경적으로 보면 우리 인간은 누구도 다른 사람의 죄를 지적하고 징계를 내릴 수 있는 자들이 아닙니다. 우리는 모두 치리를 받아야 할 대상자들이기 때문입니다. 심지어 믿음으로 구원을 받았다고 고백하는 지금도 마찬가지입니다.

그러나 2,000년 전에 예수님이 이 땅에 오셔서 우리를 품에 안고 우리의 모든 죄를 대신 짊어지고 이미 출교를 당해 주셨습니다. "나의 하나님 나의 하나님 어찌하여 나를 버리시나이까?" 그분이 출교당하실 때 그분

과 연합한 우리도 함께 출교를 당했고 그분이 살아나심으로 우리도 다시 살아난 것입니다. 그래서 지금 우리가 이렇게 교회가 되어 있는 것입니다. 영원히 이를 갈며 지옥 불에서 고통당해야 하는 우리를 예수 안에서 다시 살리신 것입니다.

그리고 교회를 통해서 우리를 거룩하고 흠이 없게 하시려고 우리의 삶에 간섭을 하십니다. 하나님은 우리를 그냥 버려두시지 않고 우리의 삶에 간섭하셔서 우리가 버려야 할 것, 고쳐야 할 것들을 다루고 계시며 해결하고 계시다는 것을 교회를 통해서 나타내는 것입니다.

하나님이 죄와 허물로 얼룩진 우리를 그냥 버려두지 않고 간섭하셔서 고치게 하시는 것은 오직 우리를 지옥이 아닌 천국에 데리고 가시기 위해서라는 그 사랑을 교회의 치리를 통해 우리가 깨달아야 합니다.

진리 안에서 같은 믿음으로 교회를 이루는 우리는 영적으로 한 몸입니다. 네가 나 자신이고 내가 너 자신인 한 몸이지요. 우리가 믿는 예수님이 그렇게 살다 가셨고 우리는 그와 연합된 자들이기 때문에 우리도 그렇게 살아야 하는 것입니다. 예수 그리스도와 함께 서로 피가 통하는 자들이란 바로 그런 의미입니다.

따라서 하나님이 원하시는 교회란 서로를 향해 사랑으로 격려하고 위로하고 잘못된 것들은 치리를 통해서라도 바로 잡아주며 서로에게 시금석이 되어 주는 사랑의 실천을 통해서 하나님이 원하시는 온전함으로 만들어 가는 것입니다.

3장
교회의 길

1. 교회는 이 세상에 속하지 않는 하나님 나라

〈요 18:36〉

예수께서 대답하시되 내 나라는 이 세상에 속한 것이 아니니라 만일 내 나라가 이 세상에 속한 것이었더라면 내 종들이 싸워 나로 유대인들에게 넘겨지지 않게 하였으리라 이제 내 나라는 여기에 속한 것이 아니니라

(1) 인간의 욕구와 삶

인간은 누구나 유토피아를 소망하고 꿈꿉니다. 아무 걱정 없고 서로 사랑하며 모든 것이 풍부한 그런 유토피아에서의 삶을 소망합니다.

예수님이 이 땅에 오시기 400년 전에 플라톤은 그의 저서인 《국가 The Republic》에서 이미 함께 일하고 함께 나누는 유토피아를 그리고 있습니다. 그래서 많은 사람은 공산주의 사상을 최초로 주창한 사람을 플라톤이라고 말하기도 합니다.

공산주의는 유토피아를 꿈꿨습니다. 전 세계 노동자 계급의 해방과 공

산주의 사회 건설을 천명한 마르크스의 공산당 선언 이후 공산주의가 마치 프롤레타리아를 해방하여 지상 낙원을 이룰 수 있을 것 같은 기세로 세계의 많은 젊은 피를 끓게 했습니다.

그러나 지난 백여 년간의 공산주의 운동은 사실상 실패한 것으로 결론이 났습니다. 공산주의라는 것은 이론적으로는 참 훌륭한 사상입니다. 모든 인간이 계급의 차별 없이 함께 일하고 함께 나누는 그야말로 지상 낙원을 꿈꿀 수 있는 멋진 이론입니다. 그러나 그들이 실패한 가장 큰 원인은 인간이라는 존재의 본질을 간과한 것에 있습니다. 인간은 자기의 소유가 아닌 것에 대해서는 자기 것처럼 열심을 내지 않습니다. 따라서 똑같은 조건에서 일을 하더라도 자기 것이 아니면 그 생산성은 당연히 줄어듭니다. 똑같이 나누는 가운데서도 남보다는 조금이라도 더 가지고 싶어 하는 것이 인간입니다. 그것은 인간이 욕망과 탐욕과 같은 죄성으로 가득 채워진 이기적인 동물이기 때문입니다. 공산주의는 이 땅에서 인간이 지상 낙원을 만들어 낼 수 있는가를 알아낸 것이 아니라 오히려 인간의 불가능성을 보여 주고 확인했을 뿐입니다.

제가 잘 알고 있는 지인 중의 한 분은 기독교 사회운동을 하고 있습니다. 그는 인천에 있는 지역, 흔히 얘기하는 달동네에서 지역 서민들과 외국인 노동자들을 대상으로 선교 활동을 하고 있습니다. 저도 참여 권유를 받고 호기심에 한두 번 참석해 보았는데, 순수한 선교 활동이라기보다는 학습과 정보를 통해서 힘없는 자들의 삶의 질을 높여보자는 일종의 의식개혁과 계도를 위한 모임이었습니다. 힘없는 사람들의 편에서 사람들에게 예수 그리스도의 평화를 전하고 서로 사랑할 수 있는 마음을 가르쳐서 밝고 좋은 세상을 만드는 데 기여하고 싶다는 것이 그 모임의 취지입니다.

물론 그 취지는 좋지만 너무 낭만적인 이상주의를 꿈꾸고 있다는 생각을 지을 수 없었습니다. 인간은 바르게 가르치고 옳게 계도를 하면 서로 사랑하며, 서로 이해해 주며 또 자기가 손해를 보더라도 평화롭게 살 수 있는 존재일까요?

더구나 교회는 복음을 믿고 전하는 것을 목적으로 하는 것이지 사회운동을 통해서 인간을 계도하는 단체가 아닙니다. 물론 교회는 구제를 하고 선행을 해야 합니다. 그러나 그 구제나 선행의 목적은 교회의 명예나 자랑이 아닌 오직 복음전파를 위한 것이어야 하고 교회 자신을 위해서 하는 것입니다.

교회가 구제나 선행이나 계도를 하면서 이 세상을 밝게 변화시켜 행복한 세상을 만들어 보겠다는 것은 교회의 존재 목적이나 본질이 전혀 아닙니다. 그런 사회적인 행위는 종교와 관계없이 이 세상을 살아가는 구성원으로서의 당연한 역할을 하는 것일 뿐, 그것을 신앙과 연계시켜서 성경의 가르침으로 이해하려는 것은 잘못된 생각입니다.

그런 구제나 봉사와 같은 선행은 자기의 소중한 것을 내놓아야 할 수 있습니다. 그런 일을 하기 위해서 자신의 물질, 시간, 노동력 등을 동원해야 하는데, 이런 일들은 자기 것을 희생해서 남을 도와주는 것입니다. 물론 이런 선한 행위는 이 세상을 함께 살아가는 사람들의 공생과 공존을 위한 중요한 삶의 가치입니다. 따라서 종교와 관계없이 함께 살아가는 인간의 삶 속에서 좀 더 가진 자가 갖지 못한 자에게 노블레스 오블리제의 정신으로 베푸는 것은 삶의 아름답고 가치 있는 일입니다.

그러나 신앙적인 측면에서 본다면 우리의 것을 가지고 남을 위해 희생하면서 얻을 수 있는 것은 사랑이신 예수님을 아주 조금 이해하는 것에 불과합니다.

세상 사람들이 목숨 걸고 모으고 지키려는 가치에 대해서 교회는 오히려 그런 것들을 이웃에게 나누면서 "하나님 저는 이 땅의 가치에 큰 관심을 가지고 살지 않겠습니다."라고 고백하는 마음으로 해야 하는 것입니다. 이런 인간적인 선행을 통해서 우리를 위해 목숨까지 버리신 예수 그리스도의 희생을 이해하고 더 큰 소망을 위해 이 세상의 가치들을 버리는 연습을 하는 것입니다.

이때 주의할 것은 내가 베푼 선행과 공로를 훗날 하나님 앞에 가지고 가겠다는 마음으로 해서는 절대 안 된다는 것입니다. 그것은 곧 나의 공로로 하나님의 영광을 가리는 행위가 되기 때문입니다. 종교개혁가 루터는 그런 사람들을 불신자보다 더 악하다고 경멸하고 신성모독이라고까지 말했습니다. 오히려 구제와 선행과 계도를 통해서 왜 나에게는 주님이 원하시는 그런 온전한 진심 어린 긍휼이 나오지 않는 것인지에 대해서 때로는 자신의 인간적인 한계를 바라볼 수 있어야 합니다.

세상은 인간의 선행과 구제와 교육과 계도를 통해서 결코 밝아질 수 없습니다. 우리 인간의 문제는 가난도 아니고 질병도 아니고 전쟁도 아닙니다. 바로 '죄'입니다. 그 죄가 해결되지 않으면 인간은 아무리 환경이 좋아진다 해도 결코 행복할 수 없습니다.

교회는 세상을 향해 그 죄의 문제가 예수를 통해서 해결될 수 있는 길이 있다는 것을 선포해야 하지, 세상의 환경을 바꿔주고, 이 세상에서 잘 먹고 잘살게 해 주는 것에 기여함으로써 세상의 행복을 위해 존재하고 일하는 것이 아닙니다.

교회는 하나님의 백성들을 세상에서 건져내어 거룩한 하나님 나라의 백성으로 만들어 가는 일을 담당하는 것이지, 이 땅에서 멋진 장막을 짓고 잘살자는 것이 결코 아닙니다.

(2) 인간, 그 본질적 속성

14세기 이후 르네상스(문예부흥운동) 문화는 18세기에 와서 꽃을 피웠습니다. 그것은 휴머니즘이라는 인간중심 사조를 만들어 냈고 모든 철학도 인간 중심적 사고를 지지하고 중시하게 되었습니다.

세상 사람들을 잘 가르치고 교육을 잘하면 세상은 점점 살기 좋은 곳으로 변할 것이라는 기대를 했습니다. 그러나 연이은 세계 대전을 치르면서 세계의 지성들은 그것이 불가능하다는 것을 깨닫게 되었습니다. 아무리 교육을 해도 인간의 본질은 나아지지 않더라는 것이지요.

유대인을 학살한 독일군의 예화에 의하면, 사람이 사람을 죽여서 빵을 만들어 먹고, 이를 뽑아 단추를 만들고, 하루에 천 명 이상을 계속 죽이고 집에 가서는 아무 일도 없었다는 듯이 고상하게 슈만과 바흐의 음악을 듣더라는 것입니다. 인간이란 바로 그런 존재입니다.

20세기 중반 이후 포스트모더니즘(Post Modernism)이라는 인간중심주의 사조가 문화 예술계를 중심으로 전 세계에 퍼져 나가면서 뉴에이지(New Age) 운동이 세계를 휩쓸게 되었습니다.

뉴에이지 운동이란 '범아일여(梵我一如)', 즉 '우주와 나는 하나'라는 범신론을 주장하는 운동으로 인류의 공통된 유익을 위해 모든 인종, 종교, 정부가 하나 되어 통합되는 새 시대를 꿈꾸는 운동입니다. 이 운동은 교회까지 침투하여 WCC(세계교회협의회)라는 세계 모든 종교의 통합을 주장하는 모임이 결성되었고, 우리나라의 정통교단에까지 그 영향력을 행사하기에 이르렀습니다. 그 결과 우리나라의 많은 교회의 목사나 지도자들이 그 문화의 영향을 받게 되었습니다.

뉴에이지는 불교나 힌두교 그리고 동양철학 사상과 거의 비슷합니다. 그들의 역사관은 순환적 역사관입니다. 역사는 순환한다는 것이지요. 그래서 그들은 윤회도 자연스럽게 받아들입니다. 모든 피조물은 커다란 신의 한 부분이며 물질이나 현상도 파도가 잠시 형태를 가지다가 다시 바다로 돌아가는 것과 같은 이치라고 주장합니다.

존 레논이라는 비틀즈 멤버는 〈이메진(imagine)〉이라는 노래까지 만들어 부르면서 뉴에이지를 전파했습니다. 그의 노래를 전 세계가 애창했습니다. 그렇게 우리가 손에 손을 잡고 선을 행하고, 서로 용서하면서 나누어주고 사랑을 만들어 가면 이 세상은 정말 살기 좋은 곳이 되며 하나가 될 수 있을까요?

그러나 누구나 인정하듯이 세상은 점점 더 악해지고, 더러워지고 있으며, 사람들은 점점 더 바빠지고 사랑은 점점 식어가고 있습니다. 세상 가운데서 죄를 안고 살아가는 모든 인간은 자기만을 사랑합니다. 진심으로 남을 위한 배려를 할 수 없는 것이 인간입니다. 종교개혁가 루터는 "남에게 베푸는 선행조차도 결국 인간은 자신을 위해서 한다."라고 했습니다.

하버드 대학의 하비 콕스 박사는 현대를 가리켜 '익명의 시대'라고 주장합니다. 현대의 사람들은 다른 이들에게 방해받기 싫어하며 다른 이들에게 관심 두는 것도 싫어하고 혼자만의 생활을 추구한다는 것입니다. 그래서 공동체의 모임은 점점 홀대를 받고 인터넷 앞에서 보내는 시간이 많아지고 익명이 보장되는 사이버 세계가 현실 세계를 대치해 나가고 있다는 것입니다. 오직 나, 모든 것이 내가 중심입니다. 에고이스트(자기애)적인 사람들이 점차 증가하는 추세입니다.

이렇게 인간은 자신만을 위하는 존재입니다. 스스로 사랑을 할 수도 없고, 평화를 만들어 낼 수 있는 존재도 아닙니다. 양보하고 이해하며 지상 낙원을 만들어 낼 수 없다는 것을 인간 스스로가 증명해 내고 있습니다.

그런데 정말 어처구니없는 것은 교회 중에도 그러한 지상낙원을 추구하고 약속하는 곳이 있다는 것입니다. 예수님은 분명히 본문에서처럼 메시아 왕국, 하나님 나라는 이 땅에 속한 것이 아니라고 천명하셨습니다.

그럼에도 이 땅에 이루어질 천년왕국을 기다리고 그리스도인들은 이 땅에서 하나님의 축복을 받아 떵떵거리며 번영을 누리며 세상을 이기며 살아야 한다고 가르치는 교회들이 너무 많이 있다는 것입니다. 교회는 결코 이 땅에 속한 것을 누리는 것을 목적으로 하지 않습니다. 교회는 세상에서 펼쳐질 천년왕국을 기다리는 것이 아니라 교회를 이룬 그들 자신이 바로 하나님 나라입니다.

예수 그리스도가 이 땅에 오심으로 하나님 나라는 이미 임했으며 영적으로는 묵시 속에서 이미 완전하게 이루어졌습니다. 하나님 나라 그 하늘왕국은 이미 영적으로 완성이 되었고 곧 가시적으로 우리에게 임할 것이라는 사실입니다. 천년왕국은 예수님이 초림하셨을 때에 이미 이루어진 것이지 먼 훗날 이 땅에서 이루어지는 것이 아니라는 것이지요.

예수님이 말씀하신 "회개하라 천국이 가까이 왔느니라"(마 4:17)는 원어의 시제로 보면 현재완료형입니다. 천국, 즉 하나님 나라가 너희들 가까이 이미 와 있다는 말씀입니다.

〈히 12:28〉
그러므로 우리가 흔들리지 않는 나라를 받았은즉 은혜를 받자 이로 말미암아 경건함과 두려움으로 하나님을 기쁘시게 섬길지니

이 말씀은 우리가 흔들리지 않는 나라를 과거에 이미 받았다고 과거완료시제를 써서 이야기하고 있습니다. 이어서 요한계시록의 그 찬란한 새

하늘과 새 땅이 기록되어 있는 21, 22장을 연계해서 생각해 봅시다.

하나님은 요한에게 그 완성된 하나님 나라를 보여 주셨습니다. 요한은 그 완성되어 있는 하나님 나라를 보고 계시록을 기록한 것입니다. 그 나라는 영적으로 이미 완성되어 있는 것입니다.

그래서 하나님 나라는 시작되었으며 영적으로는 이미 완성되었고 이제 예수님께서 재림하실 때 가시적으로 우리 눈 앞에 펼쳐지리라는 것을 믿습니다.

앞에서 언급했지만 교회는 에클레시아입니다. 그러면 세상 밖으로 건져내어진 자들이 교회인데, 어디로 건져내어진 것일까요? 바로 누구나 소망하는 하나님 나라, 즉 천국으로 옮겨진 것입니다. 그러면 하나님의 계획하신 천년왕국은 언제 어떻게 이루어지는 것일까요? 그 문제는 우리가 단정적으로 말하기는 어렵습니다. 다만 신학자들의 주장을 통해서 짐작으로 추론해 볼 수 있으나 논리적 모순이 많이 있기 때문에 결국 믿는 자들의 신앙적 판단에 의한 결론을 존중할 수밖에 없습니다.

(3) 천년왕국과 세대주의

천년왕국에 대한 학설은 무천년설, 전천년설, 후천년설 이렇게 크게 세 가지 학설로 나눌 수 있습니다. 그 학설들을 살펴보면서 어떤 학설이 가장 성경적인지 생각해 봅시다. 이런 주장들은 말 그대로 주장일 뿐 어느 것이 성경적인 정설이라고 아직 정해져 있지 않기 때문에 교단에 따라 다르고 또 이단들도 주장이 다릅니다.

<무천년설>

천년왕국의 천년은 상징적이며 영적인 것이지 언젠가 이 땅의 역사 중간에 다가올 가시적 시간이 아닙니다. 계시록의 천년왕국은 이미 시작되었고 우리는 지금 그 천년왕국을 살고 있다는 것입니다.

예수님이 초림하시고부터 재림하실 때까지의 기간을 교회시대라고 하는데, 그 기간을 천년왕국이라고 합니다. 그런 신학적인 학설을 신학 용어로 '무천년설'이라고 합니다. 이 무천년설에 의하면 예수께서 이 땅에 오심으로 말미암아 생긴 교회 자체가 천년왕국의 시작이며, 그것은 영적인 것이지 이 땅의 시간 개념 속에서 가시적으로 나타나는 것이 아니라는 것입니다.

그런데 아직도 이 땅에서의 천년왕국을 기다리는 사람들이 있습니다. 그들은 요한계시록 20장에 나오는 천년왕국이 이 땅에 실제적이며 가시적으로 나타날 것이라고 믿고 또 성도들에게 가르치고 있습니다.

무천년설은 앞에서 살펴본 대로 천년이라는 것은 영적이며 상징적인 교회시대를 말하는 것이지, 실제로 이 땅에서의 천년이라는 기간을 말하는 것이 아니라는 것이 기본적인 배경입니다. 저자는 개인적으로 무천년설을 가장 신뢰합니다.

<전천년설>

전천년설은 천년왕국이 시작되기 전에 예수께서 재림하신다고 주장하는 학설입니다.

그들의 주장에 의하면 예수 그리스도의 초림으로 시작된 이 교회시대가 끝날 무렵 이 땅에 7년 대환난이 온다고 합니다. 교회들과 유대인들, 믿지 않는 자들 모두 그 환난 기간을 통과해야 합니다. 그 7년 대환난을 통과한 후에 예수님이 재림하시고 예수님과 성도들이 천년 동안 이 땅을 다스리는 천년왕국이 시작됩니다. 그 천년왕국에는 여전히 죄와 사망이 있고, 타락하는 자들도 있습니다. 천년이 끝나게 될 때 사탄이 반역하는 나라들을 모아서 계시록의 곡과 마곡의 전쟁을 일으키게 됩니다.

그 후 예수님이 그들을 멸하시고 불신자들이 부활하여 최후의 심판이 있을 것이며, 그 심판에 의해서 사탄과 어둠의 세력들과 불신자들은 영원히 불못에 던져지게 된다는 것이 전천년설이고, 이와 같은 주장을 '역사적 전천년설'이라고 합니다.

그러나 그 학설에는 오류가 있습니다. 이 지상적인 천년왕국에 이미 영화롭게 되신 예수 그리스도와 성도들이 함께 내려와 죄와 죽음이 있는 이 세상의 것들과 공존한다는 것은 성경과 일치하지 않는 오류가 있습니다. 그리고 이미 영화롭게 되어서 재림하신 예수님이 다스리는 곳에는 죄와 사망과 반역이 일어날 수 없는 것이 당연합니다.

그리고 전천년설을 주장하는 사람들의 다른 한 부류에 '세대주의적 전천년설'을 주장하는 사람들이 있습니다. 그들은 인간적인 역사 안에서 그리스도의 역사가 이루어진다고 주장합니다. 그러나 이들의 주장은 거의 이단에 가깝다고 할 수 있습니다. 그런데 문제는 많은 한국 교회들이 이 세대주의적 전천년설을 지지하고 있다는 점입니다.

그 이유는 한국 교회의 역사가 100년 정도밖에 안 된 상황에서 한국 교회들이 바른 교리를 정립하지 못하고 표류하고 있을 때, 스코필드 박사가 쓴 《스코필드 주석》이라는 책이 한국에 들어온 후 세대주의가 급속히 퍼졌습니다. 게다가 어네스트 앵글리라는 사람이 《휴거》라는 책을 써서 전 세계적으로 대 히트를 쳤습니다. 그 책이 바로 성경을 세대주의적 해석으로 풀어서 소설화 한 것입니다.

당시에 우리나라에서도 청년은 물론이고 교회의 중고등부까지 읽어야 하는 필독 도서로 여길 정도였습니다. 그 영향으로 지금도 세대주의적 전천년설의 주장이 자연스럽게 교회에 스며들어 있습니다.

세대주의자들은 성경을 문자 그대로 해석합니다. 그 방법은 성경을 굉장히 과학적이고 논리적으로 접근할 수 있습니다. 그러나 그것은 오히려 성경적인 오류나 교계에 많은 오해를 가져오기도 했습니다.

세대주의자들은 구약의 이스라엘과 신약의 교회를 별개의 것으로 봅니다. 그래서 신약의 교회들에게는 구약이 아무 상관이 없는 책으로 인식됩니다. 하나님의 백성들에게는 이스라엘과 교회, 두 부류가 있다는 것입니다. 그래서 하나님께서는 이스라엘과 교회에 대한 구원의 방법을 서로 다르게 정하셨다는 것입니다.

하나님께서는 이스라엘을 하나님의 백성으로 택하셔서 하나님 나라를 만들어 가는 구약을 통한 언약의 성취를 도모하셨지만, 이스라엘이 거부했기 때문에 유대인들 중심으로 만드시려고 했던 왕국은 잠깐 보류하시고 교회들을 구원하셨다는 것입니다. 그러므로 사무엘하 7장에 나오는 다윗 언약을 이스라엘을 통해 이루려 하셨는데 이스라엘이 거부하는 바람에 잠깐 보류하시고 교회를 구원하시기로 하셨다는 것입니다. 따라서 언젠가 그 세상적인 이스라엘 왕국은 반드시 이 땅에 세워진다고 주장합니다.

그들의 주장에 의하면 교회시대가 끝나고 예수님이 공중 재림을 하십니다. 예수님의 공중 재림 시에 교회들은 모두 휴거를 합니다. 그래서 교회는 천국에서 7년 동안 혼인잔치를 하고, 지상에서는 7년 동안 대환난이 있을 것이라고 주장합니다.

7년 대환난 기간 동안 적그리스도가 맹위를 떨치고, 이스라엘의 남은 자 144,000명이 구원을 받고, 그들의 활약으로 허다한 무리가 구원을 받게 된다고 합니다. 또 그 환난 기간 동안 이스라엘에게 잘 대해준 사람들을 양이라 하고 그들을 핍박한 사람들을 염소라 한다고 마태복음 25장에 나오는 양과 염소의 심판을 해석합니다.

7년 대환난이 끝날 즈음 땅의 왕들과 짐승들의 군대들과 거짓 선지자들이 함께 모여 하나님의 백성들에게 대항하여 아마겟돈 전쟁을 시작합니다. 그러나 예수께서 내려오셔서 그 원수들을 멸하시고 아마겟돈 전쟁을 종결하십니다.

그리고 유대인들과 7년 환난 동안 순교한 신자들이 천국에서 다시 내려와서 천년 동안 다스리는 이스라엘 왕국이 회복되며, 구약의 이사야나 예레미야 같은 선지서에서 이스라엘에게 주어졌던 모든 예언이 다 이루어집니다.

또 천년왕국이 끝날 즈음에 사탄이 잠깐 옥에서 풀려나와 천년왕국에 사는 사람 중에 믿지 않는 사람들을 모아 곡과 마곡의 전쟁을 일으키지만 예수님이 그들을 영원히 불못에 던져 넣으시고 영원한 천국이 온다는 것이 세대주의적 전천년설입니다.

이미 교회에서 웨스트민스터 신앙고백이나 하이델베르그 요리문답들을 통해서 올바른 성경 교리에 대해서 잘 배운 사람들은 이런 주장에 대해 말이 안 된다고 할지 모르겠지만, 성경을 잘 모르는 사람들에게는 그럴듯한 시나리오로 이해될 수 있습니다. 그래서 우리가 이런 논리의 함정에 빠지지 않기 위해서는 바른 교리를 정립하고 있어야 합니다. 바른 교리를 알고 있는 사람들은 이런 추리소설 같은 논리에 절대 미혹되지 않습니다.

이 세대주의적 전천년설의 문제점은 더 이상 설명하지 않아도 잘 묵상해 보면 이해할 수 있을 것입니다. 이미 영화롭게 되신 예수님께서 다스리시는 왕국에 여전히 범죄가 남아있고 예수님을 공격하는 자들이 생긴다는 것도 말이 안 되지만 이미 죄가 전혀 없는 천국에 가 있던 사람들이 다시 내려와서 죄와 사망이 가득한 이 땅에서 천년을 살다가 다시 올라간다는 것도 말이 안 되는 사상입니다. 또 그들의 자녀들이 타락한다는 것도 어불성설입니다. 그들의 주장대로 이스라엘과 교회가 완전히 다른 것이라고 주장한다면, 구약은 우리 신약 교회들에게는 아무 의미가 없는 책이라고 할 수 있습니다. 교회 갈 때 굳이 두꺼운 구약성경을 같이 가져갈 필요가 없을 것입니다. 신약만 분리해서 보면 되니까요. 그러면 구약성경은 다 찢어 없애버릴까요? 그러나 구약이든 신약이든 성경은 어제도 오늘도 내일도 변함없이 모든 인간에게 동일하게 적용되는 하나님의 말씀입니다.

세대주의적 전천년설에서 주장하는 7년 대환난이라는 기간은 다니엘서 9장의 내용을 해석하는 과정에서 나온 인간적인 추론에 불과합니다.

〈단 9:24-27〉

24네 백성과 네 거룩한 성을 위하여 일흔 이레를 기한으로 정하였나니 허물이 그치며 죄가 끝나며 죄악이 용서되며 영원한 의가 드러나며 환상과 예언이 응하며 또 지극히 거룩한 이가 기름 부음을 받으리라 25그러므로 너는 깨달아 알지니라 예루살렘을 중건하라는 영이 날 때부터 기름 부음을 받은 자 곧 왕이 일어나기까지 일곱 이레와 예순두 이레가 지날 것이요 그 곤란한 동안에 성이 중건되어 광장과 거리가 세워질 것이며 26예순두 이레 후에 기름 부음을 받은 자가 끊어져 없어질 것이며 장차 한 왕의 백성이 와서 그 성읍과 성소를 무너뜨리려니와 그의 마지막은 홍수에 휩쓸림 같을 것이며 또 끝까지 전쟁이 있으리니 황폐할 것이 작정되었느니라 27그가 장차 많은 사람들과 더불어 한 이레 동안의 언약을 굳게 맺

이 말씀은 하나님께서 인간 세상의 종말, 즉 영원한 하나님 나라가 오
는 시기를 70 이레로 기한을 정하셨다는 것을 보여 주고 있습니다. 그 칠
십 이레가 지나가면 이 세상의 종말이 온다는 것입니다. 성경에 의하면 하
나님이 아하수에로 왕의 아들 다리오 왕 때 성전을 재건하라고 명령하셨
습니다.

그때로부터 성전이 재건될 때까지 7 이레고, 기름 부은 왕이 오실 때까
지가 62 이레입니다. 그래서 7 + 62 하면 69 이레가 됩니다. 그렇게 되면
세상의 종말까지는 한 이레가 남게 됩니다. '이레'라는 것은 날짜를 셀 때
하루, 이틀, 사흘, 나흘, 닷새, 엿새, 이레의 그 날 수를 말합니다. 7일이
라는 것이지요.

세대주의자들은 이것을 7년으로 잡아서 다리오 왕 원년서부터 70 이레
즉 490년 후에 이 세상의 종말이 오는 것이라고 주장했습니다. 왜냐하면
그들은 성경을 문자적으로만 보기 때문에 그런 주장이 가능한 것입니다.
그런데 그때를 기준으로 하면 지금은 490년이 지난 지 이미 오래되었습
니다. 그런데 아직도 종말은 오지 않았습니다. 그래서 남은 한 이레 7년
을 뒤로 슬그머니 뺀 것입니다. 그래서 그 7년이 지나면 종말이 오고, 하
나님 왕국이 임한다고 하면서 7년 대환난이라는 것을 인위적으로 만들어
냈습니다.

연대기적인 7년 대환난이라는 것은 없습니다. 그러나 대환난의 시기는
분명히 있는데 그때가 언제인가의 문제인데, 바로 지금이 그 대환난의 시

기입니다. 그래서 참 교회는 세상을 너무 쉽고 만만하게 보면 안 됩니다. 우리는 지금 성경이 말씀하고 계신 대환난의 시대를 살아가고 있기 때문입니다. 사탄이 왕으로 있는 이 세상에서 온전하게 믿음을 지키면서 살아간다는 것은 결코 쉽지 않기 때문에 오직 하나님 말씀을 붙잡고 가는 참 교회의 삶이 이토록 힘이 드는 것입니다.

그러면 지금 다니엘서의 이야기는 무슨 뜻인지 9장 27절을 다시 한번 보고 묵상해 봅시다.

"그가 그 이레의 절반에 제사와 예물을 금지할 것이며"에서 마지막 남은 한 이레 중에서 그 한 이레의 절반에 제사와 예물을 금지한다고 합니다. 제사와 예물이 금지된다는 의미는 제사와 예물이 항상 드려지던 성전이 없어진다는 말입니다.

그들이 제사와 예물을 바치던 성전은 AD 70년 로마의 티토 장군에 의해 완전히 파괴됩니다. 그러면 성전이 파괴된 그때부터 종말까지는 반 이레가 남았습니다. 반 이레는 3일 반나절입니다.

그때부터 예수님께서 다시 오시는 그 날까지를 우리는 '교회시대, 은혜의 시대, 삼년 반, 1,260일, 42개월'이라고 표현하는 것입니다. 계시록이나 묵시문학에 자주 나오는 숫자들이지요. 그 숫자들이 바로 교회시대를 말하고 있으며, 교회적으로는 교회의 일생을 이야기하는 것입니다.

진실로 믿음 안에 있다면 7년 대환난이 언제 올까 두려워할 필요가 없습니다. 우리는 지금 그 대환난의 시기를 잘 견디면서 살아가고 있습니다. 이런 때에 고난당하지 않는 교회가 오히려 더 이상한 것이지요.

이번에는 전천년설에 대응해서 후천년설을 주장하는 사람들에 대해서 알아봅시다.

〈후천년설〉

　그들의 주장에 의하면, 교회는 예수님의 부활 이후에 고난도 없고 실패도 없이 점점 승승장구하여 그리스도의 푸른 계절이 이 땅에 오게 되어 자연스럽게 천년왕국으로 이어질 것이라고 합니다. 천년 동안 세상 모든 민족이 모두 복음화되어 그야말로 지상천국이 이루어질 것이며, 그 천년왕국이 끝나면 예수님이 재림하신다고 주장합니다.

　그들은 성경에 나오는 고난이나 핍박에 관한 내용은 이미 예루살렘 성전이 파괴된 AD 70년 이전에 다 이루어진 것이라고 합니다. 따라서 그들의 주장에 의하면 교회에는 이제 고난이나 핍박은 없으며 우리는 북진, 서진, 동진, 남진하여 세계를 복음으로 정복하여 승리할 것이라고 합니다. 이것이 후천년설을 지지하는 자들의 주장입니다.

　이들의 주장이 결론적으로는 맞는 얘기입니다. 분명히 우리는 승리합니다. 그러나 성경에서 말하는 승리는 세상에서 눈에 보이는 모습의 그런 승리가 아닙니다. 우리의 승리는 예수 그리스도 안에서 세상의 핍박과 사탄의 유혹에 대한 승리입니다.

　(4) 승리하는 믿음이란?

　우리가 승리하고 있다는 것은 오늘도 하나님의 백성들은 온갖 방해에도 불구하고 세계 어느 구석에 있든지 구원의 믿음을 지키고 있다는 것입니다. 하나님의 계획은 언제나 단 한 번도 실패한 적이 없습니다. 아프리카 오지에 숨어 있다고 할지라도 하나님께서는 그가 하나님의 백성이면 그를 구원해 내십니다. 우리의 승리는 바로 믿음에 의한 그런 영적인 승리입니다. 예수를 믿으면 이 땅에서 잘 먹고 잘살게 되고 높은 자리에 앉게 되는 그런 세상적인 승리가 아니라, 영생의 천국을 약속받은 영적인 승리를 말하는 것입니다.

그러나 그 승리의 모습은 이 땅에서는 오히려 벌거벗고 십자가에 매달리는 그런 고통스러운 모습으로 보이는 것입니다. 바울처럼 매를 맞고 베드로처럼 십자가에 거꾸로 매달리는 모습으로, 톱으로 켜이며 온몸의 피를 모두 쏟아내는 이사야 같은 모습의 승리입니다. 그러한 죽음이 하늘에 계신 영광의 왕의 대관식으로 이어졌던 것처럼 우리의 고난의 모습은 그런 영적인 승리를 반증하는 것입니다.

〈벧전 2:21〉
이를 위하여 너희가 부르심을 받았으니 그리스도도 너희를 위하여 고난을 받으사 너희에게 본을 끼쳐 그 자취를 따라오게 하려 하셨느니라

예수를 믿으면 예수의 이름으로 예수의 능력으로 병이 낫는다? 예수를 믿으면 예수의 이름으로 부자가 된다? 예수를 믿으면 예수의 능력으로 출세를 한다? 그러나 성경 어디에도 예수를 믿으면 만사형통한다는 그런 구절은 없습니다.

그런 주장을 하는 사람들의 달콤한 유혹에 현혹되면 안 됩니다. 그들의 대부분은 이미 사탄에게 넘어간 사람일 가능성이 큽니다. 우리는 분명히 영적으로는 승리하지만 세상적인 눈으로 볼 때 오히려 날마다 패배하는 모습으로 보일 수도 있습니다.

〈계 13:5-7〉
5또 짐승이 과장되고 신성 모독을 말하는 입을 받고 또 마흔두 달

동안 일할 권세를 받으니라 ⁶짐승이 입을 벌려 하나님을 향하여 비방하되 그의 이름과 그의 장막 곧 하늘에 사는 자들을 비방하더라 ⁷또 권세를 받아 성도들과 싸워 이기게 되고 각 족속과 백성과 방언과 나라를 다스리는 권세를 받으니

여기 보면, 짐승이 마흔두 달(3년반) 동안 성도들을 이기는 권세를 받았다고 합니다. 세상에서 우리는 오히려 그렇게 패배하는 모습으로 가게 되는 것입니다. 비슷한 내용이 또 있습니다.

〈계 11:1-12〉

¹또 내게 지팡이 같은 갈대를 주며 말하기를 일어나서 하나님의 성전과 제단과 그 안에서 경배하는 자들을 측량하되 ²성전 바깥 마당은 측량하지 말고 그냥 두라 이것은 이방인에게 주었은즉 그들이 거룩한 성을 마흔두 달 동안 짓밟으리라 ³내가 나의 두 증인에게 권세를 주리니 그들이 굵은 베옷을 입고 천이백육십 일을 예언하리라 ⁴그들은 이 땅의 주 앞에 서 있는 두 감람나무와 두 촛대니 ⁵만일 누구든지 그들을 해하고자 하면 그들의 입에서 불이 나와서 그들의 원수를 삼켜 버릴 것이요 누구든지 그들을 해하고자 하면 반드시 그와 같이 죽임을 당하리라 ⁶그들이 권능을 가지고 하늘을 닫아 그 예언을 하는 날 동안 비가 오지 못하게 하고 또 권능을 가지고 물을 피로 변하게 하고 아무 때든지 원하는 대로 여러 가지 재앙으로 땅을 치리로다 ⁷그들이 그 증언을 마칠 때에 무저갱으로부터 올라오는 짐승이 그들과 더불어 전쟁을 일으켜 그들을 이기고 그들을 죽일 터인즉

이 말씀을 신약성경의 고린도전서에서 사도 바울을 하나님께서 사도들을 죽이기로 작정한 자들처럼 미말에 두셨다고 하는 말씀과 연계해서 생각해 봅시다.

우리가 진실로 예수를 믿는 믿음 안에 있다면 세상에서는 오히려 이렇게 죽기까지 고통을 당하고 또 감수하는 모습으로 살아가게 되는 것입니다.

> 8그들의 시체가 큰 성 길에 있으리니 그 성은 영적으로 하면 소돔이라고도 하고 애굽이라고도 하니 곧 그들의 주께서 십자가에 못 박히신 곳이라

십자가는 배반당하고 오해받고 고난받고 죽는 표상입니다. 우리가 예수 그리스도의 십자가의 도를 바르게 알고 믿는다면 그 믿음을 지키기 위해서 예수 그리스도의 십자가의 모습처럼 힘든 고통의 길을 갈 수밖에 없는 것입니다.

> 9백성들과 족속과 방언과 나라 중에서 사람들이 그 시체를 사흘반 동안을 보며 무덤에 장사하지 못하게 하리로다 10이 두 선지자가 땅에 사는 자들을 괴롭게 한 고로 땅에 사는 자들이 그들의 죽음을 즐거워하고 기뻐하여 서로 예물을 보내리라 하더라

복음을 전하고 하나님 나라를 증언하는 삶이 세상에서는 너무나 괴롭고 힘든 고문과 다름없다는 말입니다.

¹¹삼 일 반 후에 하나님께로부터 생기가 그들 속에 들어가매 그들
이 발로 일어서니 구경하는 자들이 크게 두려워하더라 ¹²하늘로부
터 큰 음성이 있어 이리로 올라오라 함을 그들이 듣고 구름을 타
고 하늘로 올라가니 그들의 원수들도 구경하더라

(5) 승리한 자의 삶

우리는 총칼을 동원하여 이 땅에서 그리스도의 푸른 계절을 만들 수 없
습니다. 우리는 예수를 믿으면 출세하고 떵떵거리며 잘살게 된다는 식의
말이나 모습으로 세상과 싸우지 않는다는 것입니다. 우리는 고난과 아픔
속에서도 그리스도인다운 삶을 살아내야 합니다. 그것이 바로 하나님이
원하시는 승리이기 때문입니다. 그런 삶이 바로 우리가 순교하는 것이고,
우리가 세상에 대해서 죽는 것이며, 믿음을 지킨 승리자의 삶입니다.

계시록에서 우리 모든 성도를 가리켜 왜 순교자라고 할까요? 만약에
"예수를 믿으면 죽인다."라고 할 때 믿음을 지키기 위해서 한순간에 죽는
것은 차라리 쉬운 일입니다. 한순간으로 그 고통이 끝날 수 있으니까요.

그러나 예수를 믿음으로 말미암아 사랑하는 가족에게 미움을 받고,
사랑하는 친구들에게 따돌림을 받으면서 그런 고통 속에서도 끝까지 그
복음을 붙들고 가슴으로 울면서 그들이 돌아오기를 기다리는 것이 바로
순교입니다.

"내 가족이나 친구들 기분 상하게 하면서 내가 꼭 이렇게까지 유별나게
할 필요가 있을까? 내 믿음만 흔들리지 않고 그들과 화평을 누리면 되지,
그냥 주위 사람들 기분 적당히 맞춰 주면서 적당히 하자."고 '적당히'라는
그럴듯한 단어 뒤에 숨어서 자기 합리화를 하는 사람들도 많이 있습니다.

그러나 그것은 사랑도 아니고 우정도 아닌 변명이며 자기 도피에 불과

합니다. 그것은 믿음이 아닌 자신의 내면에 도사리고 있는 인간적인 욕망 때문입니다. 하나님보다 자기를 사랑하는 에고이스트(egoist)적인 발상입니다. 성경을 바르게 이해하고 있다면 그것은 결과를 뻔히 알면서 사랑하는 사람들을 죽이는 것과 같습니다.

우리가 이 땅에서 진리이신 예수 그리스도를 바르게 아는 것과 그 진리를 놓지 않고 붙잡기 위해서 고통을 받는다면, 굳이 목숨을 버리지 않을지라도 이 땅에서 받는 고통은 예수 때문에 순교하는 것과 다를 바 없습니다. 그것이 그리스도인입니다.

〈마 5:10〉
의를 위하여 박해를 받은 자는 복이 있나니 천국이 그들의 것임이라

하나님께서 요한계시록의 일곱 교회에게 궁극적으로 요구하신 말씀을 생각해 봅시다.

"이기는 자는, 이기는 자는, 끝까지 이기는 자는"이라고 말씀하십니다. 여기서 이기는 자란 유혹과 박해를 이기는 자를 의미합니다. 그런 자들에게는 생명나무의 열매를 먹게 하리라, 둘째 사망의 해를 당하지 아니하리라, 만국을 다스리는 권세를 주리라고, 이렇게 이기는 자에게 주시는 하나님의 상을 강조하십니다.

우리 그리스도인들은 꼭 이겨야만 한다는 것이지요. 그러나 그것은 뒤집어 생각해 보면 우리는 반드시 천국에 가게 될 것이기 때문에 꼭 이기게 될 것이란 것을 확증해 주시는 말씀이기도 합니다.

우리는 이겨야 합니다. 그리고 이길 것입니다. 또 지금 이기고 있습니다. 그런 우리를 하나님께서 지켜 주고 계시기 때문입니다.

〈계 12:5-6〉

5여자가 아들을 낳으니 이는 장차 철장으로 만국을 다스릴 남자
라 그 아이를 하나님 앞과 그 보좌 앞으로 올려가더라 6그 여자가
광야로 도망하매 거기서 천이백육십 일 동안 그를 양육하기 위하
여 하나님께서 예비하신 곳이 있더라

이 땅의 가치를 추구하는 사람들은 세상적 가치를 추구하지 않는 우리
를 보고 오히려 패배하고 실패한 자들이라고 생각합니다. 그러나 그것은
틀린 말입니다. 우리는 지금 이기고 있습니다. 성경이 말하는 승리는 진
리 안에서의 바로 그런 승리를 말합니다.

우리 힘으로 그리스도의 푸른 계절을 이 땅에서 만드는 것이 아니라,
하나님이 우리에게 약속하신 영원한 나라를 위해, 하나님의 인도하심을
받으며 승리의 길을 나아가고 있는 것입니다.

일본에 대항해서 독립운동을 하던 우리 조상들을 생각해 봅시다. 그들
에게 광복의 소망이 없었다면 어떻게 그 어려움과 죽음을 감수하고 독립
운동을 할 수 있었겠습니까? 그들에게 "너희들의 힘으로는 일본의 손에
서 벗어날 수 없어. 괜히 사서 고생하지 말고 그냥 포기해."라고 누군가
가 옆에서 그런 맥 빠진 조언을 해 주었다면 무슨 기운이 나서 싸울 수 있
었겠습니까? 그러나 그들은 광복의 소망을 갖고 "해방의 날은 반드시 온
다. 이까짓 추위, 배고픔쯤은 조금만 참자." 하고 서로 격려하면서 고통
을 견뎌냈을 것입니다.

작곡가 조두남 선생이 만주 목단강 부근에서 살고 있었을 때의 이야기
입니다. 하루는 기골이 장대한 독립군 청년이 말을 타고 선생님을 찾아
왔더랍니다. 그리고는 두루마리를 하나 내밀었는데 그것은 누군가가 지

은 대한독립 군가 가사였습니다. 그는 조두남 선생에게 독립군가를 만들어 달라고 정중하게 부탁하며 며칠 후에 다시 오겠다고 했습니다. 그는 중요한 전투가 있어서 그곳에 다녀와야 한다면서 다시 길을 떠났습니다. 조두남 선생이 독립군가를 다 만들어 놓고 그 독립군 청년을 기다렸지만 그 청년은 끝내 다시 오지 않았습니다. 아마 그 전투에서 전사했거나 감옥에 투옥되었을 것입니다.

조두남 선생이 그 청년 독립군을 생각하며 눈물을 흘리며 만든 노래가 바로 〈선구자〉라고 합니다. "일송정 푸른 솔은 늙어, 늙어 갔어도 한줄기 해란강은 천년 두고 흐른다"로 시작된 노래지요. 우리나라가 독립을 쟁취하기까지 그렇게 절망적인 상황에서도 조국의 독립을 위해 빛도 명예도 없이 목숨을 걸었던 우리 선배들이 있었습니다.

그런데 하물며 이미 승리했다고 너희들은 절대 지지 않는다고 싸움의 결과까지 명확하게 보여 주신 싸움을 어찌 우리가 포기할 수 있겠습니까? 우리는 그 영광의 나라 주인공들이 되기 위해 끝까지 싸워 이겨서 모두 최후의 승리자들이 되어야 합니다.

하나님의 교회는 이 땅에 속하지 않고 하늘에 속해 있습니다. 만약에 하나님 나라가 이 땅에 속한 것이라면 예수님이 그토록 무력하게 죽으시면 결코 안 됩니다. 예수님은 하나님의 아들이시고 무엇이든지 창조하고 멸하실 수 있는 전능하신 하나님이시기 때문입니다.

또 만약에 예수님이 세상의 왕으로 오셨다면 예수님께 당연히 십자가는 필요가 없습니다. 당연히 이스라엘의 정복자인 로마를 멸하시고, 선민인 이스라엘에게 자유와 행복을 주셨어야 합니다. 또 로마의 황제와는 비교할 수 없는 권세와 권능을 보이시며 지금까지 죽지 않고 살아서 왕의 신분으로 존재해야 하는 것이 당연합니다. 그분은 무엇이든지 할 수 있는 전능하신 분이지만 예수님은 그렇게 하시지 않았습니다.

〈요 18:36〉
예수께서 대답하시되 내 나라는 이 세상에 속한 것이 아니니라 만일 내 나라가 이 세상에 속한 것이었더라면 내 종들이 싸워 나로 유대인들에게 넘겨지지 않게 하였으리라 이제 내 나라는 여기에 속한 것이 아니니라

교회는 하나님과 하나님 나라를 이 땅에 보여 주고 증언하는 하나님의 백성입니다. 하나님 나라 그 자체입니다. 따라서 하나님의 교회들은 이 땅에 소망을 두고, 세상 것에 연연하며 살아가는 것이 아니라 영원한 나라 천국에 소망을 두고 살아가는 자들입니다.

교회는 오직 저 영광스러운 천국을 바라보고, 우리를 위한 천국잔치 준비를 끝내 놓고 보좌 우편에서 우리를 내려다보며 응원하시는 예수 그리스도를 바라보며 그 영광의 소망을 붙잡고 세상을 이기는 자들입니다.

2. 거룩을 향하여 가는 자들

(1) 성도의 삶

〈살전 4:3-8〉
3하나님의 뜻은 이것이니 너희의 거룩함이라 곧 음란을 버리고 4각

각 거룩함과 존귀함으로 자기의 아내 대할 줄을 알고 5하나님을
모르는 이방인과 같이 색욕을 따르지 말고 6이 일에 분수를 넘어서
형제를 해하지 말라 이는 우리가 너희에게 미리 말하고 증언한 것
과 같이 이 모든 일에 주께서 신원하여 주심이라 7하나님이 우리를
부르심은 부정하게 하심이 아니요 거룩하게 하심이니 8그러므로
저버리는 자는 사람을 저버림이 아니요 너희에게 그의 성령을 주신
하나님을 저버림이니라

앞에서 교회는 세상에 속한 것이 아니라 하늘에 속한 것이라는 것을 성
경을 통해서 확인했습니다. 따라서 믿음으로 교회를 이루고 하늘에 속한
자들은 세상 것이 아닌 하늘의 것을 추구하는 자들이 되어야 합니다.

그러면 하늘의 것을 추구한다는 것은 어떤 것일까요? 즉, 이 땅에서의
교회의 책임과 임무는 무엇인지 알아봅시다.

교회의 책임과 임무를 알기 위해서 다시 한번 하나님의 창조의 목적에
대해 생각해 봅시다. 우주가 창조되기 전에는 오직 하나님 나라가 있었
을 뿐입니다. 거기는 삼위 하나님께서 충만한 거룩과 기쁨과 안식 속에
거하시던 곳입니다.

그러나 죄의 심판에 따라 이 우주는 언젠가 모두 불타서 없어져 버릴
것입니다. 그 후에는 창조 전과 마찬가지로 역시 하나님 나라만 남게 됩
니다. 그런데 거기에는 창조 전의 하나님 나라와 다른 것이 있습니다. 삼
위 하나님과 하나님의 백성, 바로 교회가 그곳에 있다는 것입니다.

하나님은 영원 전부터 하나님 나라에서 충만한 거룩과 기쁨과 안식 속
에 존재하셨습니다. 그 충만한 거룩과 기쁨과 안식을 어떤 한 무리와 공
유하시기를 원하시는데 그 무리가 바로 하나님의 백성들, 곧 교회입니다.

하나님은 자신의 백성들과 함께 하나님께서 누리시는 모든 것을 함께 누리기를 원하신 것입니다. 전지전능하시고 무소부재하시며 시간과 공간의 구애를 받지 않으시는 하나님께서 시간과 공간의 제한이 없는 어떤 것을 계획하셨다면 곧 그것은 이미 이루어진 것입니다.

그러면 그 능력의 하나님께서 강제적인 방법으로 하나님의 백성들을 만들어서 하나님 나라로 데려가시면 되는데, 왜 이 우주를 창조하시고 시간이라는 개념을 두셨으며, 역사를 만들게 하시고 또 하나님의 백성들에게 꼭 이 광야의 시간을 지나가게 하셨을까요? 어차피 하나님의 백성들의 목적지는 그 충만한 기쁨과 안식이 있는 하나님 나라인데 왜 찰나에 불과한 이 세상이라는 광야를 꼭 지나가야 하는 것인지 의문을 가질 수 있습니다.

그것은 바로 하나님 나라에 필요한 '거룩'을 배워야 하기 때문입니다. 이 땅에서 하나님의 백성들은 하나님의 백성으로서의 자격을 배우고 가야 합니다. 그래서 교회들이 이 땅에서 유일하게 해야 할 일이 바로 '자신들의 거룩'을 이루어가는 것입니다.

구약의 민수기에서는 이스라엘 민족의 규모를 알기 위해서 머릿수를 셉니다. 그래서 민수기라고 하지요. 처음에 애굽에서 나올 때 장정만 60만 명이었습니다. 그들은 광야 가데스 바네아에서부터 하나님께 불순종하다가 가나안에 들어갈 때는 여호수아와 갈렙을 제외하고 광야에서 모두 다 죽었습니다. 그런데 민수기 마지막에서 가나안에 들어가는 새로운 사람들의 수 또한 60만 명입니다. 이것은 우리의 인생 곧 교회의 인생에서는 반드시 옛사람이 죽고 새사람이 되어서 가나안에 들어가야 한다는 것을 보여 주는 것입니다. 구약의 이스라엘이 광야를 통과해서 가나안에 들어

가듯이, 신약의 교회가 이 땅의 삶을 통해 거룩을 배우고 하나님 나라에 합당한 하나님 나라의 백성으로 만들어져 가는 것입니다.

죄와 허물로 인해서 벌거벗은 우리를 의의 흰옷을 입은 요한계시록의 하나님의 백성으로 만들어 가시기 위해 이 우주를 창조하시고 우리를 이 역사의 순간 속에 던져 놓으신 것입니다.

하나님의 목적은 에덴에서 벌거벗고 사는 인간들을 만드시는 것이 아니었습니다. 하나님의 목적은 계시록 21장, 22장의 그 의의 흰옷을 입은 하나님의 백성들이 모여 사는 하나님 나라였습니다. 그것을 이루시기 위해 에덴에서 아담과 하와가 벌거벗은 모습으로부터 시작하게 하신 것입니다. 에덴에서 잘 먹고 잘살게 해주시려고 했는데 인간의 잘못으로 인해서 실패했기 때문에 또 다른 방법을 통해서 다시 시도하시려는 것이 아닙니다.

하나님은 처음부터 새 하늘과 새 땅으로 하나님의 백성들을 인도하시기 위한 계획을 가지고 인간을 창조하셨습니다. 자신이 창조하신 인간을 의롭게 만들어서 하나님 나라의 백성이 되게 하시려고 시작하신 것입니다. 그러므로 하나님의 백성들, 즉 교회는 이 땅에서 하나님의 거룩한 백성으로 지어져 가야 합니다. 교회를 이룬 성도 개인으로서의 거룩은 하나님의 원하시는 의에 합당한 열매를 맺는 것인데, 그 열매가 바로 예수 그리스도를 믿는 믿음입니다.

〈골 1:21-22〉
21전에 악한 행실로 멀리 떠나 마음으로 원수가 되었던 너희를 22이 제는 그의 육체의 죽음으로 말미암아 화목하게 하사 너희를 거룩 하고 흠 없고 책망할 것이 없는 자로 그 앞에 세우고자 하셨으니 하나님이 교회를 향하신 목적은 우리 교회를 거룩하고 흠이 없고 책망할 것이 없는 자로 하나님 앞에 세우는 것입니다.

〈마 5:48〉
그러므로 하늘에 계신 너희 아버지의 온전하심과 같이 너희도 온전하라

우리는 하나님과 함께 하나님 나라에서 살 자들이기 때문에 하나님이 원하시는 그 거룩함과 온전함이 이루어지지 않으면 그 하나님 나라에 들어갈 수 없습니다. 그래서 우리를 이 역사 가운데에 던져 넣으셔서 하나님 나라의 백성이 되기에 합당한 성화의 과정을 겪게 하시는 것입니다.

성화란 여느 설교자들이 말하는 인간적인 성숙, 즉 인격이나 인품의 성숙 개념이 아닙니다. 성경에서의 성화란 오직 온전한 믿음에 이르는 길을 의미합니다. 물론 완전한 성화는 이 땅에서 이루어지지 않습니다.

하나님은 우리에게 봉사나 구제와 같은 인간적인 선한 행위와 성화는 전혀 관계가 없을 뿐만 아니라 또 그런 행위를 요구하지 않습니다. 그런 가시적 행위는 성화의 과정에서 나타나는 작은 열매에 불과할 뿐입니다. 그러나 하나님께서 이 땅에서 우리의 거룩을 요구하시고 훈련하라고 하시기 때문에 우리는 죽는 날까지 거룩을 향해 앞으로 달려가는 것입니다. 그래서 결국 세상을 떠나는 마지막에 우리는 하나님께서 요구하시는 그 수준까지 가게 될 것입니다.

왜냐하면 우리의 육체가 살아있는 동안에는 우리 이성과 욕망이 함께 존재하는데 그 안에서는 결코 완전한 자유를 누릴 수 없기 때문입니다.

<엡 4:13>

우리가 다 하나님의 아들을 믿는 것과 아는 일에 하나가 되어 온
전한 사람을 이루어 그리스도의 장성한 분량이 충만한 데까지 이
르리니

지금은 아니지만 우리는 반드시 그렇게 될 것입니다. 교회는 바로 예수
그리스도를 아는 것과 믿는 것의 목표인 온전한 그 거룩을 향해 가는 것
입니다. 사람들은 예수를 믿으면 금방 성인(聖人)처럼 될 것 같은 착각을
하기도 합니다. 그러나 결코 그렇지 않습니다.

사도 바울이 고린도교회에 편지를 보낼 때 그들을 가리켜 '신자다, 성
도다'라는 말을 서슴지 않고 했습니다. 바울이 고린도교회에 편지를 쓸
무렵 고린도교회는 교회 안에서 근친상간을 하고, 우상을 섬기고, 분파
를 이루어 싸웠고, 은사 문제로 다투는 등 교회가 감당하기 힘들 정도의
큰 문제를 안고 있었습니다. 그럼에도 불구하고 바울은 그런 사람들을
가리켜 신자, 성도라는 표현을 했던 것입니다.

교회에 속한 자라 할지라도 누구든지 하나님의 백성으로 자라가는 과
정과 단계가 있습니다. 앞에서 언급했듯이 교회는 온전함에 이른 사람들
이 모인 곳이 아니고 하나님이 원하시는 온전함에 이르기를 바라는 사람
들이 모여 있기 때문입니다.

하나님은 교회가 세상에서 특별한 업적을 쌓지 않은 것에 대해서는 책
망하신 적이 없습니다. 그러나 우리가 하나님의 자녀다움을 소홀히 할
때, 하나님의 원하신 뜻에 합당하지 않을 때, 즉 그리스도인으로서의 성
품이나 인격에 현저하게 미달될 때는 경고를 하십니다.

〈히 5:12-13〉

¹²때가 오래 되었으므로 너희가 마땅히 선생이 되었을 터인데 너희
가 다시 하나님의 말씀의 초보에 대하여 누구에게서 가르침을 받
아야 할 처지이니 단단한 음식은 못 먹고 젖이나 먹어야 할 자가
되었도다 ¹³이는 젖을 먹는 자마다 어린 아이니 의의 말씀을 경험
하지 못한 자요

(2) 성도가 갈 길

이 말씀은 교회를 다닌 지 오래되었다는 등 예수를 믿은 기간을 중요
하게 여기지 말라는 것입니다. 아무리 오랜 시간 예수를 믿어도 하나님을
믿는 것과 아는 것에는 여전히 젖을 먹는 수준에 머무는 자들이 있는데,
그들은 무엇이 옳은 말씀인지 분별조차도 못한다는 것입니다.

교회는 이 땅에서 큰 건물을 짓고, 봉사나 선행을 베푸는 것이 아니라
성도들이 진리를 알고 그 진리 안에서 거룩을 향해 자라가는 것을 본질
과 목표로 삼아야 합니다.

그런데 많은 사람이 교회가 이 땅에서 무엇인가 큰 업적을 이루어서 하
나님의 일을 도와야 하는 것으로 착각을 합니다. 그것은 우리가 하나님
의 일을 열심히 해서 하나님으로부터 점수를 많이 따야 한다고 생각 하
는 것입니다.

심지어 구원도 우리가 큰 교회를 건축하거나 봉사나 구제와 같은 선행
을 베풀고, 십일조나 다른 헌금도 인색하지 않게 하며, 목사를 잘 섬김으
로써 하나님으로부터 점수를 많이 얻어야 받는다고 오해하는 사람들이
있습니다. 그런 결과에 의해서 당연히 면류관이니 상급이니 하는 단어를
연계시키기도 합니다. 그러나 그런 생각이나 행위는 지성이면 감천이라

는 우리의 전통신앙 의식의 영향 때문입니다.

이렇게 성경에 기록된 교회나 믿음의 목적을 왜곡하여 인간적 행위로 포장하는 것은 바른 믿음이 아닙니다. 또 그렇게 해야 한다고 가르치는 이들이 바로 이단이라고 할 수 있습니다. 대부분의 이단 교회들도 성경을 부인하지 않습니다. 다만 그들은 성경 지식에 취약한 사람들을 모아 놓고 성경을 약간 다르게 재해석하고 왜곡하여 행위, 즉 율법을 강조합니다.

그렇게 하면 그곳에 참여한 사람들의 대부분은 그럴듯한 논리와 반복적인 학습을 통해서 결국 영원한 지옥의 형벌이 약속된 절망의 수렁에 빠지게 됩니다. 성경 말씀을 잘 모르는 자들에게 구약의 율법을 문자적으로 조금만 가르치면 대부분 사람은 금방 행위로 받아들이기 때문입니다. 진리를 바르게 알고 믿는다는 것이 얼마나 소중한 것인지 필설로는 다 표현할 수 없습니다.

다시 말하지만 구원은 개인의 노력, 즉 구제나 봉사와 같이 겉으로 보기에 선한 행위일지라도 그런 행위나 어떤 대단한 업적이 필요한 것이 아니라 전적으로 하나님의 은혜라는 것이 기독교 교리의 핵심입니다. 그러므로 그것을 손상하는 교리는 절대 용납할 수 없으며 또 용납해서도 안 되는 것입니다.

〈마 7:13-15〉

13좁은 문으로 들어가라 멸망으로 인도하는 문은 크고 그 길이 넓어 그리로 들어가는 자가 많고 14생명으로 인도하는 문은 좁고 길이 협착하여 찾는 이가 적음이라 15거짓 선지자들을 삼가라 양의 옷을 입고 너희에게 나아오나 속에는 노략질하는 이리라 우리는 좁은 문으로 들어가야 구원을 얻을 수 있습니다. 그런데 마치 이 구절은 우리가 좁은 문으로 들어가기를 힘써 노력해야 한다는 것을 강조하는 것처럼 보입니다. 그래서 이단들은 이 구절을 근거로 우리가 노력해야 한다고 주장하는 것입니다. '좁은 문'이라는 단어를 '행위'로 해석해서 우리의 행위가 필요하다는 것을 강조하기 때문입니다.

〈눅 13:23-24〉

23어떤 사람이 여짜오되 주여 구원을 받는 자가 적으니이까 그들에게 이르시되 24좁은 문으로 들어가기를 힘쓰라 내가 너희에게 이르노니 들어가기를 구하여도 못하는 자가 많으리라

그런데 예수님은 이렇게 말씀하십니다. 그 좁은 문은 들어가기를 힘써도 들어가기가 힘들고 심지어 못 들어가는 사람들이 많다는 것입니다.

〈요 10:7-10〉

7그러므로 예수께서 다시 이르시되 내가 진실로 진실로 너희에게 말하노니 나는 양의 문이라 8나보다 먼저 온 자는 다 절도요 강도니 양들이 듣지 아니하였느니라 9내가 문이니 누구든지 나로 말미암아 들어가면 구원을 받고 또는 들어가며 나오며 꼴을 얻으리라 10도둑이 오는 것은 도둑질하고 죽이고 멸망시키려는 것뿐이요 내가 온 것은 양으로 생명을 얻게 하고 더 풍성히 얻게 하려는 것이라

우리가 들어가야 할 그 좁은 문은 바로 예수 그리스도입니다. 그 좁은

문은 우리가 들어가기 위해서 열심히 노력하고 업적을 쌓아서 들어갈 수 있는 문이 아닙니다. 만약에 그런 행위를 통해서 그 좁은 문을 들어갈 수 있다면 행위의 율법으로도 들어갈 수 있다는 말과 같은 것인데 그렇게 되면 성경은 혼란과 오류에 빠지게 됩니다. 그것은 우리가 힘써 노력하거나 요구한다고 들어갈 수 있는 것이 아니라, 예수님이 우리에게 은혜의 선물을 주실 때만 그 문으로 들어갈 수 있습니다.

그런데 우리가 구제나 봉사와 같은 선행이나 교회 건축과 같은 눈에 보이는 가시적인 업적을 쌓아야 하나님으로부터 점수를 얻고 상을 받을 수 있다고 하는 주장은 성경을 전혀 모르는 사람이거나 이단 중의 이단이라고 할 수 있습니다.

이런 논리는 이단들이 교세 확장을 위해서 독약처럼 사용하고, 가끔 성화주의나 상급을 강조하는 교회에서 행함을 강조할 때 쓰기도 하지만 이는 성경을 부인하는 신성모독과 같은 범죄 행위입니다.

〈엡 2:8-9〉
[8]너희는 그 은혜에 의하여 믿음으로 말미암아 구원을 받았으니 이것은 너희에게서 난 것이 아니요 하나님의 선물이라 [9]행위에서 난 것이 아니니 이는 누구든지 자랑하지 못하게 함이니라

성경은 이렇게 우리의 행위는 우리의 구원이나 하나님의 백성의 자격, 교회의 자격과 아무 관계가 없다는 것을 확인해 주고 있습니다. 그런데 많은 사람이 교회만 다니면 일반적인 사람들과는 뭔가 다르기 때문에 구원을 받은 것으로 착각합니다. 그래서 우리는 이미 구원을 받을만한 실력이 있는 사람이므로 이제는 하나님을 위해서 무엇인가 할 일이 있는 것

으로 오해하는 것입니다. 물론 거기에는 종교적 행위에 대한 목사들의 무조건적인 인정과 격려가 크게 작용합니다.

그러나 우리는 구원받지 못한 사람들과 뭔가 다르기 때문에 구원을 받은 것이 아니라 똑같은 죄인이었는데, 우리의 생각으로는 도저히 이해할 수 없는 그런 하나님의 은혜가 우리의 의지와 상관없이 우리에게 들어와서 우리를 구원해 주신 것입니다.

그래서 우리는 받은 구원에 대해서 자랑할 것이 아무것도 없으므로 죄인으로서 오직 거룩이라는 하나님이 원하시는 그 목표를 향해 가야 하는 것입니다. 교회는 그 사람이 거룩하기 때문에 불러낸 것이 아니라, 하나님이 거룩하게 만들기 위해서 불러내신 것입니다.

이스라엘이 오해한 것이 바로 그것입니다. 그들은 자기들이 죄인들인 애굽 사람들과 다른 하나님께서 특별히 선택하신 민족이라고 생각했습니다. 그래서 아브라함의 자손으로 선민인 자신들이 죄인들인 애굽 사람들에게 고통을 당하고 있었기 때문에 하나님께서 선택하신, 의인들인 자기들을 불러내셨다고 착각을 한 것이었습니다. 그러나 이스라엘도 애굽과 똑같은 죄인이었습니다. 그들이 특별히 잘나서가 아니라 단순히 수효가 적은 연고로 하나님이 쓰시기 위해 불러내신 것입니다.

하나님은 이스라엘을 애굽에서 불러내심으로 교회를 설명하실 수도 있었고 앗수르를 사용하셔서 교회를 설명하실 수도 있었습니다. 그들이 만약에 죄인이 아닌 의인이었다면 왜 하나님께서 그들을 애굽에서 불러내셔서 먼저 시내산으로 데리고 가셨겠습니까? "너희는 이제 구원받은 자들이므로 거룩하게 살아라." 하고 하나님 나라에 합당한 백성을 만들기 위해서 율법을 주시고 광야에서 거룩을 가르치기 시작하신 것입니다. 그러므로 교회의 유일한 책임과 의무는 우리 성도가 진리 안에서 거룩하게 지어져 가는 것입니다.

　에베소서의 기록처럼 교회를 거룩하고 흠이 없게 하시려고 예수님이라는 머리에 몸인 성도들을 붙여 놓으신 것입니다. 그래서 교회를 예수님과 함께 피가 통하는 한 몸, 한 영으로 묶이게 하신 것입니다.

(3) 하나님이 원하시는 제사

　우리는 어떤 마음으로 신앙생활을 하고 있습니까? 우리 대부분은 마치 우리가 하나님을 도와서 하나님 나라를 완성해야 한다고 생각합니다. 그래서 우리가 아무것도 하지 않고 움직이지 않으면 하나님도 손발이 묶여 있을 것 같은 그런 생각을 합니다. 그런 의도에서 나온 행위는 오히려 하나님의 분노만 격발하게 한다는 것을 성경에서 확인하면서도 그렇습니다. 그 이유는 바로 인간의 죄 때문입니다. 어떻게 해서든지 자기 자존심을 지키겠다는 것이지요. 하나님이 나에게 은혜의 선물을 주셨는데 어떻게 내가 하나님을 위해서 아무것도 안 할 수 있으며, 또 그러면 어떻게 내가 하나님이 원하시는 열매를 맺을 수 있겠느냐는 것입니다. 이런 생각이나 행위가 매우 훌륭한 겸손 같지만 그것이 바로 자기를 나타내고 싶어하는 인간의 원죄의 정체입니다. 아무리 하나님이 그냥 주신다고 하더라도 나의 양심상 거저는 못 받겠다는 것이지요.

　마태복음에 기록된 베드로의 행위를 생각해 봅시다. 베드로는 예수님과 함께 많은 시간을 보냈음에도 불구하고 오직 예수 그리스도의 죽음으로만 우리가 구원될 수 있다는 것을 몰랐습니다. 자기도 예수님을 위해서 무엇인가 해야 한다고 생각했던 것입니다. 그래서 예수님께서 죽으신다고 하니까 "안 된다"고 오히려 예수님을 꾸짖은 것입니다. 그런데 성경에서 예수님은 그런 베드로를 향해서 "사탄"이라고 호통을 치며 책망하셨습니다.

〈마 16:27〉

인자가 아버지의 영광으로 그 천사들과 함께 오리니 그때에 각 사
람이 행한 대로 갚으리라

베드로를 꾸짖으신 후에 예수님이 오실 때에 어떤 행위일지라도 각 사
람의 행한 대로 갚으시겠다고 하십니다. 베드로의 행위와 같은 것은 벌을
받게 될 것이라는 표현입니다. 그런데 율법을 활용하는 교회에서는 이 말
씀마저도 "선한 행위는 주님이 선하게 갚으신다"고 은근히 행위를 강조
하기까지 합니다.

예수님은 그런 행위에 대해서 진노하실 정도로 부정하시는 데는 그럴
만한 이유가 있습니다. 예수님을 그토록 따랐던 제자인 베드로라 할지
라도 그런 행위에 대해서는 용납하지 않으시겠다는 경고입니다. 그러면
예수님은 믿는 자들이 무엇을 하기를 원하실까요?

〈마 16:24〉

나를 따라 오려거든 자기를 부인하고 자기 십자가를 지고 나를
따를 것이니라

신앙은 'doing'의 문제가 아니라 'being'의 문제라는 것입니다. 즉 나를
위해 무엇을 하겠다고 십자가를 가로막고 서는 것 같은 행위를 하지 말고
자기를 부인하는 자, 자기의 뜻대로 하지 않고 하나님께서 원하시는 뜻대
로 살아내는 자, 예수 그리스도의 십자가만을 의지해서 살아가는 자가 되

라는 것입니다. 하나님의 백성이 되는 것은 교회의 목표요 책임이며 그 본질은 성품과 인격에 관한 것이지 행위에 있는 것이 아니라는 것입니다.

그런데 예수님이 잡히시던 날 베드로가 그랬듯이 우리도 항상 내 생각으로 예수를 위해 뭔가를 하려고 합니다. 그러나 우리는 예수님을 도와서 행위로 무엇을 할 수 있는 자들이 아닙니다. 우리는 하나님 나라의 백성으로 합당한 자들이 되기 위해 행위가 아니라 진리 안에서 믿음으로 우리의 거룩을 이뤄가야 합니다. 이 땅에서 하나님을 위해 어떤 업적을 쌓는 것이 결코 아닙니다.

〈마 7:21-23〉

21나더러 주여 주여 하는 자마다 천국에 다 들어갈 것이 아니요 다만 하늘에 계신 내 아버지의 뜻대로 행하는 자라야 들어가리라 22그 날에 많은 사람이 나더러 이르되 주여 주여 우리가 주의 이름으로 선지자 노릇 하며 주의 이름으로 귀신을 쫓아내며 주의 이름으로 많은 권능을 행하지 아니하였나이까 하리니 23그때에 내가 그들에게 밝히 말하되 내가 너희를 도무지 알지 못하니 불법을 행하는 자들아 내게서 떠나가라 하리라

우리가 행해야 하는 것은 아버지의 뜻대로 행해야 하는 것이지 '선지자 노릇 한 것과 귀신 쫓아내는 것, 그리고 수많은 권능을 행하는 것' 이런 것들은 교회의 본질이 아닙니다.

교회의 본질은 자기를 부인하고 십자가를 지는 삶을 살아냄으로써 하나님의 백성으로 지어져 가는 것입니다. 그리고 이어서 하나님의 뜻에 합당한 집을 비교해서 설명해 주고 있습니다.

반석 위에 지은 집, 즉 예수 그리스도를 믿는, 진정한 믿음을 근거로 해서 나온 행위는 하나님께 칭찬을 받습니다. 그러나 그 은혜에 감격해서 나온 행위가 아닌 것은 겉으로 보기에는 똑같을지라도 오히려 하나님의 진노만 격발할 뿐 모래 위에 지은 집과 같다는 것입니다.

둘 다 집은 지었습니다. 오히려 보기에는 모래 위에 지은 집이 더 훌륭할 수도 있겠지요. 그러나 모래 위에 지은 집은 이 우주가 불탈 때 함께 타버릴 허망한 집입니다. 우리가 똑같은 행위를 하면서도 어디에 근거해서 나오는 행위냐에 따라 그 결과는 극과 극으로 갈린다는 것입니다.

〈빌 2:1-8〉

1그러므로 그리스도 안에 무슨 권면이나 사랑의 무슨 위로나 성령의 무슨 교제나 긍휼이나 자비가 있거든 2마음을 같이하여 같은 사랑을 가지고 뜻을 합하며 한마음을 품어 3아무 일에든지 다툼이나 허영으로 하지 말고 오직 겸손한 마음으로 각각 자기보다 남을 낫게 여기고 4각각 자기 일을 돌볼뿐더러 또한 각각 다른 사람들의 일을 돌보아 나의 기쁨을 충만하게 하라 5너희 안에 이 마음을 품으라 곧 그리스도 예수의 마음이니 6그는 근본 하나님의 본체시나 하나님과 동등됨을 취할 것으로 여기지 아니하시고 7오히려 자기를 비워 종의 형체를 가지사 사람들과 같이 되셨고 8사람의 모양으로 나타나사 자기를 낮추시고 죽기까지 복종하셨으니 곧 십자가에 죽으심이라

이 말씀의 내용은 너희가 어떤 일을 할 때는 그리스도 예수의 마음으로 하라는 것입니다. 죽기까지 자기를 낮추시고 복종하신 그 예수의 마음으로 겸손히 하라는 것입니다.

그러면 어떤 일을 할 때 그렇게 하라는 것일까요? 우리가 사랑을 하고 긍휼을 베풀고 권면을 하고, 교제를 하고 자비 베푸는 선행을 할 때 오히려 조심하라는 것입니다. 세상 사람들이 보기에 착한 일을 했다고 칭찬 하더라도 그 일을 자랑하거나 거만하게 하지 말고 겸손히 하라는 것입니다. 그런 일을 하는 것이 중요한 것이 아니라 더 크고 중요한 것은 그리스도 예수의 마음으로 그 행위들이 나오는지를 스스로 점검하라는 것입니다.

그런 마음으로 하지 않으면 바로 그런 사람들이 모래 위에 집을 짓고 있는 사람들이며 예수께서 그들에게 "불법을 행하는 자들아 내게서 떠나 가라"고 말씀하실 것이라는 경고입니다. 세상에는 그런 일들을 자기를 나타내서 자랑삼아서 하는 사람들이 얼마든지 있다는 것입니다.

왜 사람들은 자랑할까요? 무슨 선한 일을 할 때면 일부러 사람 많은 곳에서 하고, 자기가 소유한 것이 명품이다, 좋은 차다, 좋은 집이다 하고 자랑을 하는 이유는 자기 안에는 진정으로 자랑할 것이 없기 때문입니다. 내면적인 아름다움, 훌륭한 인격과 성품이 없으니까 다른 것으로 포장을 해서 자기를 자랑하고 싶은 것입니다.

그러나 사람들은 다른 사람에게는 관심이 없습니다. 조금 부러워해 주는 것 같지만 금방 자기 문제에 몰두하는 것이 인간입니다. 오히려 질투나 시기를 하지 않으면 다행이지요. 앞에서는 부러워하는 척하다가 뒤돌아서면 어떤 꼬투리를 잡아서 흉을 보고 욕을 하는 것이 인간입니다. 그렇게 다른 사람에게 자랑으로 나오는 선한 행위들은 하나님이 원하시는 그 거룩과는 상관없는 것들입니다.

(4) 온전함을 위해 가는 자들

사도행전에 7장에 기록된 스데반의 죽음을 봅시다. 성경에 의하면 스데반은 성령이 충만하고 그 모습이 천사 같았습니다. 예수님께서 보좌 우편에 서서 그를 지켜보고 계실 정도로 그는 훌륭한 신앙인이었습니다. 그런데 그는 단 한 사람도 회심시키지 못하고 그냥 돌에 맞아 죽었습니다. 돌에 맞아 죽으면서 그가 한 것은 자기를 돌로 치는 사람들을 오히려 용서해 달라고 기도하는 거룩한 교회의 모습이었습니다.

하나님은 우리가 바로 그런 신앙에 이르기를 원하시는 것입니다. 사람은 죽음 앞에 있을 때 가장 진실해집니다. 그런데 스데반이 죽으면서 다른 사람에게 잘 보이려고 그렇게 이야기했겠습니까? 너희들 모두 그런 상태의 자리로 자라나라는 것입니다. 무엇을 하고 하지 않고가 중요한 것이 아니라 너희가 얼마나 하나님 나라의 백성, 즉 천국백성에 합당한 신분에 맞게 변했느냐가 더 중요하다는 것입니다.

베드로의 경우도 마찬가지입니다. 베드로의 설교로 날마다 3,000명씩 회개하고 돌아왔다는 것이 중요한 것이 아닙니다. 베드로의 사역 초기에는 말 한마디로 아나니아와 삽비라를 죽일 수 있을 만큼 이적을 보일 수 있는 사람이었습니다. 그리고 감옥에서도 천사가 와서 감옥 문을 열어 주어 탈출을 하기도 했습니다.

그러나 시간이 지난 후에는 초기 때와 같은 이적이나 표적이 나타나지 않고, 오히려 감옥에 가서도 오히려 실컷 두들겨 맞고 나옵니다. 왜 그때는 하나님이 천사를 시켜 베드로를 때리는 자들의 손목을 부러뜨리거나 감옥 문을 부수고 구출해 주지 않으셨을까요? 그때는 베드로가 하나님이 원하시는 '거룩'한 경지에 이르는 능력을 소유하고 있는 능력자가 되어 있었기 때문입니다. 그런 경지에 이르렀다는 것은 세상의 환난이나 죽음

마저도 초연하게 이길 수 있는 믿음으로 거룩하게 성화되었음을 의미하는 것입니다.

<행 5:40-41>

[40]그들이 옳게 여겨 사도들을 불러들여 채찍질하며 예수의 이름으로 말하는 것을 금하고 놓으니 [41]사도들은 그 이름을 위하여 능욕받는 일에 합당한 자로 여기심을 기뻐하면서 공회 앞을 떠나니라

그들은 예수님을 위해 매를 맞고 능욕당할 수 있는 자로 여겨 주심을 오히려 기뻐할 수 있는 자들이 된 것입니다. 하나님은 사도들이 하나님을 위해서 어떤 일을 해 주기를 원하신 것이 아니라 그들이 그런 믿음의 실력자로 변해 주기를 원하시는 것입니다.

하나님은 왜 그렇게 전도하기에 바쁜 사도 바울을 계속 감옥에 넣고 매를 맞게 하셨을까요? 하나님의 일을 하는 것이 목적이라면 그가 조금이라도 더 하나님의 일을 할 수 있도록 전도에 필요한 돈을 주시고, 또 감옥에 들어가는 것도 막아주시는 것이 맞지 않겠습니까?

그런데 왜 하나님은 바울이 그런 상황에 처했을 때 도와주지 않으셨을까요? 왜 전도 초기에는 죽은 사람까지 살려낼 수 있었던 그가 시간이 더 지난 사도행전 마지막에는 오히려 무력하게 묶여서 로마로 끌려가는 것으로 끝날까요?

하나님의 일은 우리가 하는 것처럼 보이지만 하나님 자신이 해나가십니다. 예루살렘과 온 유대와 사마리아와 땅 끝까지 예수님, 즉 성령께서 먼저 가십니다. 하나님은 사도 바울이 '거룩'에 이르는 것이 목적이지 그가 다른 이들보다 뛰어나기 때문에 그를 쓰신 것이 아닙니다. 우리 역시

마찬가지입니다.

성경에 의하면 사도 바울이 감옥에 있었을 때 오히려 하나님의 일을 더 열정적으로 한 것을 알 수 있습니다. 옥중서신이라고 불리는 에베소서, 빌립보서, 빌레몬서, 골로새서가 감옥에서 쓴 성경인 것처럼 하나님은 사도 바울의 '거룩'을 만들어 가는 과정에서 사도의 거룩을 위해 그렇게 인도하신 것입니다.

이렇게 교회의 본질은 내가 얼마나 기독교적인 열심을 갖고 주를 위한 일을 하고 업적을 남기는 것이 아니라 내가 예수 그리스도와의 관계 안에서 어떤 사람이 되어 있는가가 훨씬 더 중요합니다. 그렇게 거룩으로 성화되어 있는 사람에게서는 하나님의 뜻에 합당한 행위가 나올 수밖에 없습니다. 믿음에 의해서 발현될 수 있는 순서가 그렇게 되는 것입니다.

따라서 신앙의 우선순위를 어디에다 두느냐는 것은 매우 중요합니다. 하나님은 우리 자신의 신앙이 바르게 서는 것을 바라실 뿐 우리를 이용해 하나님의 일을 시켜서 우리에게 어떤 업적을 요구하시는 분이 아닙니다.

우리는 그렇게 우리의 거룩을 이루어가면서 순교도 하고, 선교도 하고, 봉사도 하는 것입니다. 하나님은 우리가 거룩한 자로 만들어져 가는 과정에서 우리에게 그분이 하시는 일에 동참하는 기쁨을 주시는 것입니다.

〈요 6:28-29〉

28그들이 묻되 우리가 어떻게 하여야 하나님의 일을 하오리이까 29 예수께서 대답하여 이르시되 하나님께서 보내신 이를 믿는 것이 하나님의 일이니라 하시니

성경은 우리가 해야 하는 하나님의 일이 다름 아닌 하나님이 보내신 자

를 믿는 것이라고 밝히고 있습니다. 그것은 예수를 제대로 바르게 알고 믿는 것이 하나님의 일을 무엇보다도 잘하는 것입니다.

예수는 잘 알지도 못하면서 선교를 한다, 전도를 한다, 봉사를 한다, 여전도회, 남전도회 같은 이런 종교적 신념에 의한 열심과 인간적인 활동은 결국 자기 자랑을 위해 뛰어다니는 것인데, 이런 행위는 하나님이 원하시는 것이 절대 아닙니다. 이런 행위는 믿음이 전혀 없는 사람들도 얼마든지 할 수 있기 때문입니다.

교회에 속한 자들은 누구든지 먼저 예수를 바르게 알고 믿는 일에 열심을 내야 합니다. 그리고 그 은혜가 너무나 크고 감사해서 가만히 있을 수 없다고 생각되면 그때 겸손하게 다른 지체들을 위해 봉사하고 섬기는 일을 하는 것입니다.

물론 그 과정에서도 자신과 교회의 거룩을 위해 예수를 아는 것과 믿음을 위해 성도 간의 교제는 끊임없이 이어져 나가야 합니다. 그것이 바로 하나님이 기뻐하시는 하나님의 일이기 때문입니다.

3. 하나 되게 하심을 힘써 지키는 사람들

〈엡 4:1-6〉

¹그러므로 주 안에서 갇힌 내가 너희를 권하노니 너희가 부르심을 받은 일에 합당하게 행하여 ²모든 겸손과 온유로 하고 오래 참음으로 사랑 가운데서 서로 용납하고 ³평안의 매는 줄로 성령이 하나 되게 하신 것을 힘써 지키라 ⁴몸이 하나요 성령도 한 분이시니 이와 같이 너희가 부르심의 한 소망 안에서 부르심을 받았느니라

⁵주도 한 분이시요 믿음도 하나요 세례도 하나요 ⁶하나님도 한 분
이시니 곧 만유의 아버지시라 만유 위에 계시고 만유를 통일하시
고 만유 가운데 계시도다

(1) 거룩을 향해서 가는 사람들

앞에서 교회는 구원받은 성도들의 모임이며, 그 임무는 거룩을 향해 전
진하는 것이고, 교회를 이루는 자들은 하나님 나라의 백성으로서 하나님
의 통치를 감사와 기쁨으로 받아들이는 자들임을 알았습니다.

그래서 이제는 행위의 율법이 우리를 얽어매는 정죄의 수단, 혹은 우리
를 구원하는 조건이 아니라 우리가 마땅히 살아야 할 하나님 백성의 성품
이요 삶의 방법이기 때문에 그 율법을 즐거워할 수 있게 되는 것입니다. 그
러므로 우리는 계속 연습하고 훈련하는, 즉 성화의 과정을 거치면서 그 거
룩을 향해 한 걸음 한 걸음 가야 하는 자들임을 분명히 알아야 합니다.

믿음으로 구원을 확증하는 사람들에게는 하나님 나라의 백성으로서
의 책임과 의무가 있습니다. 그런데 삶 속에서 그 거룩은 나오지 않고 "아
멘", "할렐루야"만을 외치는 종교행위는 예수님이 오셔서 "독사의 새끼들"
이라고 책망한 바리새인들의 행위와 다를 바 없을 것입니다. 그렇게 내용
은 없고 겉으로 보기에만 거룩한 그런 종교적 행위만을 강조하는 교회가
많이 있다는 것을 부인할 수 없는 것이 오늘날 교회의 현실입니다. 교회
는 하나님 나라, 천국의 모델로 이 땅에서 존재하면서 그 나라를 증거하
는 자들이지, 사람들에게 보이기 위해 나의 내면이 아닌 껍데기를 드러내
는 자들이 아닙니다.

국가의 3 요소가 국민과 영토와 주권이듯이, 하나님 나라에서도 가장

중요한 것이 하나님의 주권, 즉 하나님의 통치입니다.

한국에 있는 미국 대사관은 미국의 법 적용을 받습니다. 주한 미군 영내에서는 한국 법이 통용되지 않습니다. 그곳은 한국 영토에 자리 잡고 있지만 미국의 군 통수권자인 미국 대통령의 통치 아래 있는 곳이기 때문에 모든 생활과 법 적용이 미국과 같습니다.

이렇게 국가의 중요한 요소는 영토, 백성, 주권이지만 그중에서도 가장 중요한 것이 통치권입니다. 우리의 역사 속에서 지난 36년간의 일제강점기의 치욕도 바로 그 통치권을 일본에 빼앗긴 결과입니다. 그래서 하나님 나라에서도 그 통치에 순종하는 것이 반드시 필요한 것이고, 그 모습이 하나님 나라의 모습이기 때문에 우리는 이 땅에서 그 순종의 모습을 삶으로 살아내야 하는 것입니다.

그러면 왜 우리는 하나님의 말씀에 순종하는 거룩한 삶을 살아야 하는지 그 순종의 당위성에 대해서 좀 더 살펴봅시다.

교회론 첫 장에서 언급한 마태복음 16장의 내용은 예수님께서 베드로와 그의 고백 위에 교회를 세우시겠다는 말씀입니다. 그리고 그 교회에 하나님 나라의 열쇠까지 주셨습니다. 그들이 땅에서 매면 하늘에서도 매이고 땅에서 풀면 하늘에서도 풀린다고 하셨는데 예수님은 또 이렇게 말씀하십니다.

〈마 16:20〉
이에 제자들에게 경고하사 자기가 그리스도인 것을 아무에게도 이르지 말라 하시니라 왜 그러셨을까요? 분명히 하나님 나라의 도래라든가 개인 구원에 관한 주님의 구속사건, 그리고 그분의 수난에 관해서는 공생애 초기부터 언급을 하십니다. 니고데모에게도 거듭나야 하나님 나라에 들어갈 수 있다고 하셨고, 인자가 광야의 놋뱀처럼 들려야 한다고 자신의 수난에 대해서도 말씀하셨습니다.

그런데 왜 유독 하나님 나라 건설을 위해 요구되고 있는 교회가 만들어지는 것에 대해서는 그리스도의 수난 때까지 비밀을 지킬 것을 요구하셨을까요?

예수님의 수난은 하나님의 뜻에 대한 철저한 순종의 백미입니다. 바로 그 순종을 전제하지 않으면 교회는 세워질 수 없는 것입니다. 교회는 하나님의 통치에 철저하게 순종하는 그 통치권이 발휘되어야 하는 곳이기 때문에 예수님께서 교회에 대해서는 그 순종의 예표인 예수님의 수난 때까지 함구령을 내리신 것입니다.

그러므로 교회는 하나님의 뜻에 철저하게 순종하는 사람들이라는 사실을 전제로 합니다. 무슨 업적을 쌓고 선행을 통해서 세상을 계도하며 윤리 도덕적인 덕을 쌓는 것이 아니라 오직 하나님의 원하신 뜻을 바르게 알고 그 뜻에 순종하는 것이 교회입니다. 따라서 그 뜻에 순종하지 않는 자들은 하나님을 알지 못하는 사람들이며 교회가 아닙니다. 본문에서도 너희가 부르심을 입은 부름에 합당하게 행하여 너희의 하나 되게 하심을 지키라고 했습니다.

다시 말하면 하나님에 대한 그런 순종이 없으면 부르심을 입은 자들이 아니라는 의미이기 때문에 만약 부르심을 받았다면 거기에 합당한 자답게 행하라는 것이지요. '합당한 행함'의 헬라어 의미는 몸에 맞는 옷을 입는다는 뜻입니다. 예를 들어 젊은이에게는 어울리지만 나이가 든 사람에게는 합당하지 않은 옷이 있습니다. 80세 할머니가 빨간 미니스커트에 망사 스타킹을 신으면 이상한 것처럼, 18세의 젊은 아가씨가 할머니들이 입는 옷을 입는다면 그것도 물론 이상하지요.

그리스도인은 그리스도인에게 어울리기 때문에 입어야 할 옷이 있습니다. 그 옷을 입는 것이 바로 그리스도인답게 사는 것인데, 그 옷이 바로 순종이라는 옷입니다. 교회는 바로 그 순종의 옷을 입는 자들입니다.

하나님의 말씀에 전적으로 순종하게 될 때 우리는 비로소 거룩한 자가 되는 것입니다. 거룩과 하나님의 뜻에 대한 완전한 순종은 같은 의미입니다. 우리가 이것을 오해하고 있기 때문에 여러 가지 문제들이 생깁니다.

교회는 하나님의 뜻에 순종하는 것이라는 본질을 놓치게 되면 신앙생활을 하면서 하나님의 최종적인 계획, 그분의 뜻, 그분의 요구, 그분의 통치 같은 것보다는 나의 기쁨, 나의 행복으로 신앙을 정의하고, 하나님을 나의 필요를 채워주시는 분으로 한정시키는 우상과 같은 존재로 전락시키는 우를 범하게 됩니다.

그래서 기복 신앙이 발현되고, 교회의 일도 자기의 만족, 자기의 기쁨, 자기의 행복, 자기의 자랑을 위해서 하게 되는 현상으로 나타납니다.

〈롬 10:2-3〉
²내가 증언하노니 그들이 하나님께 열심이 있으나 올바른 지식을 따른 것이 아니니라 ³하나님의 의를 모르고 자기 의를 세우려고 힘써 하나님의 의에 복종하지 아니하였느니라

그러므로 하나님의 의를 모르고 구제나 봉사 등 선행을 열심히 하는 것이 능사가 아니라는 것입니다. 그렇게 자기 의를 세우고 자기 기쁨과

만족을 위한 열심은 하나님께 복종하지 아니한 것과 같다는 것입니다. 그것은 우리 신앙의 중요한 원리와 방향을 상실한 것이고 신앙의 핵심을 놓치고 있는 것입니다.

사무엘이 사울에게 한 유명한 말이 "순종이 제사보다 낫다"(삼상 15:22)입니다. 자기 나름대로 열심을 내서 하나님을 섬기겠다고 제사에 쓸 좋은 가축을 살려서 데리고 온 사울에게 한 책망의 말입니다. 인간적 관점으로 보면 크게 책망할 정도의 잘못이 아닌 것 같지만 하나님은 그런 인간적인 열심이 아닌 그분의 합당한 뜻에 순종하기를 원하고 계십니다.

(2) 순종하는 삶

아브라함을 복의 근원으로 부르고, 이스라엘을 제사장 나라로 부른 것처럼 믿는 자들, 즉 교회는 구원의 감격에 그치는 것이 아니라 하나님 나라 건설을 위해 해야 할 역할이 있는 것입니다. "나는 구원받았으니 이제 할 일은 아무것도 없다"는 것이 아니라 구원받은 교회로서 세상에 하나님 나라를 증거하는 것까지 이르러야 합니다. 그런 하나님 나라를 만드는 데 가장 중요한 것이 바로 순종입니다.

"아버지여 내 뜻대로 마옵시고 아버지의 뜻대로 하옵소서"라고 기도하신 그 예수님의 순종을 살아내는 것이 교회입니다. 내가 하고 싶은 일은 이것인데 하나님이 저것을 하라 하면 기쁘게 그 길을 가는 자기 부인의 삶이 바로 교회의 삶입니다.

나는 부자로 살고 싶지만 아버지가 내게 가난하고 병든 삶을 살라고 하시면 "예" 하고 그냥 그렇게 순종하는 것이 바로 교회의 삶입니다.

사탄의 시험은 한결같이 "네가 네 삶의 주인이니 네가 최종 결정권자가 되라"는 것입니다. 아담에게도 분명히 하나님의 명령이 있었음에도 그 통치권을 부인하라고 미혹을 했습니다. 예수님께도 "네가 하나님의 아들이면 이 돌이 떡이 되게 해봐. 성전에서 뛰어내려 봐. 내게 절하면 이 세상을 다 줄게."라고 유혹했지요.

그러나 예수님은 철저하게 하나님 앞에 순종하셨습니다. 자신이 순종해야 할 대상은 오직 하나님뿐이심을 천명하신 것이지요. 그래서 십자가에서 죽기까지 순종하셨습니다. 이렇게 교회를 통해서 우리 성도들이 끝까지 붙잡고 가야 하는 신앙의 핵심은 바로 '순종'입니다.

〈롬 1:5〉
그로 말미암아 우리가 은혜와 사도의 직분을 받아 그의 이름을 위하여 모든 이방인 중에서 믿어 순종하게 하나니

예수를 믿는다는 것은 바로 순종을 목표로 하고 있습니다. 물론 순종의 대상이나 순종에 대한 목적이 인간적인 것이 아님은 당연합니다.

〈롬 16:25-26〉
25나의 복음과 예수 그리스도를 전파함은 영세 전부터 감추어졌다가 26이제는 나타내신 바 되었으며 영원하신 하나님의 명을 따라 선지자들의 글로 말미암아 모든 민족이 믿어 순종하게 하시려고 알게 하신바 그 신비의 계시를 따라 된 것이니 이 복음으로 너희를 능히 견고하게 하실

이렇게 성경은 우리의 믿음이 순종을 목표로 하고 있음을 밝히 알려주고 있고, 그런 순종을 하는 자들에게 이런 명령의 수행을 요구하고 있습

니다.

하나님께서 베드로 사도를 통해서 교회에게 무엇을 요구하시는지 알 아봅시다.

<벧전 1:14-16>

14너희가 순종하는 자식처럼 전에 알지 못할 때에 따르던 너희 사 욕을 본받지 말고 15오직 너희를 부르신 거룩한 이처럼 너희도 모 든 행실에 거룩한 자가 되라 16기록되었으되 내가 거룩하니 너희 도 거룩할지어다 하셨느니라

이렇게 거룩과 순종은 서로 뗄 수 없는 관계입니다. 순종은 거룩을 향해 가는 길이고, 거룩은 순종을 필요로 하기 때문입니다.

그런 교회에게 본문을 통해 하나님께서 이렇게 명령하십니다. "교회야, 너희는 하나님이 하나 되게 하신 것을 힘써 지켜라." 이런 하나님의 명령 앞에 우리는 무조건 순종해야 합니다.

그러면 지금부터 왜 우리에게 하나 되게 하심을 힘써 지키라고 하시는지 그 이유를 살펴봅시다. 아울러 하나 되게 하심을 힘써 지키는 것이 어떻게 거룩과 순종과 관계되는 것인지 알아봅시다.

교회는 그리스도를 머리로 한 한 몸입니다. 'union with Christ', 즉 교회는 예수 그리스도와 하나로 연합된 자들입니다. 하나 되게 하심을 힘써 지켜야 하는 것은 바로 그 그리스도를 머리로 한 몸으로 연합된 사람들이기 때문입니다.

<갈 12:5>

이와 같이 우리 많은 사람이 그리스도 안에서 한 몸이 되어 서로
지체가 되었느니라

이렇게 우리는 한 몸이기 때문에 한 몸인 지체들끼리 '우리는 하나'라는
것을 늘 확인하고 그 하나 됨이 깨지지 않도록 노력해야 합니다. 성경이
그 하나 됨을 지키는 것을 어떻게 강조하고 있는지 살펴봅시다.

<갈 5:19-20>

[19]육체의 일은 분명하니 곧 음행과 더러운 것과 호색과 [20]우상 숭
배와 주술과 원수 맺는 것과 분쟁과 시기와 분냄과 당 짓는 것과
분열함과 이단과

이 구절은 성령의 열매와 반대되는 내용들이며 교회가 경계해야 할 일
들입니다. 이것은 모두 교회의 하나 됨을 저해하는 것으로 특히 경계해야
한다는 것입니다.

<갈 5:22-23>

[22]오직 성령의 열매는 사랑과 희락과 화평과 오래 참음과 자비와 양
선과 충성과 [23]온유와 절제니 이 같은 것을 금지할 법이 없느니라

이런 성령의 열매들은 모두 교회가 하나 되게 하는 데 필요한 것들입니
다. 교회의 하나 되게 함을 지키기 위한 바울의 권면을 살펴봅시다.

〈엡 4:1-3〉

1그러므로 주 안에서 갇힌 내가 너희를 권하노니 너희가 부르심을
받은 일에 합당하게 행하여 2모든 겸손과 온유로 하고 오래 참음
으로 사랑 가운데서 서로 용납하고 3평안의 매는 줄로 성령이 하
나 되게 하신 것을 힘써 지키라

에베소서의 이 말씀도 갈라디아서에 기록된 성령의 열매와 똑같은 내용
입니다. 이렇게 이 땅에서 교회가 맺어야 할 성령의 열매는 결국 교회, 즉
우리가 하나 되는 데 필요한 것입니다.

거룩한 자들은 성령의 열매를 맺게 되는 것이고 그 성령의 열매는 결국
하나 되게 하신 것을 지키는 데 필요한 것입니다. 그러므로 하나 되게 하
신 것을 지키는 것이 거룩을 향해 가는 길이고 그 길에 필요한 것이 바로
순종이라는 것입니다.

〈고전 6:1-8〉

1너희 중에 누가 다른 이와 더불어 다툼이 있는데 구태여 불의한
자들 앞에서 고발하고 성도 앞에서 하지 아니하느냐 2성도가 세
상을 판단할 것을 너희가 알지 못하느냐 세상도 너희에게 판단을
받겠거든 지극히 작은 일 판단하기를 감당하지 못하겠느냐 3우
리가 천사를 판단할 것을 너희가 알지 못하느냐 그러하거든 하물
며 세상 일이랴 4그런즉 너희가 세상 사건이 있을 때에 교회에서 경
히 여김을 받는 자들을 세우느냐 5내가 너희를 부끄럽게 하려 하
여 이 말을 하노니 너희 가운데 그 형제간의 일을 판단할 만한 지
혜 있는 자가 이같이 하나도 없느냐 6형제가 형제와 더불어 고발
할 뿐더러 믿지 아니하는 자들 앞에서 하느냐 7너희가 피차 고발

함으로 너희 가운데 이미 뚜렷한 허물이 있나니 차라리 불의를 당하는 것이 낫지 아니하며 차라리 속는 것이 낫지 아니하냐 ⁸너희는 불의를 행하고 속이는구나 그는 너희 형제로다

(3) 믿음의 능력자

자기가 아무리 정당하다 할지라도 그 정당함을 입증하기 위해 교회의 하나 됨이 혹 깨지게 된다면 차라리 불의를 당하고 속임을 당하라고 권면하고 있습니다. 그리스도인들에게 있어서 하나 됨을 힘써 지키는 것은 자기의 정당함을 입증하는 것이나 자기의 유익보다 더 중요한 것이기 때문입니다. 교회는 내가 옳으냐 그르냐를 증명하는 곳이 아니고, 내가 하나님의 거룩한 백성으로 변화되어 있느냐 아니냐가 더 중요한 것입니다. 내가 저 사람을 용서할 수 있을 만한 믿음의 능력자가 되어 있느냐는 것이 중요하지, 내가 옳으니까 저 사람은 벌을 받아야 된다는 정당함을 입증하고 주장하는 것이 중요한 문제가 아니라는 것입니다.

우리는 하나 되게 하심을 지킴으로써 그런 능력을 키울 수 있습니다. 물론 교회 안에서도 자신이 감당할 수 없을 만큼 힘든 시험이 올 수 있습니다. 나를 힘들게 하는 사람과의 관계를 깨버리고 싶은 시험이 올 수도 있지요. 그러나 우리는 그런 시험을 통해서 용서와 인내와 사랑과 온유 같은 하나님 나라 백성으로서의 능력을 키우게 되는 것입니다.

그런데 시험이 올 때마다 그런 성도와의 관계를 깨버리면 어떻게 하나님이 원하시는 그 성품을 배울 수 있겠습니까?

학교에서 선생님이 어떤 시험 문제를 낼 때 학생들 누구나 다 아는 쉬운 문제를 내는 선생님은 거의 없습니다. 대체적으로 학생들이 가장 모를 것 같은, 가장 이해하지 못했을 것 같은 것을 문제로 내는 것입니다.

그것은 그 학생들을 일부러 힘들게 하기 위해서가 아니라 그 학생의 약점을 보완하고 모르는 것을 알게 해서 보다 나은 실력을 키워 주기 위해서입니다.

교회 안에서도 꼭 그렇게 시험이 오는 것입니다. "다른 것은 다 하더라도 이것만은 못 해."라고 생각하면 하나님은 꼭 그것을 해야 하는 상황을 만들어서 풀어야 할 숙제로 주십니다. 하나님의 의도는 그런 상황을 통해서 우리의 약한 그 부분을 고치시려는 것입니다.

〈엡 2:20-22〉
20너희는 사도들과 선지자들의 터 위에 세우심을 입은 자라 그리스도 예수께서 친히 모퉁잇돌이 되셨느니라 21그의 안에서 건물마다 서로 연결하여 주 안에서 성전이 되어가고 22너희도 성령 안에서 하나님이 거하실 처소가 되기 위하여 그리스도 예수 안에서 함께 지어져 가느니라

교회는 각자의 약점을 보완해 가면서 이렇게 주 안에서 참 성전으로 함께 지어져 가는 것입니다. 고대 시대의 성벽은 정형화된 벽돌이 없었기 때문에 아랫돌과 윗돌을 이가 잘 맞게 정으로 깨서 쌓아나갔습니다. 그렇게 서로가 서로의 거울이 되어 주고 시금석이 되어 주는 것이 교회입니다.

교회를 구성하는 구성원 각자가 서로에게 상대방의 약점을 보완하고 고쳐주는 역할을 하면서 성장해 가는 것입니다. 그래서 세상에 있는 모든 교회에는 항상 문제가 있을 수밖에 없습니다. 그러나 그런 문제를 통해서 하나님의 원하시는 뜻에 합당한 결론을 이끌어내는 훈련을 함으로써 하나님 나라를 조금씩 더 알아가는 것입니다. 궁극적으로 하나님이 이루

시려는 것은 이 지상의 교회가 아니라 온전하신 하나님 나라이기 때문입니다. 우리는 이 지상의 교회라는 훈련소에서 하나님 나라 백성이 되기까지 잘 훈련받고 정금 같이 변화되어서 하나님 나라로 가는 것입니다.

어떤 운동이든지 파트너가 있는 것과 없는 것은 큰 차이가 있습니다. 마라톤 기록도 자기와 버금가는 라이벌이 함께 뛰어 줄 때 더 좋은 기록이 세워집니다. 교회가 한 몸으로 함께 가야 하는 이유도 거기에 있는 것입니다.

기독교에서의 구원은 궁극적으로는 개인 구원이지만 성경은 항상 '교회'라는 무리의 구원에 대해서 이야기합니다. 우리 각자는 '교회'를 구성하는 개체로서 구원이라는 엄청난 프로젝트를 수행하고 있습니다. 우리는 각자 떨어져서 혼자 독불장군으로는 거룩을 향해 갈 수 없습니다. 그래서 하나님은 설사 네가 정당하다고 하더라도 손해나 불이익을 감수하고라도 하나 됨을 꼭 지켜내라고 명령하시는 것입니다. "여기는 아니야." 하고 교회에서 분리되거나 분열하게 되면 우리는 거룩한 자로 지어져 갈 길이 없어지는 것입니다.

교회는 그렇게 하나 되게 하심을 지킴으로써 자신의 거룩을 만들어 가고, 그렇게 믿음의 능력자가 되어서 제한적이나마 천국의 모습을 세상에 보여 주면서 살아가는 것입니다. 교회의 하나 되게 하심을 힘써 지켜내다 보면 거기서 사랑과 온유와 인내가 자라게 되고, 그러한 성령의 열매들이 맺혀지게 되면 하나 되게 하신 것이 더욱 더 견고해지게 됩니다.

이렇게 닭이 먼저냐 계란이 먼저냐를 따질 수 없는 것 같이 거룩과 순종과 하나 되게 하심을 지켜내는 것은 하나님 나라 백성의 삶의 본질이며 책임과 의무이며 핵심이고 본무입니다.

그래서 우리는 시기와 다툼과 분냄과 당 짓는 것과 질투와 원수 맺는 것을 지양하고 서로 사랑하며 섬김으로 하나 되게 하심을 지켜내야 하는 것입니다.

<갈 6:1>
형제들아 사람이 만일 무슨 범죄한 일이 드러나거든 신령한 너희
는 온유한 심령으로 그러한 자를 바로잡고 너 자신을 살펴보아
너도 시험을 받을까 두려워하라

교회 안에서 형제가 범죄를 하게 되면 너희가 서로 바로 잡아주라고 합니다. 이 "바로잡다"는 말의 원어는 '완성시키다, 수리하다'라는 뜻입니다.

만약 왼팔을 다쳐서 아프면 그 팔이 나을 때까지 오른손이 더 수고해서 왼손의 할 일을 해야 한다는 것입니다. 두 팔을 사용하다가 한 팔로 다른 한 팔의 일까지 한다면 훨씬 더 힘이 드는 것은 당연합니다. 또 다리가 부러지면 그 다리가 나을 때까지 두 팔이 목발을 잡는 수고를 감당해 내라는 것입니다. 그래서 완전한 한 몸이 되도록 힘쓰라는 것입니다. 서로 도우라는 말씀이지요. 교회는 한 몸이기 때문에 그것은 당연한 일입니다.

그렇게 우리는 서로 도우며 자라가야 합니다. 그것이 바로 예수님의 삶에 동참하는 것이며 천국 백성의 삶이기 때문입니다.

<고후 8:9>
우리 주 예수 그리스도의 은혜를 너희가 알거니와 부요하신 이로
서 너희를 위하여 가난하게 되심은 그의 가난함으로 말미암아 너

희를 부요하게 하려 하심이라

남을 위해 내가 가진 것을 나누고 자신은 가난하게 되는 것이 예수님의 삶이셨습니다.

〈빌 2:3-5〉

³아무 일에든지 다툼이나 허영으로 하지 말고 오직 겸손한 마음으로 각각 자기보다 남을 낫게 여기고 ⁴각각 자기 일을 돌볼뿐더러 또한 각각 다른 사람들의 일을 돌보아 나의 기쁨을 충만하게 하라 ⁵너희 안에 이 마음을 품으라 곧 그리스도 예수의 마음이니

남을 나보다 낫게 여기고 다른 사람들의 일을 돌보는 예수님의 마음으로 살라는 것입니다.

〈고전 12:11〉

이 모든 일은 같은 한 성령이 행하사 그의 뜻대로 각 사람에게 나누어 주시는 것이니라

(4) 교회를 위한 봉사

교회에 필요한 모든 것은 교회 안에 다 나누어 주셨습니다. 각각이 교회 안에서 제 역할만 제대로 수행하면 우리 교회는 부족한 것 없이 갈 수 있습니다. 그런데 그것이 자기 것인 줄 알고 자기만을 위해서 쓴다면 교회가 제대로 자라갈 수 없는 것입니다.

우리는 하나님으로부터 많은 선물을 은사로 받았습니다. 그 은사의

종류에는 지식, 물질, 건강 등 여러 가지가 있겠지요. 우리는 그것을 어떤 목적에 사용하라고 하나님으로부터 위임을 받은 청지기입니다. 그 목적이란 교회가 거룩한 백성으로 잘 지어져 갈 수 있도록 교회의 각 구성원에게 나누어 주신 것입니다. 그중에는 배고픈 자들이 있을 테니까 그들의 허기를 채워주라고 누구에게는 빵을 많이 주셨고, 또 이해력이 부족하고 머리가 안 좋은 자들도 있을 테니 그들을 도우라고 누구에게는 지혜를 많이 주셨고, 사랑에 굶주린 사람들에게 나누어주라고 어떤 이들에게는 사랑의 마음을 많이 부어 주셨으며, 때로는 힘쓸 일도 필요할 테니 누구에게는 힘도 주셨습니다. 교회에는 이렇게 각자에게 맡겨놓은 역할이 있습니다.

그런데 그것을 자기만을 위해서 쓰게 되면 배고픈 자는 계속 배고프고, 말씀에 굶주린 자는 계속 갈급하게 되고, 사랑에 굶주린 사람은 계속 사랑에 굶주리게 됩니다.

우리는 모두 하나님의 청지기입니다. 청지기는 주인이 아닙니다. 그 청지기가 제 역할을 못 해낼 때는 주인에게 질책을 받을 수밖에 없습니다. 사장이 누구에게 사원 교육을 맡기면 그는 충실하게 교육을 시켜야 합니다. 또 사장이 직원들의 월급 주는 것을 누군가에게 맡겼으면 그것을 맡은 자는 사심 없이 관리하고 나누어주어야 하는 것이 그 청지기의 역할이며 책임입니다.

하나님은 우리에게 은사로 사랑, 온유, 희락, 화평, 오래 참음, 자비, 불쌍히 여김, 긍휼, 선을 행함, 열심, 대접 등을 골고루 나누어 주셨습니다. 그것을 지체들과 나누기만 하면 부족한 것이 없는 것이 예수님의 몸입니다. 그래서 교회는 자신의 것을 함께 나누어야 하는 것입니다.

<히 13:16>

오직 선을 행함과 서로 나누어 주기를 잊지 말라 하나님은 이 같
은 제사를 기뻐하시느니라

<행 20:35>

범사에 너희에게 모본을 보여준 바와 같이 수고하여 약한 사람들
을 돕고 또 주 예수께서 친히 말씀하신 바 주는 것이 받는 것보다
복이 있다 하심을 기억하여야 할지니라

누구에게 무엇인가를 나누어 줄 수 있다는 것은 복 받은 사람만 할 수
있는 것입니다. 은혜를 모르는 자들은 자기 것을 남과 나누지 못합니다.

우리 그리스도인들의 복은 하나님으로부터 무슨 수를 써서라도 내가
필요한 것을 받아 챙기거나 내 형제자매들을 통해 나의 유익을 챙기는 것
이 아니라 오히려 내가 가진 것을 나누고 베푸는 것입니다.

세상 사람들이 추구하는 최고의 가치는 행복(happiness)입니다. 그러
나 믿음 안에 있는 우리가 추구하는 가치는 신의 축복(blessing)입니다.
'happiness'는 갑자기 어떤 일이 생긴다는 뜻의 happen에서 나온 말
입니다. 그 복은 우연히 생길 수 있습니다. 그러나 그리스도인의 복
'blessing'은 피(bleeding)에서 나온 말입니다. 우리의 복은 피를 흘리는 데
서 나오는 것입니다. 그것은 바로 '십자가의 피'입니다. 그것이 예수님의
삶이었고 우리의 삶이어야 하기 때문에 교회는 축복을 'blessing'이라고
하는 것입니다.

복 받은 자들은 바로 그런 삶을 사는 것입니다. 몸은 항상 살아있어야

합니다. 몸이 살아있다는 것은 몸의 각 부분이 제 역할을 제대로 할 때 건강하다고 말하고, 살아있다고 하는 것입니다.

우리가 우리의 역할을 제대로 하지 못하면 불구의 모습으로 교회가 세상에 비치게 됩니다. 그래서 우리는 우리에게 맡겨 주신 것들을 함께 나눌 수 있어야 합니다. 그것이 바로 참된 교회이기 때문입니다.

〈요일 3:17〉
누가 이 세상의 재물을 가지고 형제의 궁핍함을 보고도 도와 줄 마음을 닫으면 하나님의 사랑이 어찌 그 속에 거하겠느냐

〈엡 4:28〉
도둑질하는 자는 다시 도둑질하지 말고 돌이켜 가난한 자에게 구제할 수 있도록 자기 손으로 수고하여 선한 일을 하라

사도행전 2장을 보면 초대교회에는 궁핍한 사람이 없었다고 합니다. 궁핍한 사람이 없다는 것은 그곳이 바로 천국이라는 것을 예표하는 것입니다. 우리는 그 하늘나라를 세상에 보여 주며 살아야 하는 자들입니다. 따라서 천국 백성답게 서로 도우며 세상을 살아내야 합니다.

〈잠 17:5〉
가난한 자를 조롱하는 자는 그를 지으신 주를 멸시하는 자요

자기가 좀 많이 가졌다고 가난한 사람을 모욕하거나 멸시해서는 안 됩니다. "얼마나 능력 없고 게으르면 저렇게 가난하게 살까."라고 비난해

서도 안 됩니다. 친구들끼리 모여서 밥 먹을 때 혹시 돈을 못 내는 사람이 있거든 "넌 왜 맨날 얻어먹기만 하니?" 하고 망신을 주기보다는 남몰래 슬쩍 대신 내줄 수 있는 그런 교회의 삶을 살라는 것입니다.

우리 교회에도 전기 요금을 내지 못할 만큼 형편이 어려워서 교회를 못 오는 사람이 있을 수 있습니다. 생활이 힘들어서 폐지를 줍기도 하고, 젊었지만 취업을 하지 못해서 하루에 두 끼만 먹는 사람들이 있을 수 있습니다. 교회에 속한 사람들의 이런 형편을 모른 척하고 건축 헌금이나 선교 헌금 같은 것을 강조해서도 안 됩니다. 우리 교회의 지체들이 홀로 힘들어하고 지쳐가는 모습을 곁에서 그냥 못 본 척하고 넘어간다면 그것은 하나님의 뜻을 외면하는 직무유기와 같습니다.

진실로 하나님의 뜻을 따르는 교회라면 우리는 그런 필요가 있을 때 더욱 헌금에 힘써서 어려운 형제들의 고통과 필요를 함께 나누어야 할 것입니다.

〈고후 8:1-4, 13-15〉

1형제들아 하나님께서 마게도냐 교회들에게 주신 은혜를 우리가 너희에게 알리노니 2환난의 많은 시련 가운데서 그들의 넘치는 기쁨과 극심한 가난이 그들의 풍성한 연보를 넘치도록 하게 하였느니라 3내가 증언하노니 그들이 힘대로 할 뿐 아니라 힘에 넘치도록 자원하여 4이 은혜와 성도 섬기는 일에 참여함에 대하여 우리에게 간절히 구하니

13이는 다른 사람들은 평안하게 하고 너희는 곤고하게 하려는 것이 아니요 균등하게 하려 함이니 14이제 너희의 넉넉한 것으로 그들의 부족한 것을 보충함은 후에 그들의 넉넉한 것으로 너희의 부

족한 것을 보충하여 균등하게 하려 함이라 [15]기록된 것 같이 많이 거둔 자도 남지 아니하였고 적게 거둔 자도 모자라지 아니하였느니라

초대교회는 이렇게 남을 도울 수 있는 복된 자리에 자기도 참여할 수 있게 해달라고 간청하며 살아가는 모습을 볼 수 있습니다. 믿음으로 하나님의 교회가 된 우리에게 하나님께서는 이렇게 도움이 필요한 사람들을 보내셨을 때에 "너희의 것을 나누어 그들을 도우라. 그래서 세상을 향해 하나님 나라의 모습을 보여줘라." 하고 말씀하시는 것입니다.

그렇게 하나님의 말씀을 따라 이웃, 특히 교회의 형제를 도울 수 있는 자들이 복 받은 자들입니다. 혼자 복 받은 사람으로 살아서는 안 됩니다. 우리가 하나님이 초대하신 복된 자리로 가기 위해서는 도움이 필요한 자들과 함께 나누고, 그들을 섬겨야 합니다.

나에게 교회로 허락하신 내 이웃에게 어떤 필요가 있는지 궁금해하고, "우리 교회에 힘들고 지친 어려운 사람들이 더 많이 왔으면 좋겠습니다." 하고 기도할 수 있어야 합니다. 그래서 하나님 앞에 "하나님 우리가 이렇게 하나님께서 명령하신 하나 됨을 지키고 있습니다." "교회의 지체들을 이렇게 우리가 섬기고 있습니다."라고 하나님 나라 백성들답게 사는 모습을 보여 드릴 수 있어야 합니다.

그리고 세상을 향해 "세상 사람들아, 이것이 바로 교회의 모습이다. 이렇게 자기 것을 교회와 함께 나누며 자기보다 남을 세워주는 천국의 삶이 바로 여기 있다."라고 세상에 보여 주고 싶은 마음이 있어야 합니다. 그것은 우리가 하나님 나라를 전하고 증거해야 하는 자들이기 때문입니다. 교회는 하나이며 한 몸입니다. 따라서 함께 교회를 이루고 있는 우리의

몸을 항상 돌보아야 합니다. 그런 사람들에게 마지막 날 하나님께서 이렇게 말씀하실 것입니다.

<마 25:34-36>
³⁴그때에 임금은 자기 오른쪽에 있는 사람들에게 말하기를 '내 아버지께 복을 받은 사람들아, 와서, 창세 때로부터 너희를 위하여 준비한 이 나라를 차지하여라. ³⁵너희는 내가 주렸을 때에 내게 먹을 것을 주었고, 목말랐을 때에 마실 것을 주었고, 나그네 되었을 때에 영접하였고, ³⁶헐벗었을 때에 입을 것을 주었고, 병들었을 때에 돌보아 주었고, 감옥에 갇혔을 때에 찾아 주었다' 할 것이다.

우리는 심판의 마지막 때에 "잘하였도다 내 아들아, 잘하였도다 내 딸들아." 이런 칭찬을 들을 수 있어야 합니다.

교회시대를 살아가는 참된 교회는 이 세상 현실과 천국의 현실이 투영되어 있는 삶을 살아내야 합니다. 그래서 국가의 구분이 있고 사회의 구분이 있고 가족의 구분이 있는 것입니다. 우리는 그런 삶을 현실에서도 최선을 다해서 살아야 합니다. 성도는 이 땅에서 양쪽 현실을 다 살아내는 삶을 살아야 하는 존재이기 때문입니다. 그것이 세상에서 천국의 백성으로 살아가는 삶입니다. 예수 그리스도 안에서 완전하게 하나로 된 그 삶은 오직 교회에서만 이루어집니다.

그러나 이 땅의 종말이 오고 우주가 불타서 없어진 다음에는 국가적, 사회적, 가족적 구분이 없어집니다. 그때 그곳 그 하나님 나라에서는 오직 교회가 국가가 되고, 교회가 사회가 되며, 교회가 민족이 되고, 교회가 가족이 되는 것입니다.

그 천국의 모습을 우리는 교회 안에서 살아내야 합니다. 교회 안에서 주위를 둘러봅시다. 눈에 보이는 그 사람들이 모두 우리의 가족입니다. 아니 우리의 몸입니다. 따라서 주위에 힘들어하는 교우들이 있다면 그들을 섬기는 것이 곧 나의 몸을 돌보는 것입니다.

4. 교회와 설교자

〈딤후 4:1-5〉

¹하나님 앞과 살아 있는 자와 죽은 자를 심판하실 그리스도 예수 앞에서 그가 나타나실 것과 그의 나라를 두고 엄히 명하노니 ²너는 말씀을 전파하라 때를 얻든지 못 얻든지 항상 힘쓰라 범사에 오래 참음과 가르침으로 경책하며 경계하며 권하라 ³때가 이르리니 사람이 바른 교훈을 받지 아니하며 귀가 가려워서 자기의 사욕을 따를 스승을 많이 두고 ⁴또 그 귀를 진리에서 돌이켜 허탄한 이야기를 따르리라 ⁵그러나 너는 모든 일에 신중하여 고난을 받으며 전도자의 일을 하며 네 직무를 다하라

〈딛 2:1〉

오직 너는 바른 교훈에 합당한 것을 말하여

(1) 설교자의 책임

장로교 헌법 24조는 목사의 본무에 대해서 다음과 같이 기술하고 있습니다.

1. 목사는 예수 그리스도의 양인 교인을 양육하는 목자이며
2. 목사는 그리스도의 말씀으로 교인들을 깨우치는 교사이며
3. 목사는 구원의 복된 소식을 전하는 전도인이며
4. 목사는 그리스도의 설립한 율례를 지키는 자인 고로 하나님의 도를 맡은 청지기이다.

위의 모든 내용은 한마디로 요약하면 목사는 바른 말씀을 전하여 그리스도의 양들을 양육하는 사람이라는 것입니다.

하나님께서도 목자를 주시는 목적을 이렇게 말씀하십니다.

〈렘 3:15〉
내가 또 내 마음에 합한 목자들을 너희에게 주리니 그들이 지식과
명철로 너희를 양육하리라

성경에 따르면 교회는 장로들이 다스리게 되어 있습니다. 그들은 치리를 맡기도 합니다. 치리를 맡은 장로 중에 치리와 말씀 선포를 함께 하는 장로를 목사라고 합니다.

그러므로 목사는 바른 말씀에 근거하여 교회를 치리하며 바른 교리로 교회를 양육하는 사람입니다. 교회는 오직 하나님의 말씀으로만 성숙해지기 때문에 가르치는 자는 성경을 바르게 알고 그 지식을 통해서 교회를 양육하고 치리해야 합니다.

〈갈 4:19〉

나의 자녀들아 너희 속에 그리스도의 형상을 이루기까지 다시 너
희를 위하여 해산하는 수고를 하노니

　말씀은 교회를 그리스도의 형상으로 변화시켜 갑니다. 그래서 사탄은
교회가 생긴 이래 지금까지 교회 안에서 성경 말씀의 비중을 약화시키고
교회를 인간 중심적 모임 만드는 것을 목표로 하는 전략으로 교회를 파
괴하려는 책동을 펴고 있습니다.

　하나님 말씀보다는 인간의 윤리 도덕적인 교훈을 가르치고 신비적인
체험이나 주관적인 경험, 종교적 열심 등을 동원해서 되도록 말씀을 가까
이할 수 없게 만드는 것입니다.

　세상은 계속해서 우리에게 흥미 있는 볼거리를 끊임없이 제공하고, 조
금만 고개를 돌리면 언제 어디서든지 쾌락과 유혹의 늪에 빠질 수 있는
위험에 노출되어 있습니다. 이런 것들은 우리 인간으로 하여금 하나님의
말씀으로부터 멀어지게 만들기 위한 사탄의 계략의 일환입니다.

　현대를 살아가는 사람들은 너무나 분주하고 바쁩니다. 그래서 주일
예배 때나 성경공부를 할 때 설교를 길게 하면 인기가 없습니다. 교회에
서도 딱딱한 강해나 교리 설교보다는 신비한 성령체험이나 성공담을 훨
씬 더 선호합니다. 따분한 성경공부보다는 록펠러 같은 부자나 연예인들
의 사생활 같은 이야기에 더 관심이 많습니다. 사탄이 원하는 것은 바로
그렇게 성도들로 하여금 하늘의 것이 아닌 세상 것에 더 흥미를 갖게 하
는 것입니다.

　물론 설교자가 성경의 주제에서 벗어나 요점을 찾지 못하고 중언부언
하거나 설교의 결론을 엉뚱하게 이끌어 낸다면 분명히 문제가 있습니다.

설교의 주제는 항상 성경에 기록된 말씀이어야 하고 결론은 언제나 예수 그리스도에 대한 믿음으로 정리해서 교회를 바르게 세워가는 것이어야 합니다.

교회는 하나님이 주신 말씀의 의미와 깊이에 이르는 이해를 위해서 말씀의 교제와 공부할 수 있는 데에 시간을 좀 더 할애할 수 있어야 합니다. 하나님의 말씀, 그 진리의 풍성함으로 넘쳐야 하는 교회에서 진리에 대한 갈급함과 진리를 찾기 위한 노력들을 게을리해서는 당연히 안 됩니다.

물론 하나님의 말씀은 모두 "회개하라 천국이 가까이 왔다.", "너희는 구원을 받아야 한다." "너희는 아무것도 할 수 없는 존재다.", "구원받은 자답게 피 흘리기까지 싸우며 살아내라.", "신자에겐 고난이 필수다. 그러나 끝까지 싸워서 이겨라." 하면서 우리에게 끊임없는 인내와 성찰을 요구하고 있기 때문에 세상적으로 보면 이런 것은 재미가 있는 것도 아니고 또 결코 쉬운 일이 아닙니다.

이처럼 성경은 우리를 즐겁게 해주는 내용이 거의 없습니다. 소망이라는 것이 있지만 그것은 우리 눈에 보이는 것이 아니고 손에 잡히지 않는 천국에 대한 소망뿐입니다. 지금 당장 눈앞에 보이지 않는 것을 누가 얼마나 좋아하겠습니까?

그러나 사람들의 관심과 흥미를 유발하는 설교를 하는 교회는 인기가 있습니다. 그런 교회 목사들은 사람들이 듣기 좋은 설교를 합니다. 그리고 눈에 보이지 않는 천국의 소망보다는 이 땅에서의 부귀영화를 기원하고 빌어 줍니다. 그뿐만 아니라 가끔 병도 낫게 해주고 기도회 때는 성령의 이름으로 쓰러지는 빈야드 현상을 경험하게 해주기도 합니다.

그들은 성경에 있는 예수의 이야기보다 세상의 도덕과 윤리와 꿈과 비전, 성공을 이야기하고 빌어줍니다. 심지어 TV 같은 대중 매체의 설교에서조차 버젓이 하나님의 이름으로 세상의 윤리 도덕과 함께 복을 전하기도 합니다.

이렇게 현실적인 문제를 다루면서 그 해법까지 제시해 주는 목사의 인기는 눈에 보이지 않는 믿음만을 이야기하는 인기 없는 설교자들과는 차원이 다릅니다. 눈앞에 보이는 기적이 일어나고 현실적인 희망과 비전을 제시해 주는 곳, 사람들은 그런 교회 목사나 집회를 선호합니다. 그런 곳에서 하나님의 말씀보다는 눈으로 보여 주는 능력 있는 하나님의 종이 훨씬 더 인기가 있습니다.

그런데 성경은 오히려 그런 허탄한 것을 따르는 사람들을 주의하라고 경계를 하고 있고, 마지막 때가 되면 거짓 선지자들이 많이 나올 것이라고 훈계합니다. 따라서 무엇보다 영 분별을 잘해야 한다고 경고하고 있습니다.

〈마 24:3-5, 11-13〉

3예수께서 감람산 위에 앉으셨을 때에 제자들이 조용히 와서 이르되 우리에게 이르소서 어느 때에 이런 일이 있겠사오며 또 주의 임하심과 세상 끝에는 무슨 징조가 있사오리이까 4예수께서 대답하여 이르시되 너희가 사람의 미혹을 받지 않도록 주의하라 5많은 사람이 내 이름으로 와서 이르되 나는 그리스도라 하여 많은 사람을 미혹하리라

11거짓 선지자가 많이 일어나 많은 사람을 미혹하게 하겠으며 12불법이 성하므로 많은 사람의 사랑이 식어지리라 13그러나 끝까지 견디는 자는 구원을 얻으리라

<요일 4:1-3>

¹사랑하는 자들아 영을 다 믿지 말고 오직 영들이 하나님께 속하
였나 분별하라 많은 거짓 선지자가 세상에 나왔음이라 ²이로써 너
희가 하나님의 영을 알지니 곧 예수 그리스도께서 육체로 오신 것
을 시인하는 영마다 하나님께 속한 것이요 ³예수를 시인하지 아니
하는 영마다 하나님께 속한 것이 아니니 이것이 곧 적그리스도의
영이니라 오리라 한 말을 너희가 들었거니와 이제 벌써 세상에 있
느니라

(2) 참 선지자, 거짓 선지자

초대교회 때뿐만 아니라 지금도 세상에는 거짓 선지자들과 참 선지자
가 공존하고 있다는 것입니다. 거짓 선지자나 참 선지자가 겉으로 보기
에는 다 똑같이 선지자 노릇을 잘하고 있다는 것이지요.

거짓 선지자가 가르치고 이끄는 교회를 우리는 거짓 교회라고 하고, 참
선지자가 이끄는 교회를 우리는 참 교회라고 할 수 있습니다. 그렇다면
내가 속해 있는 교회는 참 교회인지, 아니면 거짓 교회인지가 문제입니다.
누구나 자신이 다니는 교회가 참 교회이기를 바라는 것은 당연하지요.
또 참 교회이기를 믿고 싶을 것입니다.

그런데 기독교 초기 사도들의 시대에도 이미 거짓 선지자들이 많이 나
왔습니다. 하물며 지금은 어떻겠습니까? 그들이 하나님의 이름으로 어떤
이야기를 전하고 다녔는지 살펴봅시다.

<렘 23:16-17>

¹⁶만군의 여호와께서 이와 같이 말씀하시되 너희에게 예언하는 선

지자들의 말을 듣지 말라 그들은 너희에게 헛된 것을 가르치나니 그들이 말한 묵시는 자기 마음으로 말미암은 것이요 여호와의 입에서 나온 것이 아니니라 17항상 그들이 나를 멸시하는 자에게 이르기를 너희가 평안하리라 여호와의 말씀이니라 하며 또 자기 마음이 완악한 대로 행하는 모든 사람에게 이르기를 재앙이 너희에게 임하지 아니하리라 하였느니라

〈렘 14:14-16〉

14여호와께서 내게 이르시되 선지자들이 내 이름으로 거짓 예언을 하도다 나는 그들을 보내지 아니하였고 그들에게 명령하거나 이르지 아니하였거늘 그들이 거짓 계시와 점술과 헛된 것과 자기 마음의 거짓으로 너희에게 예언하는도다 15그러므로 내가 보내지 아니하였어도 내 이름으로 예언하여 이르기를 칼과 기근이 이 땅에 이르지 아니하리라 하는 선지자들에 대하여 여호와께서 이와 같이 말씀하셨노라 그 선지자들은 칼과 기근에 멸망할 것이요 16그들의 예언을 받은 백성은 기근과 칼로 말미암아 예루살렘 거리에 던짐을 당할 것인즉 그들을 장사할 자가 없을 것이요 그들의 아내와 아들과 딸이 그렇게 되리니 이는 내가 그들의 악을 그 위에 부음이니라

아직 복음이 무엇인지 모르고 예수가 누구인지 정확하게 알지 못하는 사람들에게는 먼저 예수 그리스도가 누구이며 천국 복음이 무엇인지 아는 것이 필요합니다.

그런데 거짓 선지자들은 그들이 듣고 싶어 하는 "평안하다, 평안하다.", "아무 일 없을 거야." "다 잘 될 거야." 이런 이야기를 해준다는 것입

니다. 그러나 하나님이 이렇게 직접 말씀하십니다. "나는 그 자들을 보낸 적이 없다."

본문 디모데후서 4장 3,4절 말씀을 새번역으로 보겠습니다.

> ³때가 이르면, 사람들이 건전한 교훈을 받으려 하지 않고, 귀를 즐겁게 하는 말을 들으려고, 자기네 욕심에 맞추어 스승을 끌어들일 것입니다. ⁴그들은 진리를 듣지 않고, 허탄한 이야기에 귀를 기울일 것입니다.

진짜 하나님이 보내신 선지자들은 "빨리 회개해라.", "도끼가 이미 악한 열매를 맺는 나무뿌리에 놓여있다.", "예수 그리스도의 복음을 받아들인 사람들아, 거룩하게 살아라. 너희 구원을 이루어가라. 믿는 자들에게는 고난이 온다, 피 흘리기까지 싸워라." 이렇듯 사람들이 듣기 좋은 말은 한마디도 없습니다.

예레미야처럼 성전에 제사 지내러 가는 사람들을 막아서서 그들에게 듣기 좋은 말을 하는 것이 아니라 "너희는 여기가 여호와의 전이라, 여호와의 전이라 하는 거짓말을 믿지 말라." 이렇게 그들이나 거짓 선지자들로부터 오히려 맞아 죽을 내용의 이야기만 합니다.

열왕기상 22장에 보면 솔로몬 왕의 아들 르호보암 때 이스라엘은 북이스라엘과 남유다로 갈라지게 되었습니다. 이 두 나라가 잠깐 관계가 호전되었던 시기가 있는데, 바로 북이스라엘의 아합 왕 때입니다.

아합 왕 때 남유다의 왕은 여호사밧이었습니다. 여호사밧이 아합 왕을 방문했을 때 아합 왕이 여호사밧에게 둘이 연합하여 아람을 치자고 제안합니다.

그 당시에 아람은 바벨론의 전신으로 굉장히 강한 나라였지요. 그때 여호사밧이 아합에게 묻습니다. "우리가 먼저 하나님의 뜻을 알아봅시다. 이스라엘에 선지자가 몇 명이나 있습니까?" "400명 있습니다." "그럼 그들에게 하나님의 뜻이 어떤지 물어봅시다."

그때 시드기야를 비롯한 선지자 400명이 모두 왕이 듣기에 좋은 말만 합니다. "당장 올라가십시오. 하나님께서 아람을 왕의 손에 붙이셨나이다." 그러자 여호사밧이 다시 묻습니다. "이들이 다입니까? 다른 선지자는 없습니까?" "한 명 있긴 있는데 그 사람은 내게 좋은 이야기를 해줘 본 적이 없어서 나는 그를 싫어합니다." 여호사밧이 아합에게 하나님의 선지자를 그렇게 이야기하면 안 된다며 충고를 하고, 선지자 미가야를 데려오게 합니다. 미가야 선지자는 아람과의 전쟁을 반대했지만 그것을 무시하고 출정한 전쟁에서 결국 아합은 죽음을 맞이하게 됩니다.

이렇게 가짜 선지자들은 왕이 듣기에 좋은 말만 합니다. 그러나 진짜 선지자는 자신의 주장이 무시되고 심지어 핍박을 당할 것을 뻔히 알면서도 하나님의 말씀을 가감 없이 전합니다. 가짜 선지자들은 사람들이 듣기 좋은 말만 해주기 때문에 모두에게 인기가 있습니다. 그러나 성경은 말합니다. 모든 사람이 칭찬하고, 사람들이 원하는 말을 해주는 사람은 거짓 선지자라는 것입니다.

〈눅 6:26〉

모든 사람이 너희를 칭찬하면 화가 있도다 그들의 조상들이 거짓 선지자들에게 이와 같이 하였느니라 그러나 참 복음이 전해질 때 교회 안에 있는 가라지들은 답답해하고 지겹게 느낍니다. 대부분의 거짓 선지자들의 공통점은 이적과 표적을 동원한다는 것입니다. 그런데 그런 것을 행할 능력은 사탄도 발휘할 수 있다고 성경은 이야기하고 있습니다.

〈살후 2:9-12〉

9악한 자의 나타남은 사탄의 활동을 따라 모든 능력과 표적과 거짓 기적과 10불의의 모든 속임으로 멸망하는 자들에게 있으리니 이는 그들이 진리의 사랑을 받지 아니하여 구원함을 받지 못함이라 11이러므로 하나님이 미혹의 역사를 그들에게 보내사 거짓 것을 믿게 하심은 12진리를 믿지 않고 불의를 좋아하는 모든 자들로 하여금 심판을 받게 하려 하심이라

하나님께 택함을 받지 못한 자들은 그런 헛된 것을 따라다니며 광분하게 된다는 것입니다. 하나님은 그런 거짓 선지자들과 그들을 따르는 자들을 심판하시겠다고 말씀하십니다.

〈마 24:24〉

거짓 그리스도들과 거짓 선지자들이 일어나 큰 표적과 기사를 보여 할 수만 있으면 택하신 자들도 미혹하리라

〈계 19:20〉

짐승이 잡히고 그 앞에서 표적을 행하던 거짓 선지자도 함께 잡혔으니 이는 짐승의 표를 받고 그의 우상에게 경배하던 자들을 표적으로 미혹하던 자라 이 둘이 산 채로 유황불 붙는 못에 던져지고

〈신 13:1-5〉

¹너희 중에 선지자나 꿈 꾸는 자가 일어나서 이적과 기사를 네게 보이고 ²그가 네게 말한 그 이적과 기사가 이루어지고 너희가 알지 못하던 다른 신들을 우리가 따라 섬기자고 말할지라도 ³너는 그 선지자나 꿈 꾸는 자의 말을 청종하지 말라 이는 너희의 하나님 여호와께서 너희가 마음을 다하고 뜻을 다하여 너희의 하나님 여호와를 사랑하는 여부를 알려 하사 너희를 시험하심이니라 ⁴너희는 너희의 하나님 여호와를 따르며 그를 경외하며 그의 명령을 지키며 그의 목소리를 청종하며 그를 섬기며 그를 의지하며 ⁵그런 선지자나 꿈 꾸는 자는 죽이라 이는 그가 너희에게 너희를 애굽 땅에서 인도하여 내시며 종 되었던 집에서 속량하신 너희의 하나님 여호와를 배반하게 하려 하며 너희의 하나님 여호와께서 네게 행하라 명령하신 도에서 너를 꾀어내려고 말하였음이라 너는 이같이 하여 너희 중에서 악을 제할지니라

마태복음 7장에 보면 "우리가 주의 이름으로 선지자 노릇하며 주의 이름으로 귀신을 쫓아내며 주의 이름으로 많은 권능을 행하지 아니하였나이까?"(22절) 하고 거짓 선지자들이 자신의 정당성을 주장합니다. 그러나 하나님은 이렇게 눈에 보이는 이적을 행하는 것이 참 선지자, 즉 진짜 목사라는 근거가 되어서는 안 된다는 것입니다.

애굽의 요술사들도 지팡이를 뱀으로 만들 수 있었고, 강을 피로 만드는 기적을 행하기도 했습니다(출 7:11, 22). 이처럼 사탄도 그런 능력을 사람에게 줄 수 있습니다.

그러나 하나님의 말씀을 깊이 깨닫고 천국의 소망을 확인하여 예수 그리스도의 은혜에 전적으로 의지하게 된 사람은 그런 이적이 필요 없다는

것을 성경이 밝혀주고 있습니다. 그 말씀이 정말 살아서 우리를 변화시켜 가고 하늘의 비밀을 깨닫게 해주고 계신 그 기적을 경험한 사람은 다른 기적이 필요 없습니다.

〈딤후 3:16〉
모든 성경은 하나님의 감동으로 된 것으로 교훈과 책망과 바르게
함과 의로 교육하기에 유익하니

여기서 "하나님의 감동으로"라는 말은 원어로 '하나님의 입김이 쏘인'이라는 뜻입니다. 창세기에서 하나님의 입김이 들어가자 인간이 생령이 된 것처럼 성경 말씀에는 그 하나님의 생명력이 살아 숨 쉬는 것입니다. 그래서 성경에 기록된 이 말씀이 우리를 교훈하고 책망하고 바르게 하고 의로 교육하여 성화를 시켜 나가는 것입니다.

나는 정말 아무것도 할 수 없는 자인데 이 말씀이 나를 바꿔 간다는 것을 경험한 사람에게는 그 이외의 다른 기적이 필요 없습니다.

〈사 34:16〉
너희는 여호와의 책에서 찾아 읽어보라 이것들 가운데서 빠진 것이
하나도 없고 제 짝이 없는 것이 없으리니 이는 여호와의 입이 이를
명령하셨고 그의 영이 이것들을 모으셨음이라

(3) 말씀을 믿는 삶

이렇게 하나님께서 직접 찾아서 모으시고 베풀어 주신, 천지의 주재이시고 만유의 주인이신 하나님의 말씀이 우리에게 있다면 더 이상의 다른

이적과 표적은 필요 없습니다. 그럼에도 불구하고 사람들이 이적과 표적을 찾는 이유는 성경 말씀이 온전히 믿어지지 않기 때문에 다른 것을 통해서라도 그 공허를 채우려는 일종의 대리만족을 위해서입니다.

그런 사람들은 대부분 성경 말씀을 믿기보다는 그런 가시적인 행위에만 집착하게 되는데, 그때 이단이나 거짓 목사 같은 사람들을 만나게 되면 잘못된 신앙에 빠져서 결국 지옥의 심판을 피할 수 없는 상황에 이르게 됩니다. 뿐만 아니라 그렇게 되면 진리의 믿음과는 상관없이 시간적 물질적 손실까지 크게 당하는 경우도 많이 있습니다. 성경을 알고 또 그 말씀이 믿어지는 사람은 믿음을 위한 기적이나 표적 같은 다른 어떤 것의 도움도 필요 없습니다.

유대인들은 표적을 구하고 헬라인들은 지혜를 구하지만 나는 우리 주 예수 그리스도의 십자가밖에 자랑할 것이 없다는 대 사도의 외침이 오늘날 우리에게도 들려야 합니다(고전 1:22-24).

참된 교회의 목사나 교사들은 눈에 보이는 세상의 것이 아니라 눈에 보이지 않는 하늘의 것을 소망하도록 가르칩니다. 그것이 옳은 것임을 성경이 가르쳐 주고 있기 때문입니다.

〈고후 4:18〉
우리가 주목하는 것은 보이는 것이 아니요 보이지 않는 것이니 보이는 것은 잠깐이요 보이지 않는 것은 영원함이라

〈골 3:1-2〉
1그러므로 너희가 그리스도와 함께 다시 살리심을 받았으면 위의 것을 찾으라 거기는 그리스도께서 하나님 우편에 앉아 계시느니

라 ²위의 것을 생각하고 땅의 것을 생각하지 말라

구약 시대는 참 풍요를 우리에게 선물해 주실 예수 그리스도가 오시기 전이었기 때문에 당시 인간이 가장 가치 있게 여겼던 것으로 그 풍요가 무엇인지 설명했습니다. 그래서 하나님의 은혜를 받은 자들은 가축이 많고 자식이 많으며 재물이 많고 땅이 많고 건강한 것으로 표현을 했던 것입니다.

그러나 이제는 예수님이 오셨고 더 이상 그런 상징적인 것들로 하늘의 것을 설명할 필요가 없어졌습니다. 그런데 오늘날까지도 그 구약의 축복 개념을 교회에서 가르치는 이들이 있습니다. 그래서 신명기 28장에 있는 그 복으로 오늘날의 복을 설명합니다. "들어가도 복을 받고 나가도 복을 받고, 떡 반죽 그릇이 복을 받고, 머리가 될지언정 꼬리가 되지 않아야 한다."는 등 인간의 삶 속에서 느낄 수 있는 복을 기대하는 것입니다.

그러나 고린도후서 3장에서 오늘날 그리스도인들이 구해야 할 진정한 복이 무엇인지 정확하게 가르쳐 주고 있습니다. 거짓 선지자들은 이처럼 눈에 보이는 것들을 약속하고 소망하게 만듭니다. 구약과 신약의 모든 내용이 예수 그리스도를 가리키고 또 바라고 있는 것임에도 불구하고 그들은 여전히 이 땅의 것을 소망하게 만드는 것입니다.

예수를 믿으면 이 땅의 것을 축복으로 받는다고 가르치는 것은 결코 바른 가르침이 아닙니다. 성경은 그렇게 가르치는 자들을 가리켜 사람의 귀를 즐겁게 해주는 노략질하는 이리라고 경계하고 있습니다.

〈마 7:13-15〉

¹³좁은 문으로 들어가라 멸망으로 인도하는 문은 크고 그 길이 넓

어 그리로 들어가는 자가 많고 [14]생명으로 인도하는 문은 좁고 길이 협착하여 찾는 이가 적음이라 [15]거짓 선지자들을 삼가라 양의 옷을 입고 너희에게 나아오나 속에는 노략질하는 이리라

거짓 선지자들은 크고 넓은 문을 제시하지만 하나님의 참 선지자들은 좁은 문으로 가야 한다고 강조합니다. 그래서 성경의 참 선지자들은 늘 외롭고 힘든 삶을 살았습니다.

거짓 선지자들은 맡겨진 양을 잘 양육하는 데 목적이 있는 것이 아니라 그 양들의 고기와 털이 필요한 자들이기 때문에 양 한 마리 한 마리를 자기의 재산으로 여깁니다. 그래서 양들의 건강을 걱정하고 관심을 갖기보다는 양들이 도망가지 않을까에 대해서 더 신경을 씁니다. 그들의 관심은 양들의 건강이 아니라 양들이 떠나지 않고, 자기 말을 잘 듣고 자기 뜻대로 순종해 주기만을 바라기 때문에 양들이 듣기에 좋은 이야기만 하는 것입니다.

〈미 3:5-6〉

[5]내 백성을 유혹하는 선지자들은 이에 물 것이 있으면 평강을 외치나 그 입에 무엇을 채워 주지 아니하는 자에게는 전쟁을 준비하는도다 이런 선지자에 대하여 여호와께서 이르시되 [6]그러므로 너희가 밤을 만나리니 이상을 보지 못할 것이요 어둠을 만나리니 점치지 못하리라 하셨나니 이 선지자 위에는 해가 져서 낮이 캄캄할 것이라

〈미 3:11〉

그들의 우두머리들은 뇌물을 위하여 재판하며 그들의 제사장은
삯을 위하여 교훈하며 그들의 선지자는 돈을 위하여 점을 치면서
도 여호와를 의뢰하여 이르기를 여호와께서 우리 중에 계시지 아니
하냐 재앙이 우리에게 임하지 아니하리라 하는도다

한쪽에서는 축복을 강조하고 이야기하는데 다른 쪽에서는 계속 죄와
고난에 대해서 이야기합니다. 그러면 누가 자기의 죄를 지적하는 것을 좋
아하고 또 고난을 이겨내야 한다고 이야기하는 것을 좋아하겠습니까?

하나님께서는 왜 가나안에 들어가서도 계속해서 대적과 전쟁을 하도
록 허락하셨을까요? 그것은 선택한 민족 이스라엘이 가야 할 최종 목적
지는 가나안도 아니라는 의미입니다. 지금 하나님께서 우리의 삶에 문제
를 주시고 시험을 주시는 것은 이 땅의 것들에 소망을 두지 말고 하늘에
소망을 두라고 계속 포기시키고 잃어버리게 만드시는 것입니다.

따라서 하나님의 은혜로 선택받은 교회는 당연히 이 땅의 것에 눈을
두고 바라며 살기보다는 천국의 삶을 소망하고 살아야 합니다. 그럼에
도 불구하고 세상의 복이 아닌 성경적 진리만 선포하는 교회는 세상의
것을 추구하는 사람들로부터 당연히 외면당할 수밖에 없습니다. 그리고
그들의 대부분은 달콤한 세상의 복을 선포하는 거짓 선지자들에게 몰려
갑니다.

그래서 사도바울은 자기가 세운 교회에 계속해서 이런 편지를 쓸 수밖
에 없었던 것입니다.

〈고후 11:4〉

만일 누가 가서 우리가 전파하지 아니한 다른 예수를 전파하거나 혹은 너희가 받지 아니한 다른 영을 받게 하거나 혹은 너희가 받지 아니한 다른 복음을 받게 할 때에는 너희가 잘 용납하는구나

〈갈 1:6-10〉

6그리스도의 은혜로 너희를 부르신 이를 이같이 속히 떠나 다른 복음을 따르는 것을 내가 이상하게 여기노라 7다른 복음은 없나니 다만 어떤 사람들이 너희를 교란하여 그리스도의 복음을 변하게 하려 함이라 8그러나 우리나 혹은 하늘로부터 온 천사라도 우리가 너희에게 전한 복음 외에 다른 복음을 전하면 저주를 받을지어다 9우리가 전에 말하였거니와 내가 지금 다시 말하노니 만일 누구든지 너희가 받은 것 외에 다른 복음을 전하면 저주를 받을지어다 10이제 내가 사람들에게 좋게 하랴 하나님께 좋게 하랴 사람들에게 기쁨을 구하랴 내가 지금까지 사람들의 기쁨을 구하였다면 그리스도의 종이 아니니라

사도 바울이 얼마나 그것이 가슴 아팠으면 이렇게 두 번이나 강조해서 다른 복음을 전하면 저주를 받을 것이라고 경고했겠습니까?

사도바울은 또 이렇게 이야기합니다. 나도 너희를 기분 좋게 해줄 수 있다. 그러나 내가 사람들 기분을 좋게 하랴? 아니면 하나님을 기쁘게 하랴? 그리고 사도바울은 이렇게 개탄합니다.

〈고후 2:17〉

우리는 수많은 사람들처럼 하나님의 말씀을 혼잡하게 하지 아니

하고 곧 순전함으로 하나님께 받은 것 같이 하나님 앞에서와 그리
스도 안에서 말하노라

그래서 바른 신앙을 추구하던 우리 신앙의 선배들은 늘 외로웠습니다.

〈딤후 4:16-18〉

[16]내가 처음 변명할 때에 나와 함께 한 자가 하나도 없고 다 나를
버렸으나 그들에게 허물을 돌리지 않기를 원하노라 [17]주께서 내
곁에 서서 나에게 힘을 주심은 나로 말미암아 선포된 말씀이 온전
히 전파되어 모든 이방인이 듣게 하려 하심이니 내가 사자의 입에
서 건짐을 받았느니라 [18]주께서 나를 모든 악한 일에서 건져내시
고 또 그의 천국에 들어가도록 구원하시리니 그에게 영광이 세세
무궁토록 있을지어다 아멘

(4) 좁고 험한 길

디모데후서는 사도 바울의 마지막 서신서입니다. 사도 바울은 하나님
의 위대한 종이면서 많은 지식의 소유자이고 대단한 열정의 사람이었습니
다. 그런데 그런 그에게 가르침을 받고 양육 받은 사람들은 모두 어디론
가 떠나고 지금은 늙은 사도 혼자 이렇게 외롭게 남았습니다. 전도 사역
의 마지막에 이 사도의 곁에는 한 사람도 남아있지 않고 모두 자기를 버
렸다고 말합니다. 적어도 사도 바울이라고 하면, 성경적 배경으로 볼 때
그의 곁에는 제자들과 후배들과 많은 교인이 모여 있을 것이라고 생각할
수 있습니다.

그런데 왜 하나님의 일을 하는 것으로 일생을 바친 늙은 사도의 마지막

외로운 모습을 하나님은 굳이 우리에게 보여 주실까요? 그것은 이 길이 바로 우리 그리스도인들이 가야 할 길이기 때문입니다.

　하나님 말씀대로 우리가 세상에 대해서 이기고 믿음을 잘 지켜내면 사도 바울처럼 세상에서는 외로운 처지인 것 같지만 천국과 구원의 기쁨을 누리게 되는 것입니다. 비단 사도의 삶뿐이겠습니까? 구원받은 우리도 마찬가지입니다. 구원받은 우리 모두가 왕 같은 제사장이요 거룩한 나라이기 때문입니다.

　세상에서는 혹시 우리가 기대하고 바라는 대로 우리의 삶이 흘러가지 않는다고 해서 당황하거나 고민할 필요가 없습니다. 지금 서 있는 그 자리가 하나님이 우리에게 부여해 주신 축복일 수 있으니까요.

　이런 슬픈 이야기가 있습니다.

　한겨울에 아기를 업은 아주머니가 기차를 타고 어디론가 가고 있었습니다. 그 아주머니는 처음 가는 그곳 역을 혹시 지나칠까 봐 일어서서 계속 창밖을 내다보고 있었습니다. 한 신사가 그렇게 서성거리는 아주머니에게 그 이유를 물었습니다. 아주머니가 대답했습니다. "저는 어디 어디를 가고 있는데 혹시 그 역을 놓칠까 봐 그렇습니다." 신사가 말했습니다. "바로 다음 정거장이 그곳이니까 안심하고 기차가 서면 내리라"고 일러주었습니다.

　이내 기차가 섰고 아주머니는 그 신사에게 그곳이 맞는지 또 확인을 했습니다. 신사는 귀찮다는 듯이 밖을 내다보지도 않고 그곳이 맞다고 대답해 주었습니다. 이미 밤 12시가 넘은 시각이라 그 아주머니는 아기를 업고 차가운 겨울바람을 맞으며 기차에서 내렸습니다.

그런데 그 신사가 다음 정거장에서 기차가 섰을 때 창밖을 보았습니다. 그런데 지금 도착한 역이 바로 아주머니가 내리려던 바로 그 역이었습니다. 조금 전에 섰던 그 역은 어디냐고 승무원에게 물었습니다. 거기는 역이 아니고 기차에 이상이 있어서 잠깐 정차했던 곳이라고 승무원이 대답했습니다.

다음날 벌판에서 한 아주머니가 아기를 꼭 품에 안고 죽어있는 것이 동네 사람들에 의해 발견되었습니다.

한순간 잘못된 안내를 믿고 따랐던 결과는 이처럼 참혹했습니다. 신앙도 마찬가지입니다. 누구든지 안내자를 잘못 만나면 그렇게 무서운 결과를 초래할 수 있는 것입니다.

〈마 23:13, 15, 33〉

13화 있을진저 외식하는 서기관들과 바리새인들이여 너희는 천국 문을 사람들 앞에서 닫고 너희도 들어가지 않고 들어가려 하는 자도 들어가지 못하게 하는도다 … 15화 있을진저 외식하는 서기관들과 바리새인들이여 너희는 교인 한 사람을 얻기 위하여 바다와 육지를 두루 다니다가 생기면 너희보다 배나 더 지옥 자식이 되게 하는도다 … 33뱀들아 독사의 새끼들아 너희가 어떻게 지옥의 판결을 피하겠느냐

〈고후 11:13-15〉

13그런 사람들은 거짓 사도요 속이는 일꾼이니 자기를 그리스도의 사도로 가장하는 자들이니라 14이것은 이상한 일이 아니니라 사

탄도 자기를 광명의 천사로 가장하나니 ¹⁵그러므로 사탄의 일꾼
들도 자기를 의의 일꾼으로 가장하는 것이 또한 대단한 일이 아니
니라 그들의 마지막은 그 행위대로 되리라

사탄은 자신이 사탄이라는 표시를 하지 않을뿐더러 오히려 광명의 천
사 모습으로 위장을 하고 거짓 선지자들도 의의 선지자로 둔갑해서 우리
를 미혹합니다. 이때 우리가 참인지 거짓인지 구별할 수 있는 방법은 한
가지밖에 없습니다.

성경대로 말씀을 바로 전하고, 성경대로 교회 성도들을 양육하고 있는
지를 보면 알 수 있습니다. 교회가 얼마나 큰지, 목사가 얼마나 많이 배
운 사람인지, 교인들의 생활 수준이 어떤지 그런 것으로 판단해서는 절대
안 됩니다.

오직 그 교회가 성경대로 행하고 바른 교리 위에 서 있는지를 보면 쉽게
판단할 수 있습니다. 그리고 교회를 선택하고 자신이 그 교회에 속하였
다면, 목사가 세상과 타협하지 않고 바른 말씀, 바른 복음만을 전할 수
있기를 늘 기도해야 합니다.

5. 오직 예수로만 위로를 삼는 자들

〈마 2:16-18〉

¹⁶이에 헤롯이 박사들에게 속은 줄 알고 심히 노하여 사람을 보내
어 베들레헴과 그 모든 지경 안에 있는 사내아이를 박사들에게 자

세히 알아본 그때를 기준하여 두 살부터 그 아래로 다 죽이니 [17]이에 선지자 예레미야를 통하여 말씀하신 바 [18]라마에서 슬퍼하며 크게 통곡하는 소리가 들리니 라헬이 그 자식을 위하여 애곡하는 것이라 그가 자식이 없으므로 위로 받기를 거절하였도다 함이 이루어졌느니라

(1) 참 된 위로자

교회는 오직 예수만 바라보며 예수로만 위로받는 자들의 모임입니다.

마태는 자신이 기록한 복음서 마태복음 1장과 2장에 걸쳐서 예수 그리스도의 탄생에 대해 묘사를 하고 있습니다. 그 기록의 과정에서 구약 선지서의 여러 군데를 인용하고 있음을 볼 수 있는데, 그 인용된 선지자의 예언 중 하나가 바로 오늘의 본문입니다.

마태가 여러 선지서를 인용하고 있지만 그 주요 내용과 결론은 모두 하나로 귀결되고 있음을 알 수 있습니다. "구약 전체를 통해서 설명하고 있는 그 메시아가 바로 예수 그리스도이다."라는 것을 설명해 주고 있는 것입니다. 그러면 마태복음 1장, 2장에 인용된 선지서의 내용들을 생각하면서 본문을 정리해봅시다.

마태복음 1장 1절부터 17절까지는 예수님의 족보에 대해서 기술하고 있습니다. 아브라함에서 다윗까지 14대, 다윗에서 바벨론 포로기까지 14대, 바벨론 포로기부터 예수 그리스도까지 14대, 이렇게 굳이 14라는 숫자를 맞춘 것은 구약에 예언된 다윗의 후손으로부터 오실 메시아가 바로 예수님이시라는 것을 설명하기 위해서입니다.

당시 히브리 사람들은 숫자가 없었기 때문에 히브리어 알파벳으로 숫

자를 표기했습니다. 그들의 글에는 모음이 없기 때문에 다윗(david)이라고
하면 dvd라고 썼는데 d는 4이고 v는 6을 나타내므로 14라는 숫자는 바
로 다윗을 상징하는 숫자입니다. 그리고 이어서 그 다윗의 후손으로 오
시리라 약속된 메시아가 오셨음을 차근차근 설명해 나갑니다.

처녀인 마리아가 성령으로 잉태를 했을 때 정혼자인 요셉은 마리아가
정숙치 못한 행실로 외도를 의심하며 조용히 파혼을 하려고 합니다. 이스
라엘의 율법에 의하면 처녀의 몸으로 아이를 잉태한 마리아는 돌에 맞아
죽을 죄를 범했기 때문입니다. 그때 꿈에 천사가 나타나서 요셉에게 사
정을 이야기합니다. 그리고 지금 너와 마리아에게 일어난 일은 이사야서
의 예언을 이루려 함이라고 말하고는 떠나갑니다.

〈마 1:23〉
보라 처녀가 잉태하여 아들을 낳을 것이요 그의 이름은 임마누엘
이라 하리라 하셨으니 이를 번역한즉 하나님이 우리와 함께 계시
다 함이라

이 말씀의 배경은 선지자 이사야가 활동하던 BC 735년경 유다 왕 아
하스 때의 일입니다. 당시 이스라엘은 북이스라엘과 남유다로 갈라져서
서로 원수같이 지낼 때인데, 그때 아람과 북이스라엘이 동맹을 맺어 남유
다를 치러 내려왔습니다. 왕과 백성들은 무서워서 사시나무 떨듯 떨었다
고 성경은 이야기합니다.

그래서 유다 왕 아하스는 애굽에 도움을 청해 놓았습니다. 그 상황에
서 이사야 선지자는 아하스 왕을 찾아가서 이렇게 이야기합니다. "당신
은 겁먹지 말아라. 아람과 북이스라엘은 절대 유다를 치지 못한다. 그

들은 실패할 것이다. 이 말이 믿어지지 않으면 징조를 구하라. 하나님께서 징조를 주실 것이다." 그랬더니 아하스가 징조를 구하지 않겠다고 합니다.

그는 이미 애굽에 도움을 요청해 놓았기 때문에 이사야의 말이 귀에 들어오지 않았던 것입니다. 그때 하나님께서 아하스를 꾸짖으시면서 "너는 나를 믿지 않고 세상적인 방법으로 이 문제를 풀려고 하는데 그것은 잘못이다."라고 하시고 "그러면 이 일이 내가 말한 대로 이루어질 것이라는 증거를 주겠다." 하고는 주신 징조가 "보라 처녀가 잉태하여 아들을 낳으리니 그 이름을 임마누엘이라 하리라"입니다.

임마누엘은 '하나님이 우리와 함께 하신다'는 뜻입니다. 즉 하나님이 너희와 함께 하시기 때문에 너희는 결코 멸망하지 않을 것이라는 의미입니다.

그런데 어차피 편을 들어주실 것이라면 북이스라엘과 아람이 아예 공격을 하지 못하게 하시거나 공격하기 전에 막아주시면 될 텐데 왜 공격하게 놔두시고 사시나무 떨듯 떨게 하시고, 실컷 두들겨 맞게 하신 다음에 "내가 너희와 함께 하기 때문에 너희는 멸망하지 않을 것이다."라고 하시는지 살펴봅시다.

그 부분을 읽다 보면 흥미로운 장면이 나옵니다. 하나님께서 이사야 선지자더러 아하스에게 하나님 말씀을 전하러 가라고 하시면서 네 아들을 데리고 가라고 명하십니다.

왜 굳이 아들을 데리고 가라고 했을까요? 그 아들의 이름이 '스알야숩'입니다. '스알야숩'은 '남은 자만 돌아오리라'는 뜻입니다. 그것이 중요한 이유는 무엇입니까? 이사야 8장 18절에 이런 말씀이 있습니다.

<사 8:18>
내가 여기에 있고, 주께서 나에게 주신 이 아이들이 여기에 있다.
나와 아이들은, 시온 산에 계시는 만군의 주께서 이스라엘에게 보
여 주시는, 살아 있는 징조와 예표다.

그 이사야의 아들들은 하나님께서 이스라엘에게 보여 주시는 살아있는
징조라는 것입니다. 아하스 왕에게 갈 때 첫째 아들 '스알야숩'을 데리고
가라고 하신 것은 "왜 내가 너희를 그토록 사랑하는데도 아람과 북이스
라엘의 공격을 허락하는지 아느냐? 그것은 그 일을 통해서 너희를 깨끗
하게 만들기 위함이다. 그래서 정하게 되어 남은 자만 돌아오게 될 것이
다."라는 것을 말씀하시는 것입니다.

그리고 8장에서 둘째 아들 이름을 '마헬살랄 하스바스'라고 짓게 하십
니다. 이 '마헬살랄 하스바스'는 '심판이 속히 임하리라'는 뜻입니다.

이사야의 두 아들은 하나님께서 이스라엘에게 보여 주시는 살아있는
징조, 예표라고 했습니다. 남은 자를 제외한 자들에게 심판이 속히 임할
것이라는 뜻입니다.

다시 정리해보면 하나님께서 유다 왕 아하스에게 "너희는 내 백성이므
로 내가 분명히 너희를 아람과 북이스라엘로부터 건져낼 것이다. 그런데
내가 왜 고통을 원천 봉쇄하지 않고 너희들을 고통 가운데 두는지 아느
냐? 그것은 너희에게 너희의 죄를 알게 하고 너희가 회개하고 정하게 될
수 있도록 하기 위해서다. 그러나 너희를 공격하는 그 무리는 나의 도구
일 뿐이다. 그들은 반드시 심판을 받아 멸망할 것이다."라고 말씀하신
것입니다. '스알야숩, 마헬살랄하스바스' 그리고 그 성경을 읽는 교회들
에게 "교회야, 그 모든 일이 처녀가 잉태하여 아이를 낳는 것으로 시작될

것이다." 하고 말씀하셨습니다.

그러므로 마태가 지금 예수님의 탄생 이야기에서 이 이사야서를 인용한 것은 예수님은 바로 '스알야숩' 즉 남은 자들을 돌아오게 하시려고 오셨고, 그 남은 자를 제외한 다른 존재들에게는 '마헬살랄하스바스' 즉 심판하기 위해서 오셨다는 것을 설명하는 것입니다. 이것이 바로 임마누엘에 대한 설명입니다.

〈마 2:4-6〉
4왕이 모든 대제사장과 백성의 서기관들을 모아 그리스도가 어디서 나겠느냐 물으니 5이르되 유대 베들레헴이오니 이는 선지자로 이렇게 기록된바 6또 유대 땅 베들레헴아 너는 유대 고을 중에서 가장 작지 아니하도다 네게서 한 다스리는 자가 나와서 내 백성 이스라엘의 목자가 되리라 하였음이니이다

이렇게 또 미가서의 구절을 인용합니다. 미가도 역시 이사야나 호세아와 같은 시대에 활약했던 선지자입니다. 그 혼란스러웠던 아하스 왕 때 미가 선지자 역시 미가서 전체를 통해 남유다가 바벨론에게 끌려갈 것인데 그 절망 가운데서도 너희 중에 남은 자는 불러오실 것이라는 예언을 했습니다.

미가서 3장부터 나오는 이야기가 전부 "이스라엘아 하나님께서 너희를 갈아엎어 버릴 것이다."는 것과 그러나 하나님께서 "내가 쫓겨난 자와 환난 받게 한 자를 모아 남은 백성이 되게 하여 이제부터 영원히 그들을 다스리리라."라는 내용입니다.

마태는 미가의 이러한 전체 사역의 내용을 요약해서 6절 말씀을 쓴 것

입니다. "또 유대 땅 베들레헴아 너는 유대 고을 중에 가장 작지 아니하도다 네게서 한 다스리는 자가 나와서 내 백성 이스라엘의 목자가 되리라 하였음이니이다"라고 메시아의 출현을 예언하고 있습니다.

(2) 메시아로 오신 예수님

〈미 4:9-10〉
9이제 네가 어찌하여 부르짖느냐 너희 중에 왕이 없어졌고 네 모사가 죽었으므로 네가 해산하는 여인처럼 고통함이냐 10딸 시온이여 해산하는 여인처럼 힘들여 낳을지어다 이제 네가 성읍에서 나가서 들에 거주하며 또 바벨론까지 이르러 거기서 구원을 얻으리니 여호와께서 거기서 너를 네 원수들의 손에서 속량하여 내시리라

이 구절은 "교회야, 너희는 아이를 낳는 여인처럼 고통을 당할 것이다. 그것은 너희를 정하게 만들기 위한 하나님의 손길이다. 그러나 너희는 거기에서 구원을 받게 될 것이다."라는 내용입니다. 어떻게 구원을 받게 되는지 이어지는 내용을 통해서 확인할 수 있습니다.

〈미 5:2-3〉
2베들레헴 에브라다야 너는 유다 족속 중에 작을지라도 이스라엘을 다스릴 자가 네게서 내게로 나올 것이라 그의 근본은 상고에, 영원에 있느니라 3그러므로 여인이 해산하기까지 그들을 붙여 두시겠고 그 후에는 그의 형제 가운데에 남은 자가 이스라엘 자손에게로 돌아오리니

그 아이가 태어날 때까지 너희를 그 대적의 손에 붙여 두시겠고 그 후에는 남은 자가 이스라엘 자손에게로 돌아온다고 하는 것입니다. 그 아기가 베들레헴에서 나면 이제 '스알야숩' 즉 남은 자들만 돌아오고 그렇지 못한 자들은 '마헬살랄하스바스' 즉 멸망의 심판을 받을 것이라는 내용입니다.

그리고 세 번째 나오는 선지자의 예언이 바로 마태복음 2장 15절 말씀입니다.

〈마 2:14-15〉
14 요셉이 일어나서 밤에 아기와 그의 어머니를 데리고 애굽으로 떠나가 15 헤롯이 죽기까지 거기 있었으니 이는 주께서 선지자를 통하여 말씀하신 바 애굽으로부터 내 아들을 불렀다 함을 이루려 하심이라

이 말씀은 호세아서에 나오는 내용입니다. 호세아도 역시 이사야와 미가와 함께 동시대에 사역하던 선지자입니다. 하나님께서는 호세아에게 자기 백성들이 하나님을 배신한 것이 얼마나 가슴이 아픈 것인지를 경험하게 하십니다. 그래서 창녀 고멜과 결혼하라고 합니다. 고멜은 아이 셋을 낳고도 계속해서 남편을 배반하고 나가서 바람을 피웁니다. 결국 고멜은 모든 남자에게 버림을 받고 노예 시장에 팔려 갑니다.

그러나 하나님은 호세아를 시켜서 은 15냥과 보리 한 호멜 반으로 창녀 고멜을 사 오라고 하십니다. 보리 한 호멜 반은 은 15냥입니다. 그러

면 합이 은 30냥이 되는데 은 30냥은 출애굽기 21장 32절에 따르면 사람 목숨의 대가입니다.

<출 21:32>
소가 만일 남종이나 여종을 받으면 소 임자가 은 삼십 세겔을 그의 상전에게 줄 것이요 소는 돌로 쳐서 죽일지니라

그래서 예수님은 우리의 목숨의 대가로 은 30냥에 팔리신 것입니다. 이렇게 그냥 죽어 마땅한 자들을 그 고통에서 구해내시겠다는 결연한 의지를 보여 주신 것이 호세아서입니다. 그 인용된 부분을 봅시다.

<호 11:1-11>
[1]이스라엘이 어렸을 때에 내가 사랑하여 내 아들을 애굽에서 불러 냈거늘 [2]선지자들이 그들을 부를수록 그들은 점점 멀리하고 바알들에게 제사하며 아로새긴 우상 앞에서 분향하였느니라 [3]그러나 내가 에브라임에게 걸음을 가르치고 내 팔로 안았음에도 내가 그들을 고치는 줄을 그들은 알지 못하였도다 [4]내가 사람의 줄 곧 사랑의 줄로 그들을 이끌었고 그들에게 대하여 그 목에서 멍에를 벗기는 자 같이 되었으며 그들 앞에 먹을 것을 두었노라 [5]그들은 애굽 땅으로 되돌아 가지 못하겠거늘 내게 돌아 오기를 싫어하니 앗수르 사람이 그 임금이 될 것이라 [6]칼이 그들의 성읍들을 치며 빗장을 깨뜨려 없이하리니 이는 그들의 계책으로 말미암음이니라 [7]내 백성이 끝끝내 내게서 물러가나니 비록 그들을 불러 위에 계신 이에게로 돌아오라 할지라도 일어나는 자가 하나도 없도다

하나님의 뜻을 거부한 너희는 모두 멸망할 것이라고 이야기하십니다. 그러다 갑자기 8절부터 반전이 일어납니다.

> 8에브라임이여 내가 어찌 너를 놓겠느냐 이스라엘이여 내가 어찌 너를 버리겠느냐 내가 어찌 너를 아드마 같이 놓겠느냐 어찌 너를 스보임 같이 두겠느냐 내 마음이 내 속에서 돌이키어 나의 긍휼이 온전히 불붙듯 하도다 9내가 나의 맹렬한 진노를 나타내지 아니하며 내가 다시는 에브라임을 멸하지 아니하리니 이는 내가 하나님이요 사람이 아님이라 네 가운데 있는 거룩한 이니 진노함으로 네게 임하지 아니하리라 10그들은 사자처럼 소리를 내시는 여호와를 따를 것이라 여호와께서 소리를 내시면 자손들이 서쪽에서부터 떨며 오되 11그들은 애굽에서부터 새 같이, 앗수르에서부터 비둘기 같이 떨며 오리니 내가 그들을 그들의 집에 머물게 하리라 나 여호와의 말이니라

이 말씀을 좀 더 쉽게 정리해 보면 다음과 같습니다.

"내가 애굽 땅에서 너희를 불러내었는데 너희는 계속 나를 배반하고 죄를 짓는구나. 나에게 돌아오지 않는 너희를 내가 멸망시켜버릴 것이다. 너희는 그렇게 멸망해야 마땅한 인간들이다. 그러나 교회야, 내가 너희를 버리려고 해도 도저히 버릴 수 없구나. 너희가 아무리 그렇게 타락해 있고 범죄한다고 해도 내 사랑이 너희를 버릴 수 없게 하는구나. 너희의 속을 완전히 바꿔 버리기 전에는 너희는 아무리 내가 남편이 되어서 너희를 이끌고 가려 해도 너희는 변하지 않는구나. 그래서 내가 그러한 너희를 구원해 내기 위해서 한 방법을 마련했으니 메시아를 너희에게 보내서 너희를 구원해 내겠다. 너희 속을 완전히 바꿔서 내 영을 너희 속에 넣어주

겠다. 그리고 너희 마음 판에 나의 법을 새겨 두겠다."

마태가 예수님의 탄생과 호세아서의 말씀을 연결시킨 것은 바로 그 의미를 전달하기 위함입니다. "애굽에서 내 아들을 불렀다"는 것은 그 전체를 요약해서 하는 말입니다.

그러면 지금부터 해석하기 쉽지 않은 본문의 내용으로 넘어가서 생각해 봅시다. 예수께서 태어나시던 밤에 별 하나가 동방박사들의 눈에 띄었습니다. 동방박사들은 이방 종교를 믿는 점성술사들로 알려져 있습니다. 그들은 이교도들이었지만 하나님께서 자신을 계시하시기 위해 사용하신 사람들입니다. 그들은 그 별이 왕의 탄생을 가리키는 것임을 알았습니다. 그래서 예물을 가지고 별을 따라갔습니다. 그런데 이 별이 바로 예수님께로 가지 않고 헤롯의 궁으로 그들을 안내했습니다.

헤롯은 이스라엘 사람이 아니라 에돔 사람, 즉 야곱의 형 에서의 자손입니다. 헤롯은 헬라 사람들과의 친분으로 왕이 된 사람이지요. 헤롯은 로마인이 아니고 이방인이었기 때문에 왕이 되었어도 그 자리가 늘 불안했습니다. 그런데 동방박사들이 그에게 찾아와 유대인의 왕으로 나신 이를 찾는다고 했습니다.

헤롯은 자신의 후손이 왕이 되어야 하는데 유대인의 왕이 나왔다는 것이 두려웠습니다. 그래서 동방박사들에게 그 왕이 어디에 계신지 알게 되면 자기에게도 꼭 알려 달라고 했습니다. 그러나 아기 예수님을 만난 후에 동방박사들에게 천사들이 나타나서 헤롯에게 가지 말라고 알려 줍니다.

헤롯은 새로 태어난 유대 왕으로 인해 혹시라도 자신에게 화가 미칠 것이 두려워서 베들레헴과 그 가까운 지역에 있는 두 살 미만의 아이들을 모조리 죽여 버렸습니다. 그 별이 동방박사들을 헤롯 궁으로 데리고 가지만 않았어도 무고한 두 살 미만의 아이들은 안 죽었을 것입니다.

그런데 왜 하나님은 그 별을 헤롯 궁으로 보내셨을까요? 그리고 천사들을 보내서 동방박사들도 피하게 하시고, 요셉과 마리아와 예수님도 피하게 하셨으면서 왜 두 살 미만의 아이들에게는 피할 길을 주지 않으셨을까요? 이것은 인간적인 관점으로 본다면 이해하기 힘든 사건입니다. 그러나 하나님은 이 사건을 통해서 '교회'에 어떤 메시지를 전하고 싶으신 것입니다.

그 이야기가 바로 본문 17절과 18절입니다.

〈마 2:17-18〉

17이에 선지자 예레미야를 통하여 말씀하신 바 18라마에서 슬퍼하며 크게 통곡하는 소리가 들리니 라헬이 그 자식을 위하여 애곡하는 것이라 그가 자식이 없으므로 위로 받기를 거절하였도다 함이 이루어졌느니라

이 말씀은 예레미야 31장에 나오는 내용입니다. 예레미야는 이사야 선지자에 이어서 스바냐, 하박국, 다니엘, 에스겔 등과 동시대에 활동한 선지자입니다. 그는 남유다에서 활동하면서 남유다가 바벨론에게 멸망할 것을 예언했습니다. 그래서 남유다를 향해 "항복하라"고 권면을 했습니다. 그 결과 그는 매국노라는 오해를 받고 동족들로부터 심한 핍박을 받았습니다. 그는 하나님께서 시키는 대로만 했을 뿐인데 그런 취급을 받았던 것입니다. 동족의 멸망이 바로 눈앞에 있다는 것을 안 예레미야는 늘 울고 다녔습니다. 그래서 예레미야를 눈물의 선지자라고 하지요.

그러나 예레미야가 전한 본래의 뜻은 정치적, 군사적 항복을 이야기하는 것이 아니라 하나님께서 이스라엘의 불순종을 고치기 위해 바벨론을 들어서 매를 드시는 것이니까 얼른 죄를 회개하고 하나님의 꾸지람과 매를 순순히 받아들이고 항복을 하라는 경고였습니다.

그러나 30장에서 33장까지 이스라엘이 하나님 앞에 매를 맞지만 멸망하지 않고 회복될 것을 예언하고 있습니다.

마태복음에서 인용된 예레미야 31장 15절은 그 전체의 내용을 담고 있는 것입니다. 그러므로 그 구절은 17절까지의 내용을 함축해서 써놓은 것입니다.

〈렘 31:15-17〉
15여호와께서 이와 같이 말씀하시니라 라마에서 슬퍼하며 통곡하는 소리가 들리니 라헬이 그 자식 때문에 애곡하는 것이라 그가 자식이 없어져서 위로 받기를 거절하는도다 16여호와께서 이와 같이 말씀하시니라 네 울음 소리와 네 눈물을 멈추어라 네 일에 삯을 받을 것인즉 그들이 그의 대적의 땅에서 돌아오리라 여호와의 말씀이니라 17너의 장래에 소망이 있을 것이라 너의 자녀가 자기들의 지경으로 돌아오리라 여호와의 말씀이니라

라헬의 두 아들이 잡혀가서 울고 있지만 그 아들들은 하나님께서 다시 보내 주실 것이라는 말인데, 바로 예수님이 그 일을 하러 오셨다는 것입니다.

라헬은 야곱의 아내입니다. 야곱의 이름은 이스라엘인데 그에게는 네 아내와 열두 아들이 있었습니다. 야곱은 그중 아내 라헬과 라헬의 두 아

들 요셉과 베냐민을 특히 사랑했습니다.

요셉은 에브라임과 므낫세를 낳았고, 에브라임은 북이스라엘을 이루고 있는 지파 중에 제일 큰 지파였습니다. 그래서 하나님이 '에브라임아'라고 하면 그것은 곧 북이스라엘 전체를 가리키는 말이기도 했습니다. 그리고 '라마'는 베냐민 지파의 성입니다. 그래서 라헬의 두 아들이라고 하면 요셉과 베냐민이지만 이스라엘 전체를 말하는 것이기도 합니다. 신약의 표현으로는 '교회'를 말하는 것입니다.

예레미야서의 내용은 이스라엘을 라헬의 두 아들로 의인화해서 하나님의 구속 사건을 설명하고 있습니다. 라헬의 두 아들이 붙들려가서 라헬은 그들이 죽은 것으로 알고 통곡하고 있지만, 하나님께서 그들을 살려서 돌려보내실 것이라는 뜻입니다. 죽을 수밖에 없는 자들이 다시 살아나는 것, 그것이 바로 구원이며 복음입니다.

마태가 예수님의 탄생과 그 이야기를 연결시킨 것은 예수님이 바로 그 일을 하러 오신 분이시라는 것을 알리기 위해서입니다.

두 살 미만의 아이들은 인간적인 눈으로 볼 때 죄를 지을 시간도 없는 자들입니다. 그런데 죽었습니다. 죽음은 죄의 결과이며 죄의 삯은 사망이라고 했는데, 사람이 죽는다는 것은 모든 사람이 죄인이라는 것입니다. 아기들이 죽는다는 것은 그들이 태어나서 어떤 죄를 지어서가 아니라 그 아기들이 죄를 안고 죄인으로 태어났다는 것을 의미합니다.

〈롬 5:12-14〉

12그러므로 한 사람으로 말미암아 죄가 세상에 들어오고 죄로 말미암아 사망이 들어왔나니 이와 같이 모든 사람이 죄를 지었으므로 사망이 모든 사람에게 이르렀느니라 13죄가 율법 있기 전에도 세상에 있었으나 율법이 없었을 때에는 죄를 죄로 여기지 아니하였느니라 14그러나 아담으로부터 모세까지 아담의 범죄와 같은 죄를 짓지 아니한 자들까지도 사망이 왕 노릇 하였나니 아담은 오실 자의 모형이라

(3) 예수님에 의한 소망

우리 인간은 태어날 때부터 죄인으로 태어납니다. 그 죄가 얼마나 지독한지 하나님께서 애굽에서 이끌고 나와서 그 곁에서 끌고 가는데도 전혀 변하지 않았습니다. 그래서 하나님께서 그들의 속성을 완전히 바꿔서 새 사람으로 재창조를 하시겠다는 것입니다.

〈렘 31:31-33〉

31여호와의 말씀이니라 보라 날이 이르리니 내가 이스라엘 집과 유다 집에 새 언약을 맺으리라 32이 언약은 내가 그들의 조상들의 손을 잡고 애굽 땅에서 인도하여 내던 날에 맺은 것과 같지 아니할 것은 내가 그들의 남편이 되었어도 그들이 내 언약을 깨뜨렸음이라 여호와의 말씀이니라 33그러나 그 날 후에 내가 이스라엘 집과 맺을 언약은 이러하니 곧 내가 나의 법을 그들의 속에 두며 그들의 마음에 기록하여 나는 그들의 하나님이 되고 그들은 내 백성이 될 것이라 여호와의 말씀이니라

앞 본문에서 두 살 미만의 아기들이라는 것은 그렇게 원죄로 말미암아 결국 죽어야 할 하나님의 백성들을 가리키는 것입니다. 그 인간의 절망, 죄악 된 본능, 그 뿌리, 해결할 수 없는 그것을 하나님께서 우리 앞에 제시하시고 그것을 죽여 버리시고 다시 살려내시기 위해 예수가 이 땅에 온

것이라는 것을 설명하는 것입니다. 우리는 두 살 미만의 아이들이 죽는 것을 보면서 우리 인간은 죄를 위해서 아무 대책이 없는 존재라는 것을 깨달고 알아야 합니다.

모든 인류가 이렇게 죄 아래 있으므로 결국 모두 죽어야 할 존재들인데 하나님께서 하나님의 택하신 백성, 즉 교회를 살려내시기 위해 예수 그리스도를 이 땅에 보내셨다는 것을 알려주는 것입니다. 교회는 그렇게 하나님으로부터 아주 특별한 대우를 받은 존재들입니다. 그들은 진정한 위로자 예수 그리스도의 위로를 받는 선택받은 사람들입니다.

라헬은 위로받기를 거절했다고 했습니다. 그것은 이 세상 어떤 것도 자식이 죽은 것을 위로할 수 없기 때문입니다.

우리는 어려운 일을 당하거나 힘든 시험이 닥치면 빨리 이 문제를 해결해서 나를 위로해 달라고 하나님께 떼를 쓰듯이 매달립니다. 그런데 그 문제가 해결되면 우리에게 진정한 위로가 될 수 있을까요?

우리 그리스도인들의 진정한 위로자는 오직 죽은 자를 살려내신 그 예수 그리스도뿐입니다. 진정한 그리스도인이라면 세상의 돈이나 명예가 결코 진정한 위로가 될 수 없다는 것을 알고 있습니다. 예수님은 그런 것을 주시기 위해 오신 것이 아니라 잃어버린 아들로 말미암아 슬피 우는 라헬에게 죽은 자식들을 살려 주시기 위해 오신 것입니다. 하나님과 그분의 자녀들의 관계가 회복되고 화목하게 하시기 위해 우리의 죄를 도말하시고 우리에게 의의 옷을 입히셔서 우리를 살려내신 것입니다. 그것이 우리 그리스도인들의 유일한 위로입니다.

우리는 다른 곳에서는 위로를 찾을 수 없고 오직 우리 주 예수 그리스도 안에 있는 그 구원의 복된 소식이 우리의 위로가 된다는 사실을 알아야 합니다. 하나님은 우리 교회에게 그 구원의 복된 소식을 설명해 주시기 위해, 별을 헤롯 궁으로 보내서서 헤롯을 동원하시고, 아기들을 죽게 놔두신 것입니다.

우리가 이 사실을 깨닫고 있다면 믿음 안에 있는 우리에게는 1년 365일이 성탄절입니다. 로마의 태양신 미투라의 축일이었던 12월 25일, 그 한 날을 세상 사람들처럼 들뜬 마음으로 보내기보다는 우리 주 예수 그리스도가 오신 참 의미를 깊이 새기며 감사와 감격으로 1년 내내 성탄의 날을 기쁘게 보내야 합니다.

6. 교회와 복음

〈창 12:1-3〉

[1]여호와께서 아브람에게 이르시되 너는 너의 고향과 친척과 아버지의 집을 떠나 내가 네게 보여 줄 땅으로 가라 [2]내가 너로 큰 민족을 이루고 네게 복을 주어 네 이름을 창대하게 하리니 너는 복이 될지라 [3]너를 축복하는 자에게는 내가 복을 내리고 너를 저주하는 자에게는 내가 저주하리니 땅의 모든 족속이 너로 말미암아 복을 얻을 것이라 하신지라

성경을 근거로 하는 모든 설교는 구사하는 단어가 다르고 전개되는 내용이 다를지라도 결국은 한 곳을 바라보고 수렴되어야 합니다. 그것은 바로 예수 그리스도와 십자가라는 복음으로 결론이 나와야 합니다.

교회는 예수 그리스도를 머리로 하는 그 지체이기 때문에 설교자에 따

라 말씀의 인용이나 예화가 다를지라도 모든 설교의 중심은 예수가 그리스도라는 것과 우리 모두는 그의 십자가를 믿음으로 구원 받아야 할 존재라는 것이 결론으로 나와야 합니다.

(1) 히브리인들의 관습과 정서

성경의 모든 인물이나 사건은 결국 예수 그리스도의 복음을 설명하기 위한 것들입니다. 복음에 대한 개요를 다른 각도에서 바라볼 수도 있는데, 이번에는 히브리 문화와 언어, 사상, 그리고 관습 등을 통해서 살펴보고 그 개념을 정리해봅시다. 성경에 나오는 "생명, 삶, 죽음, 복, 의" 이런 철학적이고 추상적인 개념들을 좀 더 실제적이고 실존적인 관점에서 생각해 봅시다.

우리가 성경을 잘 이해하기 위해서는 히브리 사람들의 언어와 사상 그리고 문화와 습관 등 그들의 삶에 대한 배경을 어느 정도는 알고 있어야 합니다. 우리가 알고 있는 단어에 대해서, 히브리 사람들이 사용하는 언어와 우리가 이해하고 있는 언어의 의미가 서로 다른 경우가 많이 있기 때문에 우리로서는 오해할 수 있는 여지가 다분히 있습니다. 그래서 그 개념을 좀 더 정확하게 알기 위해 히브리 사람들과 우리가 사용하는 언어와 그 의미의 차이를 알아볼 필요가 있습니다.

먼저 히브리 사람들은 삶과 죽음에 대해 어떤 개념을 가지고 있는지 봅시다.

성경에는 "살았다" 혹은 "죽었다"는 말이 많이 나옵니다. "우리는 죄와 허물로 죽었다." "우리는 예수 안에서 다시 살았다." 등으로 표현합니다. 히브리 사람들의 삶과 죽음에 관한 개념을 먼저 알아야 성경이 이야기하는 복음을 좀 더 쉽게 이해할 수 있습니다. 히브리 사람들의 삶과 죽음에 대한 개념은 우리가 생각하는 개념과는 조금 다르기 때문입니다.

〈창 2:7〉
여호와 하나님이 땅의 흙으로 사람을 지으시고 생기를 그 코에 불
어넣으시니 사람이 생령이 되니라

하나님께서 흙으로 사람을 지으시고, 그 지으신 존재에 생기를 불어넣으시니 그 존재가 생명을 갖게 되었습니다. 창세기 2장에서 쓰인 '생기'라는 단어와 '존재'는 같은 말입니다.

"생령이 되었다"는 말을 히브리 원어로 보면 '하이 네페쉬 하야'입니다. '하야'는 '살아있는'의 뜻이고, '네페쉬 하야'는 '존재'라는 의미입니다. 그래서 영어 성경에는 생령이 되었다는 말이 'became living being'이라고 번역이 되어 있습니다.

우리뿐만 아니라 전 세계는 헬라 문명의 영향을 많이 받았습니다. 알렉산더의 헬레니즘이나 팍스 로마나와 같이 완전하지 않고 언제든지 변할 수 있는 위선적 평화와 같은 사상이 지금 이 시대까지 영향을 미치고 있습니다. 그래서 우리도 헬라의 이원론으로 많은 사고를 합니다. 그러나 그것은 히브리 사상과는 많이 다릅니다. 그런 이유로 인해서 우리가 성경을 이해하는 데 조금 어려움을 겪을 때도 있습니다.

헬라 사고방식의 영향을 받은 우리는 하나님께서 흙으로 사람을 만드셨을 때 그 사람은 생명이 없는 인형과 같은 것으로 이해합니다. 눈동자도 움직이지 않는 마네킹 같은 것이었는데 거기에 생기를 불어넣으시니 그 존재가 살아서 말도 하고 피도 통하고 그렇게 된 것으로 이해를 하는

것입니다. 여기에서 '생기'는 창세기 2장에서 쓰인 '생기'라는 단어와 같은 의미로 이해합니다.

그러나 히브리 사람들이 쓰는 이 '생기'라는 말의 의미는 그런 움직이지 않는 인형에 불어넣어서 숨을 쉬게 한다는 것과 같은 의미의 생기가 아닙니다. 히브리 사람들이 쓰는 생기의 개념은 '존재'라는 의미로 육신과 정신, 성품, 인격 등 사람에게 필요한 모든 영적, 육적 요소를 다 포함해서의 '존재(네페쉬)'를 말합니다.

우리 조상들이 어떤 사람의 사람됨을 판단할 때 그 사람의 생김(육신)과 말, 학문과 판단력 등을 보고 판단하는데 이 모든 것은 그 사람의 성품과 인격을 포함해서 하는 말입니다. 그런 것들은 그 존재를 특징짓는 요소들입니다. 그러므로 홍길동이라는 사람이 있다면 그가 갖고 있는 모든 외모, 성품, 인격, 의식, 무의식 등 모두를 가리켜 '존재'(네페쉬)라고 한다는 것입니다.

히브리 사람들은 이 '네페쉬'라는 단어를 '생명, 생기, 호흡, 영혼, 기운, 존재' 이런 뜻으로 혼용을 해서 사용합니다. 그렇지만 그 단어들이 정확하게 말하면 동의어는 아닙니다. 좀 더 그 단어들의 정확한 뜻을 보면 '영혼(spirit)'은 '존재'가 어떤 일을 수행할 때 그 일을 수행하는 힘을 말합니다. 그리고 '혼(heart)'은 '존재'가 어떤 것을 기획하고 의도하고 계획하는 역할을 합니다.

이렇게 영적, 육적인 것을 분리해서 표현하기도 하지만 또 둘을 함께 포함하여 전체 존재를 가리키기도 합니다. 그러나 기능적인 면에서는 조금 다릅니다. 그러나 생명, 생기, 호흡, 영혼, 기운, 존재와 함께 혼용해서 같이 쓰기도 합니다.

조금 더 이해하기 편하게 설명하자면, 삼위일체의 하나님은 성부 하나님, 성자 하나님, 성령 하나님으로 계십니다. 그 세 분 하나님은 한 분이시지만 우리의 구원에 있어서 각기 다른 기능으로 일을 하시는 것과 같습니다. 성부 하나님은 계획을 하셨고, 성자 하나님은 실행에 옮기셨으며, 성령 하나님은 적용을 해 나가십니다. 그런데 이 세 분 하나님은 그냥 '하나님'으로 대표됩니다. 그러나 기능적인 면에서는 서로 다르지만 하나이십니다. 그래서 그 하나님은 '예수님'으로도 불리고 '성령님'으로도 불립니다. 히브리 사람들의 존재에 대한 개념이 바로 이런 것입니다.

'존재'는 네페쉬라고 불리지만 그 네페쉬는 'spirit, heart'를 포함하고 대표하는 단어입니다. 그래서 '존재'라고 하면 '네페쉬'라고 대표해서 부르는 것입니다. 그러므로 히브리인들에게 있어서 '네페쉬(존재)'는 육신과 영혼, 정신, 생각, 모든 것이 포함된 종합적인 의미가 있습니다. 이런 언어에 대한 문화의 특성 때문에 그들은 삼위일체 하나님의 개념을 쉽게 이해할 수 있었던 것입니다.

그래서 그들이 어떤 대상에 대해서 '안다'라고 하면 피상적으로 그 대상에 대해서 조금 안다는 정도가 아니라 친구나 부부 관계처럼 그 대상을 잘 이해하여 자신의 인식 속으로 완전히 끌어들인 상태를 의미합니다. 그러므로 아주 깊은 우정과 사랑의 관계를 '안다'고 합니다. 육체와 영혼과 생각을 서로 다르게 분리해서 생각하지 않는 것입니다.

'묵상한다'는 개념도 마찬가지입니다. 우리는 '묵상'이라고 하면 단순히 눈으로 보고 생각하고 고민하는 것 정도로 알고 있습니다.

시편 1편에서 "복 있는 사람은 여호와의 율법을 주야로 묵상하는 자"라고 합니다. 그것을 우리는 단순히 성경을 깊이 읽고 생각하고 고민하는 것으로만 이해합니다. 그러나 히브리 사람들이 묵상한다는 것은 그냥 눈으로 보고 생각하는 것만을 의미하지 않습니다. 그것을 적용하는 것까지를 모두 포함해서 '묵상한다'고 합니다. 왜냐하면 '네페쉬(존재)'는 의식과 무의식 그리고 육신을 포함한 모든 것을 의미하기 때문입니다.

서양 사상에서는 무의식 상태에서 죄를 지은 것은 죄라고 인정하지 않습니다. 그래서 어떤 범죄를 저지른 사람이 무의식 상태에서 범죄를 저질렀다는 것이 입증되기만 하면 형량도 가벼워집니다.

그러나 히브리 사람들은 생각이 다릅니다. 그들은 생각과 행동을 따로 분리해서 생각하지 않습니다. 의식이건 무의식이건 그것은 모두 네페쉬, 즉 존재의 것이기 때문에 그 존재가 책임을 져야 합니다. 죄에 대한 생각을 했으면 이미 그 네페쉬(존재)는 생각을 한 것 자체로 그 죄를 지은 것으로 봅니다. 그래서 예수님께서 "지나가는 여자를 보고 음욕을 품은 것이 이미 간음한 것"이라고 말씀했을 때 그들은 그 말씀의 의미를 쉽게 이해할 수 있었던 것입니다.

이렇게 히브리 사람들에게 있어서 네페쉬(존재)는 단순하게 생명이 없는 인형과 같은 개념에서 생기에 의해 숨을 쉬는 것으로 바뀐 존재가 아닌 것입니다. 그러므로 인간은 전인체로서의 존재가 되기 전에 그냥 흙으로 만든 인형이 아니라 지금 예수를 믿지 않는 사람들처럼 보고 말하고 생각하는 능력을 갖고 있었다는 것입니다.

창세기 1장에서도 하나님께서 하늘의 새와 물고기를 창조하시는데 그들을 가리켜서도 '네페쉬'라는 단어를 사용합니다. 하나님께서 그들에게 생기를 불어넣으셨을까요? 아닙니다. 그런데 그들은 하늘을 날고 물에서 헤엄을 쳤습니다. 인간도 역시 그런 동물들처럼 그렇게 존재했을 것입니다.

그런데 하나님께서 생기를 불어넣으셨더니 그 존재가 '하이 네페쉬' 살아있는 존재가 되었다는 것입니다. 그렇게 되면 보고 말하고 생각하고 있다고 해서 그것이 모두 살아있는 것이라고 할 수 없다는 말이 됩니다.

히브리 사람들에게 있어서 살았다는 개념은 '존재(네페쉬)'가 존재로서의 가치를 갖기 위해 필요한 모든 것, 즉 건강, 지식, 지혜, 인격, 성품 등을 포함한 그 모든 것을 그들은 '생명'이라고 부릅니다.

그리고 존재가 그런 생명력을 100% 소유하고 있는 상태를 '행복 (happiness)'이라고 합니다. 그래서 모든 인간은 그 행복을 추구하게 되어 있습니다. 처음에 창조되고 하나님이 생기를 불어넣으셨을 때 인간은 생령이 되었습니다. 그때 100%의 생명력을 가지게 되었고 그 상태가 행복한 상태였습니다.

비록 죄를 지을 가능성은 있었지만 죄를 짓기 전에는 100%의 생명력을 가지고 있었습니다. 그런데 죄를 지었고 그 죄로 말미암아 인간에게 질병과 고난과 죽음이 들어왔습니다. 인간에게 질병과 다툼, 고난 등이 닥치게 되면 인간은 아프고 고통스럽고 슬픕니다. 그렇게 되면 100%의 만족한 생명력을 소유하지 못하게 되며, 만족에 대해서 부족한 상태가 되는 것입니다.

(2) 인간의 보편적 욕구

인간은 나면서부터 죄인으로 태어나기 때문에 질병과 고통과 사망에 노출이 되어 있습니다. 그래서 풍족한 상황에서도 늘 뭔가 부족함을 느끼고, 가슴 한구석은 그 부족함으로 인해 채워지지 않는 허전함이 있는 것입니다. 그래서 인간은 그것을 채우기 위해 돈도 벌고 공부도 하고 일도 하고 사랑도 합니다.

그러나 그 부족은 죄로 말미암아 우리에게 주어진 것이기 때문에 모든 인간은 그 죄가 해결되지 않으면 절대로 그 부족이 채워진 완전한 만족,

즉 행복에 이를 수 없습니다. 그 과정에서 모든 인간은 죄로 말미암아 결국 육신의 죽음을 맞이하게 됩니다. 나이가 들고 늙어가면서 생명력은 점점 약해지고 줄어듭니다. 힘도 빠지고 외모도 늙어서 결국에는 모든 생명력을 쏟아 내어버리게 되지요. 그 과정의 마지막이 바로 죽음입니다.

그런데 히브리 사람들은 죄로 말미암아 우리에게 주어진 죽음을 향해 생명력이 조금씩 조금씩 소진되어가는 그 죽음을 향한 전체의 과정을 '죽었다'라고 표현합니다.

구약 성경에 의하면 이스라엘이 가나안에 들어가기 전에 길갈에서 할례를 행합니다. 할례를 한 남자들은 무척 고통스러워하지요. 여호수아 5장 8절의 "백성이 낫기를 기다릴 때"에서 쓰인 단어가 그들이 '살아나기를 기다리매'와 같은 뜻입니다.

이렇게 히브리 사람들은 생명력이 완전하게 차 있지 않고 죽음으로 향해 가는 모든 과정에 있는 사람을 '죽은 자' 혹은 '약한 자' '병든 자'라고 표현합니다.

아담 이후의 모든 인간은 죄의 삯으로 '사망'이라는 저주를 받았습니다. 그래서 모든 인간은 죽을 수밖에 없습니다. 어느 누구도 그 죽음을 피해갈 수 없습니다. 그 죽음을 향해 하루하루 늙어 가고 생명력을 소진해 가고 있는 자들을 가리켜 히브리 사람들은 '죽은 자'라는 표현을 썼습니다. 그래서 성경은 우리 죄인들을 가리켜 "죄와 허물로 죽은 자"라는 말로 표현하는 것입니다.

그런데 그 약해졌던 생명력이 다시 회복되면서 100%의 만족, 즉 행복(happiness)으로 향해 가는 길을 '살았다'라고 합니다. 모두가 죽어야 하는데 어떤 한 무리가 그 죽음의 길에서 돌이켜 살아났다고 성경은 이야기합니다.

그러므로 이 지구상에는 두 부류의 사람이 존재하는 것입니다. '죽어가는 자'나 '죽은 자'는 '살아난 자'와 겉으로 보기에는 똑같기 때문에 아무도 모릅니다. 마치 대전역에 있는 우동 집에서 우동을 먹고 있는 사람 중에는 같은 모양을 하고 같은 행위를 하고 있지만 어떤 사람은 목포로 내려가고 있는 사람이 있을 것이고, 어떤 사람은 서울로 올라가는 사람이 있는 것처럼, 어떤 사람은 죽어가고 있고 어떤 사람은 살아나고 있는 것입니다. 죽어가고 있음에도 도덕적으로나 윤리적으로 선한 사람이 있는가 하면, 살아나고 있음에도 악을 행하는 사람이 존재한다는 것입니다. 중요한 것은 그가 살아난 자인가 아닌가의 문제입니다.

그런데 여기서 또 한 가지 우리가 잘 알아두어야 할 것이 있습니다. 히브리 사람들은 그렇게 어떤 존재가 살아있는 존재가 되기 위해 필요한 모든 생명력을 가리켜 '복'이라고 한다는 것입니다.

이렇게 히브리 사람들의 복은 우리가 생각하는 복의 개념과는 전혀 다릅니다. 창세기에 의하면 하나님께서 새와 물고기를 창조하시고 그들에게 복을 주셨다고 합니다.

〈창 1:22〉
하나님이 그들에게 복을 주시며 이르시되 생육하고 번성하여 여러
바닷물에 충만하라 새들도 땅에 번성하라 하시니라

새와 물고기한테 무슨 복을 주신 것일까요? 재물을 많이 주시고 자식을 많이 낳게 하는 복을 주셨을까요? 성경이 말하는 복은 어떤 것일까요? 하나님께서 어떤 존재를 만드실 때 그 존재가 하나님이 만드신 의도에 합당한 존재로서, 존재하기 위해 필요한 모든 것을 복(福)이라고 하는

것입니다.

새에게 있어서 복은 원래 하나님께서 창조하실 때 의도하신 대로 하늘을 잘 날아다니면 '복을 받은 것'입니다. 물고기가 원래 하나님께서 의도하신 대로 물에서 잘 헤엄쳐 다니면 물고기로서 복을 받은 것이지요. 그래서 새와 물고기를 만드시고 그들에게 복을 주셨다고 말씀하시는 것입니다.

그렇게 그 존재가 존재로서의 가치를 갖게 되는 '생명', '복'은 바로 하나님께서 주십니다. 그래서 히브리 사람들에게 있어서 '복을 받았다'라는 말과 '하나님께서 함께하신다'라는 말은 정확하게 똑같은 동의어입니다.

하나님이 만드신 모든 존재는 하나님께서 주신 그 복으로 말미암아 행복하게 되어 있었습니다. 그래서 구약에서는 하나님께서 '존재(네페쉬)'에게 주신 복을 그 생명력으로 말미암아 파생되는 부유함, 건강, 자식이 많아지는 것, 오래 사는 것 등으로 표현해 놓은 것입니다. 분명히 그것은 하나님께서 주신 복의 결과입니다. 사람들은 그런 것이 있으면 잠깐이지만 행복해합니다.

그런데 그 복은 하나님께서 우리와 함께하실 때에만 참 복이 됩니다. 히브리 사람들에게 있어서 복을 받았다는 말과 하나님께서 함께 하신다는 말이 정확하게 동의어라고 했듯이, 복이란 그 사람에게 하나님이 함께 계실 때 참 복이 됩니다.

그런데 인간이 죄를 지으면서 하나님은 인간으로부터 떠나 버리셨습니다. 그러나 인간의 죄를 물어 바로 심판하시지 않고, 인간에게 여전히 한시적인 생명력을 남겨 두셨습니다.

그래서 그 인간이 살아있는 동안에는 하나님께서 주신 그 복의 파생물들이 복의 모양으로 나타납니다. 이렇게 하나님께서 인간을 창조하시고 인간에게 복을 주셨지만 인간의 범죄함으로 그 복을 온전하게 누리지 못한 것입니다.

〈창 1:28〉
하나님이 그들에게 복을 주시며 하나님이 그들에게 이르시되 생육하고 번성하여 땅에 충만하라, 땅을 정복하라, 바다의 물고기와 하늘의 새와 땅에 움직이는 모든 생물을 다스리라 하시니라

하나님은 인간을 하나님의 형상대로 창조하셨고 인간에게 '너희는 이렇게 살아라'라는 창조의 의도가 있었습니다. 그래서 하나님께서 창조하신 그 '존재(네페쉬)'에게 그렇게 하나님의 의도하신 대로 살 수 있는 능력도 주셨습니다. 하나님께서 의도하신 대로 살기 위해 필요한 모든 것, 그것이 바로 '복'입니다. 그것을 또 생명이라고도 표현합니다.

그런데 인간이 사탄의 유혹에 빠져 타락하고 말았지요. 그 결과 하나님은 인간에게서 떠나시고 관계는 깨져버렸으며 원수의 관계가 되어버렸습니다. 그래서 인간은 하나님께서 선악과를 주시면서 "너희가 이 선악을 알게 하는 나무의 열매를 먹으면 반드시 죽으리라"고 하신 그 죽음을 향해서 갈 수밖에 없는 존재들이 되었습니다. 하나님께서는 약속하신 대로 인간을 떠나 버리셨지만 육체적인 생명을 완전히 끊어버리시지는 않았습니다. 선악과를 따먹은 아담과 하와를 곧 바로 죽이시지 않은 것입니다.

그러나 앞에서 밝혔듯이 히브리 사람들의 문화나 사상에 의하면 그것은 바로 죽음과 같은 것입니다. 그들에게는 자기 존재 안의 생명력이 모두 없어져서 죽음이라는 그 지점을 향해 가는 과정을 모두 '죽음'이라고 생각하고 또 그렇게 표현하기 때문입니다.

(3) 진정한 복

이렇게 인간은 사탄의 유혹에 넘어가는 순간부터 하나님과의 관계가 깨어지고 원수가 되었습니다. 그로 인해서 인간은 참 복을 잃었습니다. 왜냐하면 복은 하나님이 함께하실 때에만 비로소 참 복이 되기 때문입니다. 따라서 하나님과의 관계가 깨져버린 모든 인간은 죽은 것과 다름없으며 죽음의 심판을 피할 수 없게 되었습니다. 그러나 그 죽음에 이르기까지 인간에게는 한시적인 생명력이 부여되어 있습니다. 하나님이 인간에게 주신 생명력 중에서 부와 건강과 장수 같은 최소한의 것이 남아있는 것입니다.

그러나 그것은 하나님이 떠나 버린, 죽음을 향해 나아가면서 소멸되어 가는 복의 겉모양일 뿐입니다. 그렇게 소멸되어서 없어져 버릴 것들을 우리는 진정한 복이라고 하지 않습니다.

하나님이 떠난 복의 모양들은 제로섬의 법칙 아래 있게 됩니다. 누군가가 부자가 되기 위해서는 어느 한쪽 누군가는 가난해지게 되어 있습니다. 누군가가 시험에 합격하기 위해서는 누군가는 떨어져야 합니다. 그런 것은 복이라고 하지 않고 오히려 '악'이라고 합니다.

하나님이 떠난 상태의 그 모든 것은 '악'이며 '죄'입니다. 왜 하나님께서는 죽어가는 이 세상임에도 불구하고 우리 주변에 풍요한 사람, 건강한 사람, 멋진 사람들을 두어서 그런 것을 갖지 못한 사람들에게 상대적 빈곤감이나 부러움을 느끼도록 방치하실까요?

참 복이란 "너희가 지금 부러워하는 것이나 바라는 것과는 비교하고 상상할 수 없는 그 이상의 행복이다."라는 것을 가르쳐 주시기 위함입니다. 참 복을 받은 자들은 죄와 악이 창궐한 이 땅이 아닌 하늘에서 우리가 상상할 수 없는 축복을 누리게 될 것입니다. 거기에서는 제로섬의 법칙

이 없습니다. 모두가 풍요하고 모두가 왕입니다. 모든 교회가 예수님과 함께 만물을 다스릴 것입니다. 그곳에서 우리가 영원히 누릴 그 참 복은 언젠가는 없어질 세상 복과는 비교할 수 없습니다.

그러나 세상에서 존재하는 모든 인간은 하나님과의 관계가 깨져버림으로 그렇게 '죽음을 향해 갈 수밖에 없는 자' '죽은 자'가 되어버린 것입니다. 그럼에도 불구하고 모든 인간은 현재 누리는 것이 진짜 복인 줄 알고 착각하며 살아가고 있습니다. 그러나 결국에는 눈에 보이는 모든 것들이 없어져 소멸되어 버릴 것들이라는 사실을 인정하게 될 것입니다.

그 복을 잃은 인간에게 하나님께서 어떤 사람들을 택하셔서 다시 그 진짜 '복'을 주시기로 하셨습니다. 모든 인간이 죽음을 향하여 가고 있는 그 '죽은 삶'을 살아가고 있는데 그중에서 어떤 자들은 살리기로 하신 것입니다. 그 처음 시작을 가시적으로 보여 주시는 것이 바로 창세기의 아브라함 이야기입니다.

하나님께서 메소포타미아 문명의 발상지인 오늘날 이라크 지방인 갈대아 우르에서 잘 먹고 잘살고 있는 아브람에게 찾아가셨습니다. 이미 그때 그곳은 매우 풍요로운 곳이었습니다. 아브람 역시 풍요를 누리고 있었지만 우상을 만들어 팔던 죽어가는 자, 즉 죽은 자였습니다. 그에게 찾아가셔서 내가 복을 줄 테니 고향 친척 아버지의 집을 떠나서 내가 지시하는 땅으로 가라고 말씀하셨습니다.

우리가 생각하는 세상적인 관점의 복에 대한 개념으로 보면, 아브람은 당시에 이미 충분히 '복'을 받은 사람입니다. 그런데 하나님께서 내가 네게 복을 줄 것이고, 너를 복의 근원으로 만들겠다고 하시며 삭막한 광야로 몰아내신 것입니다.

그런데 성경은 삭막한 광야로 내몰린 그런 아브라함을 복의 근원이며,

복 받은 자라고 말하고 있습니다. 하나님께서는 이 땅의 눈에 보이는 풍요와 안락함을 주시기 위해 아브라함을 갈대아 우르에서 건져내신 것이 결코 아니라는 것을 알 수 있습니다.

하나님께서는 이스라엘 민족을 이 땅에서의 복과 번영을 주시기 위해 애굽에서 건져내신 것이 아닙니다. 오히려 비옥한 갈대아 우르와 삼각주 땅인 애굽에서 건져내셔서 먹을 물도 제대로 없는 거친 땅 가나안으로 데리고 들어가신 것입니다. 그러나 그것은 그들에게 진짜 복을 주시기 위해서입니다.

앞에서 히브리 사람들의 복의 개념은 '하나님께서 처음 창조하셨을 때 의도하신 대로 충만한 생명력을 가지고 하나님과 함께 거하는 것'이라고 했는데 바로 그 복을 주시기 위해서입니다. 그러므로 우리가 이 땅에서 조금 못 배우고 못 살고 못생겼다고 해서 그 사람은 복이 없다고 한다면 그것은 성경이 말하고 있는 '복'이 뭔지 정말 모르는 것입니다.

그러면 산상수훈을 한 번 살펴봅시다.

새번역 〈마 5:3-10〉

3마음이 가난한 사람은 복이 있다. 하늘나라가 그들의 것이다.

4애통한 사람은 복이 있다. 그들이 위로를 받을 것이다.

5온유한 사람은 복이 있다. 그들이 땅을 차지할 것이다.

6의에 주리고 목마른 사람은 복이 있다. 그들이 배부를 것이다.

7자비한 사람은 복이 있다. 그들이 자비함을 입을 것이다.

8마음이 깨끗한 사람은 복이 있다. 그들이 하나님을 볼 것이다.

9평화를 이루는 사람은 복이 있다. 그들이 하나님의 자녀라고 불릴 것이다.

¹⁰의를 위하여 박해를 받은 사람은 복이 있다. 하늘나라가 그들의 것이다.

산상수훈을 문자적으로만 보면 세상에서는 불행한 삶의 모습이고, 우리에게 절제와 겸손과 무소유의 삶을 요구하는 것 같습니다. 그러나 우리의 신앙은 행위가 아니라 마음으로 믿는 믿음을 근거로 하기 때문에 성경을 문자 이면에 가려진 영적 관점으로 볼 수 있어야 합니다.

우리가 산상수훈을 볼 때에 복 있는 자는 애통해야 하고, 마음이 가난해야 하고, 마음이 청결해야 하고, 핍박을 받아야 한다는 등의 행위를 요구하는 조건적 관점으로 보는 것이 아니라, 어떤 사람이 복을 받을 수 있는가에 대한 교훈적인 가르침의 관점으로 눈을 돌려서 보아야 한다는 것입니다.

세상적인 시각으로 볼 때 애통하고, 마음이 가난하고, 핍박을 받고, 그러한 상태에 있는 사람들은 다른 사람들이 보기에는 복도 없고 부러워할 것이 전혀 없는 사람처럼 보일지라도, 그가 하나님과 함께하는 복을 받은 사람일 수 있다는 관점으로 보아야 한다는 것입니다.

"나는 구원받았는데 왜 마음이 가난하지 않을까? 나는 구원받았는데 왜 마음이 청결하지 않을까? 이런 마음은 뭔가 잘못된 것이니까 열심히 노력해야 한다." 마음에 이런 짐을 지우려는 것이 아닙니다. 성경에서 말하는 복은 보통 사람들이 생각하는 이 세상의 것과는 완전히 다른 것이라는 것을 설명하시기 위함입니다.

사람이 자비하게, 깨끗하게, 청결하게, 온유하게 살면 세상에서는 바보 취급을 당합니다. 사업을 할 때 온유한 마음으로 사업을 하면 손해를 볼 수밖에 없습니다. 자비를 베풀면 어차피 자기 것에서 나누어주어야 하기 때문에 자기의 소유가 줄어드는 것입니다. 의에 주려 하면서 의롭게 살려고 하면 "그래 너 잘났어." 하는 비아냥거리는 소리밖에 듣지 못합니다. 한마디로 산상수훈의 내용처럼 살면 세상에서는 바보 취급을 받을 수밖에 없습니다.

그러나 세상 사람들이 볼 때 그렇게 바보 같고, 슬프고, 애통하고, 미련해 보여도 그는 복 받은 사람일 수 있다는 것을 우리는 배워야 하는 것입니다. 세상적 관점에서 그런 사람들을 보고 '지지리도 복도 없는 인간'이라고 섣불리 이야기하지 말라는 것입니다. 성경에서 말하는 복은 결코 이 땅의 풍요를 말하는 것이 아니기 때문입니다. 성경적 관점으로 볼 때 이 세상에서 가장 복 받은 자로 완벽한 삶을 살다 가신 분은 예수님이십니다. 그런데 우리가 알고 있는 세상에서 예수님의 삶은 어떠셨나요? 이 땅에서 풍요와 번영을 누리다가 가셨나요?

(4) 성도들이 누려야할 복

성경의 복은 우리가 태초에 하나님이 지으실 때 그 복을 받은 자로 회복되는 것을 말합니다. 즉 범죄함으로 깨져버린 하나님과의 관계가 다시 회복되는 것을 의미합니다. 그래서 하나님께서 처음에 의도하신 대로 순종하는 자가 되어, 하나님과 동행하며, 하늘의 모든 것을 누리게 되는 것을 복이라고 합니다.

〈시 128:1〉
여호와를 경외하며 그의 길을 걷는 자마다 복이 있도다

성경에서 말하는 복은 여호와 하나님과의 관계가 회복되어 그분의 신성을 알아보고 그분의 크심을 알고, 그분을 경외하며, 그분의 뜻에 순종하면서 살아가게 되는 것을 성경에서는 복이라고 합니다. 또 그렇게 복을 받은 사람을 '의인'이라고 합니다.

그러면 '의(義)'라는 것은 무엇인지 알아봅시다. 우리가 '의'라고 하면 삶속에서 도덕적이고 윤리적인 면을 염두에 두고 인간 중심의 해석을 하는 경우가 많습니다. 그런데 성경이 말하는 '의'는 인과율에 의한 그런 의미와는 다릅니다. 성경은 타락한 모든 인간을 가리켜 '불의한 자'라고 이야기합니다. 우리가 지옥에 간다면 바로 그 '불의' 때문에 가는 것입니다.

〈벧전 3:18〉
그리스도께서도 단번에 죄를 위하여 죽으사 의인으로서 불의한
자를 대신하셨으니 이는 우리를 하나님 앞으로 인도하려 하심이
라 육체로는 죽임을 당하시고 영으로는 살리심을 받으셨으니

예수님은 우리의 "불의(不義)" 때문에 돌아가셨습니다.

〈히 8:12〉
내가 그들의 불의를 긍휼히 여기고 그들의 죄를 다시 기억하지 아
니하리라 하셨느니라

도대체 '의'가 무엇이고 '불의'한 것이 무엇이기에 그것 때문에 예수님께서 이 땅에 오셔서 십자가에서 돌아가셔야 했을까요? 그 의를 알기 위해서는 성경의 창세기를 살펴봐야 합니다.

창세기 15장에 보면, 하나님께서 본문 창세기 12장의 내용을 조금 더 자세히 설명해 주고 있습니다. 하나님께서 아브라함에게 "네 자손이 저 하늘의 별처럼 바다의 모래처럼 될 것"이라고 하시니까 아브라함이 그 말을 믿습니다. 그 결과 하나님께서 그 말을 믿은 아브라함을 '의롭다'라고 칭해 주십니다. 하나님의 약속을 믿은 아브라함에게 복을 주시고 그런 그를 '의롭다'라고 인정해 주신 것입니다.

〈창 15:6〉

아브람이 여호와를 믿으니 여호와께서 이를 그의 의로 여기시고

이 장면에서 아브라함이 무엇을 했기에 하나님께서 '의롭다'라고 하셨습니까? 아브라함이 죄를 멀리하고 윤리적으로 도덕적으로 하나님께서 정하신 수준까지 잘 살아냈기 때문에 의롭게 된 것일까요? 물론 아닙니다. 그런데 왜 하나님이 아브라함의 무엇을 의로 여기시고 복을 주신다는 말씀을 하셨을까요?

대체적으로 우리가 알고 있는 '의'란 서양 사상의 영향을 받은 한계 내에서의 '의'를 생각합니다. 어떤 도덕적 윤리적 수준을 정해놓고 거기에 맞는 삶을 살아내는 것을 우리는 '의롭다'라 하고 그 수준에 못 미치는 것을 '불의하다'고 합니다. 그래서 믿는 사람들조차도 '의'라고 하면 "예수님이 우리 죄를 다 사해 주셨기 때문에 우리는 죄가 없어졌고 그래서 우리는 '의'를 얻었다."라고 도덕적이고 윤리적인 인과율적인 차원에서의 의로 이해하는 경우가 많이 있습니다.

그러나 히브리 사람들에게 있어서 '의'라는 것은 그런 서구의 사고에서 나온 '의(justice)'와는 많이 다릅니다. 히브리 사람들의 의에 대한 개념은 네

페쉬, 즉 존재가 항상 하나님과 관계를 갖고 있다는 것을 전제로 하는 삶을 사는 것을 의미합니다.

존재와 존재 간의 관계, 자연과의 관계, 하나님과의 관계 등 모든 네페쉬는 그런 관계 속에서만 존재할 수 있습니다. 그런 과정에서 그 관계의 대상인 나에게 요구하는 것이 있습니다. 부모와 자식 간의 관계에서는 부모가 자식에 대해 기대하는 것이 있는 것처럼 자식은 부모에게 기대하는 바가 있습니다. 예를 들면 자식은 부모에게 순종을 해야 하고, 부모는 자식을 보호하고 양육해야 하는 것과 같은 것들입니다.

그러면 인간과 하나님과의 관계는 어떤 요구가 있을 수 있을까요? 인간은 하나님께 순종하고 그분을 의지하고 의뢰하며 살아가야 하고, 하나님은 그 인간을 보호하시고 사랑하시는 관계의 요구가 있습니다.

바로 그 관계가 요구하는 바대로 사는 것, 그 관계에 걸맞은 행위를 하고 그 관계의 대상이 원하는 대로 살아가는 것을 '의'라고 합니다. 그래서 성경에서는 '의'라는 것이 우리 인간적인 상식과 상상을 뛰어넘어 오히려 이상한 데에 쓰일 때도 있습니다.

예를 들어 유다의 며느리인 다말이 시아버지인 유다를 속이고 후사를 얻기 위해서 시아버지와 동침을 합니다. 그런데 유다가 나중에 며느리가 후사를 얻기 위해 그랬다는 것을 알고 "네가 나보다 의롭다"라고 이야기합니다. 다말은 도덕적이고 윤리적으로는 율법에 의해서 화형에 처해질 수 있는 짓을 했습니다. 그래서 유다가 며느리인 다말을 화형에 처하려고 합니다. 그러나 다말은 하나님과 언약의 관계 속에서 최선을 다한 것이기 때문에 그것을 '의롭다'고 이야기하는 것입니다.

하나님의 의도 마찬가지입니다. 우리가 '하나님은 의로우시다'라고 할 때 '하나님은 죄가 없으시고 도덕적으로 윤리적으로 완전하신 분이시다'

라는 것을 인간적인 관점에서 이야기하는 것이 아닙니다. 하나님께서 의로우시다는 것은 '하나님께서는 어떤 대상과 맺은 언약의 관계를 끝까지 지키신다'는 것을 뜻합니다. 즉 하나님은 언약의 관계에 있는 자들과 중간에 그 언약을 포기하거나 변개하지 않으시고 끝까지 지키시기 때문에 의로우시다고 하는 것입니다.

이스라엘은 하나님과 언약의 관계로 묶여 있었습니다. 그런 관계를 이스라엘은 하나님의 선택을 받았다고 합니다. 하나님은 영원히 의로우신 분이시기 때문에 하나님과 언약을 맺은 사람들에게 끝까지 하나님의 의를 보여 주십니다. 그 실례로 이스라엘의 대적들에 대해서는 철저하게 몰살시키는 등 이스라엘 이외의 다른 민족들에게는 피도 눈물도 없는 분처럼 대하십니다. 그런데 히브리 사람들은 그것을 "의롭다."라고 표현을 합니다.

사사기 5장에서 보면, 드보라가 가나안 왕 야빈과 시스라와 그의 군대를 모두 몰살시키신 후에 찬양을 합니다. 이른바 '드보라의 노래'입니다. 거기에서 드보라는 하나님께서 하신 일을 가리켜 '의로우신 일'이라고 찬양합니다.

우리가 생각하는 인간적인 의에 대한 개념으로 따지면, 어린아이와 부녀자까지 모두 몰살시키는 하나님을 어떻게 '의롭다'고 말할 수 있겠습니까? 그런데 히브리 사람들의 의에 대한 개념은 하나님과의 관계를 맺고 살아가는 존재(네페쉬)들이 그 관계에서 요구되는 삶을 성실하게 살아내는 것을 '의'라고 합니다. 그래서 당연히 그 '의'에는 관계 당사자에 대한 이해와 순종과 경외감이 따라오게 되어 있습니다.

(5) 순종하는 자의 복

인간의 타락 이후 하나님께서 그들을 떠나셨습니다. 그로 인해서 그들은 진정한 복을 잃어버렸고, 사망의 지배를 받는 죽은 자들이 되어버렸습니다. 아브라함도 그중의 하나였습니다. 그런데 아브라함이 어떤 요구도 하지 않았고 어떤 노력도 하지 않았는데 하나님께서 그의 마음을 열어 주셨습니다. 그리고 하나님을 알아보게 만드시고 그에게 복을 줄 테니 그 갈대아 우르를 떠나라고 말씀하신 것입니다.

아브라함은 어떤 힘에 의해서 그것을 믿고, 그 말씀에 순종하게 되었습니다. 모든 인간은 하나님과 원수가 되어 있는 상태에서는 하나님의 말씀을 듣지 않습니다. 그런데 아브라함이 순종을 하게 된 것입니다. 하나님과의 그 관계를 위한 요구를 아브라함이 순순히 따르겠다고 대답했던 것입니다. 그것을 하나님이 '의로 여기셨다'고 하는 것입니다.

믿음 안에 있는 우리도 하나님과 언약의 관계에 있습니다. 어떤 사람들은 "우리가 언제 하나님과 언약을 맺었습니까?" 하고 의문을 가질 수도 있을 것입니다.

그런데 잘 생각해 봅시다. 하나님이 인간을 만드실 때 만드신 분명한 목적이 있었습니다. 그리고 복을 주시면서 "생육하고 번성하고 땅에 충만하라"고 하시며 "하나님의 말씀에 순종하라"고 명령하셨습니다. 우리는 그 말씀에 순종하며 그렇게 살아야 했습니다. 그렇게 살았으면 우리는 영원한 나라를 상속받을 수 있었습니다.

〈신 6:25〉

우리가 그 명령하신 대로 이 모든 명령을 우리 하나님 여호와 앞에서 삼가 지키면 그것이 곧 우리의 의로움이니라 할지니라 그 언약은 인류의 대표인 아담에게 하셨지만 이는 곧 우리 전 인류에게 하신 것입니다. 그래서 호세아서에서도 하나님께서는 아담이 그랬던 것처럼 이스라엘이 언약을 어겼다고 말씀하십니다.

〈호 6:7〉
그들은 아담처럼 언약을 어기고 거기에서 나를 반역하였느니라

아담은 그 하나님과 언약의 관계에서 자신이 해야 할 몫을 하지 않았습니다. 우리도 마찬가지입니다. 성경은 그것을 '불의'라고 말합니다. 관계를 가지고 살아가는 '존재(네페쉬)'가 그 관계에서 요구되는 행위를 하지 못했을 때 우리는 '불의'한 존재가 됩니다. 그래서 우리는 불의한 자가 되고 말았습니다.

그런데 하나님께서 그 불의한 자 중에서 어떤 무리를 '의롭게' 만드시기로 작정한 것입니다. 그들을 선택하시고 원래 하나님과 인간이 서로의 관계가 요구하는 삶을 살 수 있도록 하나님과의 깨져버린 관계를 회복시켜 주시기로 한 것입니다. 하나님은 그 첫 모델을 바로 아브라함으로 삼았습니다. 그래서 그를 믿음의 조상이라고 하는 것입니다.

인간은 이미 타락을 했기 때문에 인간이 다시 하나님으로부터 의롭다 하심을 얻기 위해서는 하나님의 용서와 그 말씀을 믿는 순종이 필요했습니다. 하나님은 하나님의 방법으로 인간을 의롭게 만드시는데 그것을 아브라함에게 미리 보여 주고 계십니다.

창세기 15장에서 아브라함에게 너의 자손이 "하늘의 별처럼 바다의 모래처럼 될 것이다."라고 하실 때 아브라함이 그것을 믿음으로 그를 의롭다고 여기셨습니다. 그리고 그것을 어떻게 이루실 것인지를 아브라함에

게 보여 주시는데 제물을 반으로 갈라놓고 하나님께서 언약을 하십니다.

이어서 하나님이 반으로 갈라놓은 고기 사이로 지나가십니다. 히브리 사람들은 확실하게 해야 할 언약이나 계약을 할 때면 양 같은 짐승을 잡아 반으로 가른 후에 그 고기 사이로 언약의 당사자가 함께 손을 잡고 걸어갑니다. 그것은 약속을 반드시 지킨다는 의미이며, 만약에 그 약속을 어기면 그 동물처럼 자신이 죽어도 좋다는 의미의 증표입니다.

하나님은 이스라엘과의 그 약속을 지키셨지만 이스라엘이 범죄함으로 하나님과의 관계를 깨고 말았습니다. 그러나 의로우신 하나님은 자신의 백성을 다시 원래의 관계로 회복시키시겠다는 언약을 위해서 자신의 목숨을 내놓으신 것입니다.

예수님은 하나님의 아들이시며 삼위일체 하나님이십니다. 하나님이 아들을 죽이시기로 했다는 것은 하나님께서 우리와의 언약을 위해 자신의 목숨을 바친다는 것을 의미하는 것입니다. 그렇게 해서 하나님은 그 약속대로 십자가에서 죽으셨고 그 언약을 끝까지 지키신 것입니다.

〈히 6:13-14〉

13하나님이 아브라함에게 약속하실 때에 가리켜 맹세할 자가 자기보다 더 큰 이가 없으므로 자기를 가리켜 맹세하여 14이르시되 내가 반드시 너에게 복 주고 복 주며 너를 번성하게 하고 번성하게 하리라 하셨더니

그렇게 하나님의 목숨을 건 하나님의 언약대로 우리를 의롭게 만들어 주신 것입니다.

〈롬 4:25〉

예수는 우리가 범죄한 것 때문에 내줌이 되고 또한 우리를 의롭다
하시기 위하여 살아나셨느니라

〈롬 3:24〉

그리스도 예수 안에 있는 속량으로 말미암아 하나님의 은혜로 값
없이 의롭다 하심을 얻은 자 되었느니라

영적으로는 하나님이 예수 그리스도 안에 우리를 함께 붙여 놓으시고
그 예수와 함께 우리의 목숨을 십자가에서 죽게 하셨으며 또 함께 다시
살리셨습니다. 우리는 그것을 믿음으로 하나님과 관계 회복을 하게 되는
것입니다. 그것이 바로 하나님으로부터 '의롭다 하심을 얻는다'는 말의
진의입니다.

이렇게 자신의 목숨을 버리면서까지 언약 관계 당사자들을 구원해 주
시는 그 하나님을 우리는 '의롭다'라고 하는 것입니다. 그런데 왜 하나님
은 모든 사람을 다 그렇게 구원해 주시지 않으셨을까요? 그것은 아무도
모릅니다.

왜냐하면 그분은 창조주이시고 우리는 피조물이기 때문입니다. 우리는
다만 그 절망에서 건져주신 하나님께 감사할 뿐입니다.

〈롬 5:1〉

그러므로 우리가 믿음으로 의롭다 하심을 받았으니 우리 주 예수
그리스도로 말미암아 하나님과 화평을 누리자

〈롬 4:2-3〉

2만일 아브라함이 행위로써 의롭다 하심을 받았으면 자랑할 것이
있으려니와 하나님 앞에서는 없느니라 3성경이 무엇을 말하느냐
아브라함이 하나님을 믿으매 그것이 그에게 의로 여겨진 바 되었
느니라

〈갈 3:6-7〉

6아브라함이 하나님을 믿으매 그것을 그에게 의로 정하셨다 함과
같으니라 7그런즉 믿음으로 말미암은 자들은 아브라함의 자손인
줄 알지어다

하나님은 우리를 의롭게 만들기 위해서 얼마든지 다른 방법을 쓰실 수
도 있었습니다. 그럼에도 불구하고 예수님께 우리를 붙여 놓으신 것은,
다시는 그 '의'의 상태가 '불의'의 상태로 되지 않게 하시기 위해서입니다.
불의한 우리를 의로우신 예수 그리스도와 연합시킴으로써 우리의 부족함
을 완전하신 하나님의 의로 온전케 하셔서 우리를 의롭게 만들어 주신 것
입니다.

예수님은 하나님을 배신할 수 없고, 예수님은 다시 타락할 수도 없으
신 분입니다. 그래서 예수 그리스도와 연합한 우리는 이제 영원히 그 '의'
를 소유할 수 있게 된 것입니다. 따라서 하나님이 소원하시는 대로 영원
히 살 수 있게 된 것이고, 다시는 타락을 할 수 없게 된 것입니다.

그렇게 우리는 하나님과의 관계가 회복되었고 의롭게 되었습니다. 그
래서 이제는 창세기에서 하나님께서 인간을 만드시고 인간에게 요구하시
고 의도하신 내용을 지켜낼 수 있게 된 것입니다.

〈창 1:28〉

하나님이 그들에게 복을 주시며 하나님이 그들에게 이르시되 생육
하고 번성하여 땅에 충만하라, 땅을 정복하라, 바다의 물고기와
하늘의 새와 땅에 움직이는 모든 생물을 다스리라 하시니라

바로 이 요구가 복을 받고 의롭게 된 영생을 얻은 자들에게 다시 요구
되고 있습니다. 예수 그리스도의 십자가로 말미암아 그렇게 살 수 있는
능력이 주어졌기 때문입니다.

〈마 28:19-20〉

[19]그러므로 너희는 가서 모든 족속을 제자로 삼아 아버지와 아들
과 성령의 이름으로 세례를 베풀고 [20]내가 너희에게 분부한 모든
것을 가르쳐 지키게 하라 볼지어다 내가 세상 끝날까지 너희와 항
상 함께 있으리라 하시니라

"너희들은 이제 예루살렘과 온 유대와 사마리아와 땅끝까지 이르러 내
증인이 되어 하늘나라를 선포하라. 하나님을 증거하라. 복음으로 그들
을 정복하고 다스리라"는 지상대명령이 주어진 것입니다. 예수 그리스도
의 십자가로 말미암아 이제 우리는 하나님이 목적하신 대로 완전하게 재
창조된 것입니다.

따라서 예수 그리스도의 십자가의 죽음으로 말미암아 하나님 나라의
백성으로 다시 태어난 우리는 그 나라를 자랑하고 그 나라만을 소망하
며 그 나라로만 위로를 받는 자들입니다. 이렇게 아무 공로 없이 의롭다
하심을 받고 하나님과의 관계가 완전히 회복되어 영원한 생명을 소유하

게 된 참 복을 받은 것이 교회입니다. 그러므로 모든 교회는 하나님이 약속하신 복의 근원, 즉 예수를 바르게 알고 바르게 믿음으로 이 세상이 아닌 오직 영원한 하나님의 나라만 바라보고 존재해야 합니다.

이제는 죽었다는 것이 무엇인지, 살았다는 것이 무엇인지, 복이 무엇이며 생명은 무엇인지, 의는 무엇이며 우리를 의롭게 하시기 위해 하나님께서 어떤 일을 하셨는지, 그 은혜와 사랑의 깊이를 알 수 있을 것입니다. 그것을 확실하게 알고 그 복을 누리는 사람들을 그리스도인이라고 하는 것입니다.

그 그리스도인들은 바로 이 복음으로만 위로를 받고 다른 위로는 거절하는 자들입니다. 그 외의 것들은 겉으로는 화려해 보이지만 곧 소멸되어 없어져 버릴 것이기 때문입니다. 따라서 우리의 마음속에 이 복음이 깊이 새겨져 있으면 하나님이 약속하신 새 하늘과 새 땅, 그 천국이 우리가 거할 영원한 처소가 되는 것입니다.

때로는 "내가 세상에서 제일 불행한 것 같다."고 느낄 만큼 힘이 들 때에도 우리는 이 구원의 복음을 생각하면서 힘을 얻고 소망으로 인해 기뻐할 수 있는 믿음으로까지 나아가야 합니다. 감옥에 있을 때도 찬양을 하고, 실컷 두들겨 맞고 나오면서 하늘을 보며 기뻐했다는 우리 신앙의 선배들이 가지고 있었던 믿음에 이르는 것이 삶의 목표가 되어야 합니다.

〈요 5:24-25〉
24내가 진실로 진실로 너희에게 이르노니 내 말을 듣고 또 나 보내신 이를 믿는 자는 영생을 얻었고 심판에 이르지 아니하나니 사망에서 생명으로 옮겼느니라 25진실로 진실로 너희에게 이르노니 죽은 자들이 하나님의 아들의 음성을 들을 때가 오나니 곧 이 때라 지금이 바로 그때입니다. 지금 생명과 복과 의가 무엇인지, 우리는 어떤 지경으로 떨어져야 할 존재인지, 그 자들에게 하나님께서 예수님을 보내셔서 하신 일이 무엇인지 선포가 되었습니다. 그 말씀을 받아들이고 진심으로 예수를 믿어야 합니다.

죽은 자들이 생명의 말씀을 들을 날이 오나니 듣는 자는 살아나리라는 말씀에 귀 기울이고 예수님의 그 초청을 겸손하고 감사한 마음으로 받아들여야 합니다. 그것이 바로 하나님의 축복이기 때문입니다.

7. 사랑의 공동체

〈고전 11:17-34〉

[17]내가 명하는 이 일에 너희를 칭찬하지 아니하나니 이는 너희의 모임이 유익이 못되고 도리어 해로움이라 [18]먼저 너희가 교회에 모일 때에 너희 중에 분쟁이 있다 함을 듣고 어느 정도 믿거니와 [19]너희 중에 파당이 있어야 너희 중에 옳다 인정함을 받은 자들이 나타나게 되리라 [20]그런즉 너희가 함께 모여서 주의 만찬을 먹을 수 없으니 [21]이는 먹을 때에 각각 자기의 만찬을 먼저 갖다 먹으므로 어떤 사람은 시장하고 어떤 사람은 취함이라 [22]너희가 먹고 마실 집이 없느냐 너희가 하나님의 교회를 업신여기고 빈궁한 자들을 부끄럽게 하느냐 내가 너희에게 무슨 말을 하랴 너희를 칭찬하랴 이것으로 칭찬하지 않노라 [23]내가 너희에게 전한 것은 주께 받은 것이니 곧 주 예수께서 잡히시던 밤에 떡을 가지사 [24]축사하시고 떼

어 이르시되 이것은 너희를 위하는 내 몸이니 이것을 행하여 나를 기념하라 하시고 25식후에 또한 그와 같이 잔을 가지시고 이르시되 이 잔은 내 피로 세운 새 언약이니 이것을 행하여 마실 때마다 나를 기념하라 하셨으니 26너희가 이 떡을 먹으며 이 잔을 마실 때마다 주의 죽으심을 그가 오실 때까지 전하는 것이니라 27그러므로 누구든지 주의 떡이나 잔을 합당하지 않게 먹고 마시는 자는 주의 몸과 피에 대하여 죄를 짓는 것이니라 28사람이 자기를 살피고 그 후에야 이 떡을 먹고 이 잔을 마실지니 29주의 몸을 분별하지 못하고 먹고 마시는 자는 자기의 죄를 먹고 마시는 것이니라 30그러므로 너희 중에 약한 자와 병든 자가 많고 잠자는 자도 적지 아니하니 31우리가 우리를 살폈으면 판단을 받지 아니하려니와 32우리가 판단을 받는 것은 주께 징계를 받는 것이니 이는 우리로 세상과 함께 정죄함을 받지 않게 하심이라 33그런즉 내 형제들아 먹으러 모일 때에 서로 기다리라 34만일 누구든지 시장하거든 집에서 먹을지니 이는 너희의 모임이 판단 받는 모임이 되지 않게 하려 함이라 그밖의 일들은 내가 언제든지 갈 때에 바로잡으리라

하나님의 백성들이 이 땅에서 추구하는 삶과 존재의 목적은 무엇일까요? 하나님께서 왜 하나님의 백성들을 세상과 분리해서 건져내셨을까요? 왜 하나님의 백성들을 이 땅에 던져 놓으셨을까요? 이런 질문을 생각하면서 거기에 대한 답을 찾아봅시다.

(1) 하나님의 영광을 위한 삶

〈사 43:7, 21〉

⁷내 이름으로 불려지는 모든 자 곧 내가 내 영광을 위하여 창조한
자를 오게 하라 그를 내가 지었고 그를 내가 만들었느니라
²¹이 백성은 내가 나를 위하여 지었나니 나의 찬송하게 하려 함이니라

교회는 하나님의 영광을 위하여 이 땅에 존재하는 것입니다. 이것이 바로 교회의 존재 목적입니다.

〈고전 6:19-20〉

¹⁹너희 몸은 너희가 하나님께로부터 받은바 너희 가운데 계신 성령의 전인 줄을 알지 못하느냐 너희는 너희 자신의 것이 아니라 ²⁰값으로 산 것이 되었으니 그런즉 너희 몸으로 하나님께 영광을 돌리라

〈고전 10:31〉

그런즉 너희가 먹든지 마시든지 무엇을 하든지 다 하나님의 영광을 위하여 하라

그러면 하나님의 영광을 나타내는 삶은 어떤 삶을 말하는지 생각해 봅시다. 공부를 열심히 해서 훌륭한 사람이 되는 것? 돈을 많이 벌어서 사람들이 부러워하는 부자 그리스도인이 되는 것? 축구 경기에서 골을 차넣고 상대방 골키퍼는 낙심해서 풀이 죽어있는데 그라운드에 무릎 꿇고 앉아 하나님께 기도하는 것? 이런 것이 하나님께 영광이 되는 삶일까요?
성경에 나오는 '영광'이라는 단어의 뜻은 어떤 사물이나 존재의 내용이 밝게 밝혀지는 것을 말합니다. 그러므로 하나님의 성품, 속성, 거룩하심, 아름다움, 존귀함, 이러한 하나님에 관한 내용들이 신자들의 삶에서 나

타나는 것이 하나님의 영광을 나타내는 삶입니다.

하나님의 속성, 성품이 가시적으로 가장 잘 나타난 곳이 요한복음 12장에 있습니다. 헬라 사람들이 빌립을 통해 예수님을 만나러 왔을 때 예수님께서 "인자가 영광을 얻을 때가 왔다"고 말씀하시는 장면이 나옵니다.

그 말씀은 이제 예수님께서 십자가를 지심으로 말미암아 유대인들과 이방인들의 담을 허물고 예수 그리스도 안에서 하나로 만드실 날이 왔다는 의미의 말씀입니다. 그런데 주님은 그 십자가를 지고 그 십자가에서 고통을 당하고 죽는 사건을 "인자가 영광을 얻을 때"라고 말씀하신 것입니다. 그래서 그 십자가에 예수 그리스도의 영광이 다 표현이 되어 있다고 말하는 것입니다.

다시 한번 십자가를 생각해 봅시다.

십자가에는 죄를 벌하시는 하나님의 공의와 죄와 상관없는 거룩하심과 그럼에도 불구하고 그분의 백성들을 불쌍히 여기시는 긍휼하심과 그 저주 속에서 그들을 건져내시는 사랑하심, 그러한 하나님의 하나님 되심과 그분의 속성이 함축되어 표현되어 있기 때문에 그 십자가를 '예수 그리스도의 영광, 하나님의 영광'이라고 표현하는 것입니다.

그 모든 하나님의 성품, 속성을 한마디로 요약을 하면 바로 '사랑'입니다. 요한복음 3장 16절에 "하나님이 세상을 이처럼 사랑하사 독생자를 주셨으니"에서 '독생자'라는 말은 단순히 only son의 의미만 가지고 있는 것이 아닙니다. 그 단어는 '독특한 것', '사랑 받는 것', '유일무이한 것'을 나타내는 단어입니다. 그러므로 하나님께서 이처럼 더럽고 추악한 죄인들을 위해 하나님의 가장 귀한 것을 주셨다는 의미입니다. 그것이 바로 하나님의 속성이며 하나님의 성품입니다. 이것을 한마디로 요약한 것이

기독교가 말하는 '사랑'입니다.

그러므로 우리 신자들, 즉 교회가 이 땅에서 하나님의 영광을 나타내기 위해서 존재하는 성도들이 이 땅에서 반드시 그리고 마땅히 해야 할 것이 바로 '사랑'입니다.

성경에서 말하는 사랑이란 자기가 좋아하는 사람에게 호감을 갖는 정도나 국어사전에서 정의하는 사랑이 아니라, 자기의 가장 소중한 것을 원수를 위해 내줄 수 있는 사랑을 말합니다.

예수 그리스도를 이 땅에 보내서서 우리의 죄를 대신하여 그 아들을 십자가에 죽이시는 하나님 아버지의 그 사랑이 가장 크고 위대한 사랑입니다. 그것은 죽어서 영원한 형벌을 받을 수밖에 없는 안타까운 영혼, 그 생명을 살리는 사랑이기 때문입니다.

성도란 그런 사랑을 깨닫고 믿는 자를 말하며 그 생명의 복음을 전하는 자입니다. 그래서 예수님께서도 어떤 율법교사가 "어떻게 해야 영생을 얻을 수 있습니까?"라고 물어왔을 때 "주 너의 하나님을 사랑하고 또한 네 이웃을 네 자신 같이 사랑하라"고 말씀하신 것입니다.

〈눅 10:25-28〉

25어떤 율법교사가 일어나 예수를 시험하여 이르되 선생님 내가 무엇을 하여야 영생을 얻으리이까 26예수께서 이르시되 율법에 무엇이라 기록되었으며 네가 어떻게 읽느냐 27대답하여 이르되 네 마음을 다하며 목숨을 다하며 힘을 다하며 뜻을 다하여 주 너의 하나님을 사랑하고 또한 네 이웃을 네 자신 같이 사랑하라 하였나이다 28예수께서 이르시되 네 대답이 옳도다 이를 행하라 그러면 살리라 하시니

<마 5:16>

이같이 너희 빛이 사람 앞에 비치게 하여 그들로 너희 착한 행실을
보고 하늘에 계신 너희 아버지께 영광을 돌리게 하라

다시 한번 확인하지만 교회가 이 땅에서 반드시 해야 할 것이 바로 하
나님과 이웃을 사랑하는 것입니다. 이것이 예수님께서 구약의 율법을 완
성하시고 우리에서 주신 새로운 계명입니다. 그러므로 우리에게서 나오
는 예수 그리스도의 향기를 세상 사람들이 체감할 수 있게 하는 것이 우
리 믿는 자들의 의무이며 책임입니다. 그것은 곧 생명을 살리는 진리의 전
함입니다. 그런 사랑을 하는 자들을 우리가 '거룩한 자들'이라고 표현하
는 것입니다.

그런데 오늘날 교회는 예수님이 원하시는 그런 기본적인 믿음의 덕을
행하는 것에는 별로 관심이 없고, 자신들의 사회적 업적이나 이름을 알리
는 등의 엉뚱한 일을 하는 경우가 많이 있습니다. 그것은 보기에는 그럴
듯해 보이지만 하나님께 영광을 돌리는 것이 아니라 결국 자신들의 영광
을 위한 것입니다.

앞에서 살펴본 본문의 고린도교회가 그랬습니다. 성찬식이라는 것은
포도주와 떡을 가지고 예수 그리스도의 희생으로 구원을 받은 하나님의
백성들이 그 '복음'을 손으로 만지고 눈으로 보고 실제로 먹음으로써 예
수 그리스도를 기념하는 것입니다. 그 성찬은 새 언약으로 말미암아 새
롭게 창조된 자들이 누리는 특권입니다.

<고전 11:25>

식후에 또한 그와 같이 잔을 가지시고 이르시되 이 잔은 내 피로

세운 새 언약이니 이것을 행하여 마실 때마다 나를 기념하라 하셨
으니

앞에서 언급했지만 고대 사람들은 중요한 계약이나 약속을 할 때 항상 제물인 동물의 배를 칼로 갈라놓고 피의 언약을 했습니다. 예수 그리스도의 십자가 사건은 하나님께서 자신의 피와 생명을 놓고 하나님의 백성들과 영원히 깨어지지 않을 새로운 언약을 하신 사건입니다.

(2) 진정한 성찬식

"나는 너희의 하나님이 되고 너희는 나의 백성이 되리라." 그 언약의 증표인 예수 그리스도의 십자가의 죽음으로 말미암아 타락한 하나님의 백성들이 예수 그리스도 안에서 다시 하나가 되고, 재창조되며, 다시 새롭게 되었음을 고백하며, 그 예수 그리스도의 은혜를 기념하는 것이 성찬식입니다.

이렇게 성찬의 의미는 눈에 보이는 복음입니다. 그래서 지금도 그리스도교 교단에 속한 교회들은 매주 성찬식을 하고, 여느 교회에서는 계절마다 하기도 하지만 초대교회 때는 거의 매일 성찬식을 거행했다고 합니다. 그때는 성찬식도 로마 가톨릭의 영향을 받아 작은 떡과 작은 포도주 잔으로 하는 형식적으로 하는 요즘과 다르게, 아예 성도들이 식사를 함께하면서 성찬식을 거행했다고 합니다.

그런데 당시 고린도교회는 부자들도 있었지만 아주 가난한 노예들이나 노동을 하는 하층 평민들이 아주 많이 있었습니다. 그때도 부자들은 시간이 많았고 먹을 것도 풍부했습니다. 그래서 교회가 모일 때 미리 와서 좋은 자리에 앉아 다른 이들을 기다렸습니다. 그때도 노예들이나 가난한

상인들 같이 형편이 어려운 사람들은 늦게까지 일을 하고 교회의 모임에 참여했겠지요. 그래서 예배당으로 사용한 집 안의 식당과 거실은 이미 부자들이 다 차지하고 있었고, 노예들이나 가난한 사람들은 감히 그 안에 들어가지도 못하고 밖의 뜰에서 음식을 먹고 성찬식을 했을 것입니다.

그런데 고린도교회의 부자들은 교회의 다른 지체들이 오기도 전에 배가 고프다고 미리 음식을 다 먹어 버리고 어떤 이들은 얼큰하게 포도주에 취해있었던 것입니다. 심지어 늦게 온 사람들이 먹을 음식도 하나도 남기지 않고 다 먹어 버려서 나중에 온 사람들은 아무것도 먹지 못해서 굶고 성찬에 참여하지 못하는 일까지 벌어졌습니다. 나중에 온 사람들은 먹을 것을 준비할 수도 없는 가난하고 무지한 사람들이었기 때문에 음식을 얻어먹지 못하고도 오히려 부끄럽게 생각했습니다.

그래서 이 현상을 놓고 바울이 아주 심하게 고린도교회를 책망하는 내용이 바로 본문의 내용입니다.

〈고전 11:22, 34〉
22너희가 먹고 마실 집이 없느냐 너희가 하나님의 교회를 업신여기고 빈궁한 자들을 부끄럽게 하느냐 내가 너희에게 무슨 말을 하랴 너희를 칭찬하랴 이것으로 칭찬하지 않노라
34만일 누구든지 시장하거든 집에서 먹을지니 이는 너희의 모임이 판단 받는 모임이 되지 않게 하려 함이라

이 책망은 단순히 부자와 가난한 자의 이야기를 하는 것이 아닙니다. "왜 교회에 사랑이 없느냐?"라는 것을 지적하는 것입니다. 에베소서는 교회가 가야 할 방향에 대해서 특히 많은 내용을 보여 주고 있습니다.

교회는 육적인, 물질적인, 유물론적인 세계관과 그러한 원리에 의해 움직여지는 '조직'이 아닙니다. 교회는 예수 그리스도의 피로 말미암아 새롭게 태어난 새로운 피조물입니다. 교회는 영적인 것으로 판단되고 정의되고 영적인 원리에 의해서 움직여지는 '조직이 아닌 하나의 몸'입니다.

〈요 6:63〉

살리는 것은 영이니 육은 무익하니라 내가 너희에게 이른 말은 영이요 생명이라

〈골 3:9-11〉

9너희가 서로 거짓말을 하지 말라 옛 사람과 그 행위를 벗어버리고 10새 사람을 입었으니 이는 자기를 창조하신 이의 형상을 따라 지식에까지 새롭게 하심을 입은 자니라 11거기에는 헬라인이나 유대인이나 할례파나 무할례파나 야만인이나 스구디아인이나 종이나 자유인이 차별이 있을 수 없나니 오직 그리스도는 만유시요 만유 안에 계시니라

교회는 그가 처해 있는 문화나 관습, 그리고 각자의 가치관이나 세계관을 형성케 한 과거의 경험이나 상처 등으로 상대를 판단하고 인식하는 세상과는 완전히 다른 새로운 공동체입니다.

그런데 오랫동안 주인과 노예와 같이 차별적인 신분으로 살았던 고린도교회의 교인들이 그런 악습의 폐단에서 벗어나지 못하고 여전히 교회 안에서도 그러한 신분의 편당을 만들어냈던 것입니다.

거기에 비해 너무나 오랫동안 부자들에게 당하고 살았던 사회적 하층

서민이나 천민 출신들은 사회적 차별에 의한 상처를 여전히 가슴 속 깊이 간직한 채 자기 자신을 부끄러워하였고 부자들을 시기하고 미워하였습니다. 그리고 부자들은 또 은근히 그들을 업신여기고 무시했던 것입니다. 그래서 다른 이들의 형편은 생각하지 않고 상전들인 자기들만 먹으면 된다는 식의 이기심과 그런 행동으로 인해 상처를 받은 사람들의 상실감과 미움으로 가득 찬 어처구니없는 성찬식이 되어버렸던 것입니다.

우리는 누가 얼마나 신앙생활을 열심히 하는가, 또 얼마나 오랫동안 신앙생활을 했는가 하는 것으로 신앙의 경중을 평가해서는 안 됩니다. 신앙은 얼마나 열심을 내느냐가 아니라 무엇을 어떻게 믿느냐가 훨씬 더 중요한 것입니다.

본문에서 '모인다'라는 말이 다섯 번이나 나오는데, 고린도교회는 이렇게 열심히 모이고 성찬식도 거행했습니다. 그런데 그 모임의 내용은 엉터리였던 것입니다. 많이 모이고, 열심을 내서 신앙생활을 하더라도 인간적인 욕망과 기회를 위한 모임은 이렇듯 오히려 책망만 받게 됩니다.

〈고전 11:27-32〉

27그러므로 누구든지 주의 떡이나 잔을 합당하지 않게 먹고 마시는 자는 주의 몸과 피에 대하여 죄를 짓는 것이니라 28사람이 자기를 살피고 그 후에야 이 떡을 먹고 이 잔을 마실지니 29주의 몸을 분별하지 못하고 먹고 마시는 자는 자기의 죄를 먹고 마시는 것이니라 30그러므로 너희 중에 약한 자와 병든 자가 많고 잠자는 자도 적지 아니하니 31우리가 우리를 살폈으면 판단을 받지 아니하려니와 32우리가 판단을 받는 것은 주께 징계를 받는 것이니 이는 우리로 세상과 함께 정죄함을 받지 않게 하려 하심이라

<새번역>

²⁷그러므로 누구든지, 합당하지 않게 그 빵을 먹거나 주님의 잔을 마시는 사람은, 주님의 몸과 피를 범하는 죄를 짓는 것입니다. ²⁸ 그러니 각 사람은 자기를 살피십시오. 그런 다음에 그 빵을 먹고, 그 잔을 마시십시오. ²⁹주님의 몸을 분별함이 없이 먹고 마시는 사람은, 자기에게 내릴 심판을 먹고 마시는 것입니다. ³⁰이 때문에 여러분 가운데는, 몸이 약한 사람과 병든 사람과 죽은 사람이 많습니다. ³¹우리가 우리 스스로를 살피면, 우리는 심판을 받지 않을 것입니다. ³²그런데 우리가 주께로부터 심판을 받아서 징계를 받는 것은, 우리가 세상과 함께 정죄함을 받지 않게 하려고 하시는 것입니다.

열심히 모여서 예배드리고 성찬식도 행했는데 결과는 정죄에 의한 하나님의 심판이라는 것입니다. 그러므로 본질이 왜곡되고 내용이 잘못된 열심은 오히려 하나님의 저주를 받게 됩니다. 그래서 성도들은 하나님이 원하시는 뜻과 그 의미를 바르게 아는 것이 그토록 중요한 것입니다.

그런데 자기는 알기는 아는 것 같은데, 알면서도 실천하지 못한다고 고백하는 사람들이 많이 있습니다. 왜 그럴까요? 성경에서 말하는 '안다'라는 의미는 어떠한 내용이 내 안에 바로 인식되어서 나의 생각과 행동을 바꾸는 것을 뜻합니다. 그러므로 생각은 하고 있을지라도 행동이 자기가 알고 있는 내용을 따라주지 않을 때 우리는 그것을 '안다'라고 할 수 없습니다. 우리는 성경을 많이 안다고 자랑할 것이 아니라 알고 있는 그 내용이 우리의 생각과 행동을 얼마나 바꾸었는지를 돌아보는 것이 중요합니다.

우리가 교회를 다니고 신앙생활을 할 때 성경을 진실로 바로 알고 그 알고 있는 내용을 근거로 열심을 내고 있는지, 또는 모르면서도 열심을 내고 있거나 아니면 알지도 못하고 열심도 안 내고 있는지 생각해 봐야 합니다. 성경을 바르게 알고 바르게 믿는다는 것은 참으로 중요한 신앙의 주제이며 당연한 과제입니다. 그래서 바른 신앙을 유지하는 것은 쉽지 않은 것입니다.

앞에서 언급한 것처럼 성찬식은 예수 그리스도의 십자가의 죽음으로 말미암아 타락으로 일그러진 하나님의 백성들이 예수 그리스도 안에서 재통일되고, 재창조되어서(새롭게 창조) 하나가 되었음을 고백하며 그 예수 그리스도의 은혜를 기념하는 예식입니다.

그래서 성찬식에 참여하는 사람들은 육적인 것을 벗어버리고 예수 그리스도 안에서의 평등을 삶으로 살아내야 하는 사람들입니다. 그런 경지에 이르기까지가 복음을 바로 아는 자들의 삶입니다. 교회 안에서 명예가 있고 없고, 돈이 많고 적고, 얼굴이 잘나고 못나고, 많이 배우고 못 배우고의 모든 육적인 차별을 예수 그리스도의 피 앞에서 완전히 사라지게 하고 균등하게 하는 것이 하나님의 뜻입니다.

교회에 대해서 다시 한번 잘 생각해 봅시다. 아무리 잘난 사람도 예수 그리스도의 피로 구원을 받고, 아무리 못난 사람도 예수 그리스도 피의 대가로 구원을 받은 귀한 사람입니다. 그래서 우리는 성찬식을 행하면서 서로에 대해 아껴주는 마음과 사랑하는 마음과 귀하게 여기는 마음을 다시 확인하고 다짐해야 하는 것입니다.

〈고전 10:16-17〉

16우리가 축복하는바 축복의 잔은 그리스도의 피에 참여함이 아니

며 우리가 떼는 떡은 그리스도의 몸에 참여함이 아니냐 17떡이 하
나요 많은 우리가 한 몸이니 이는 우리가 다 한 떡에 참여함이라

 그런데 실제 삶은 여전히 교회의 성도들을 시기하고 질투하고, 뒤에서
남을 험담하고 남이 잘되면 배 아파하고, 그러면서도 열심히 모여서 예
배드리고 찬송하고 성찬식에 참여한다면 그런 것을 어찌 바로 알고 믿는
자들이라고 할 수 있겠습니까?
 그래서 성경은 "그러한 자들은 가짜다."라고 진술하고 있습니다. 아
니, 가짜 정도가 아니라 그건 예수님의 몸과 피를 범하는 죄라고 말합니
다.

〈고전 11:27〉
그러므로 누구든지 주의 떡이나 잔을 합당하지 않게 먹고 마시는
자는 주의 몸과 피에 대하여 죄를 짓는 것이니라

〈고전 8:9-13〉
9그런즉 너희의 자유가 믿음이 약한 자들에게 걸려 넘어지게 하는
것이 되지 않도록 조심하라 10지식 있는 네가 우상의 집에 앉아 먹
는 것을 누구든지 보면 그 믿음이 약한 자들의 양심이 담력을 얻
어 우상의 제물을 먹게 되지 않겠느냐 11그러면 네 지식으로 그 믿
음이 약한 자가 멸망하나니 그는 그리스도께서 위하여 죽으신 형
제라 12이같이 너희가 형제에게 죄를 지어 그 약한 양심을 상하게
하는 것이 곧 그리스도에게 죄를 짓는 것이니라 13그러므로 만일
음식이 내 형제를 실족하게 한다면 나는 영원히 고기를 먹지 아니
하여 내 형제를 실족하지 않게 하리라

왜 그럴까요? 우리는 예수 그리스도를 머리로 한 한 몸, 즉 예수 그리스도의 몸이 되었기 때문입니다. 그러므로 교회 안에서 교회를 이루고 있는 성도들을 미워하고 시기하고 질투하고 무시하는 것은 예수 그리스도의 몸을 모독하는 것이고 그것은 죄라는 것입니다.

이 구절을 가지고 로마 가톨릭이나 말씀의 의미를 곡해한 개신교 목사들이 성찬식에 참여하기 위해서는 세례를 받은 자가 아니거나 최근에 죄를 지은 자들은 성찬식 포도주나 빵을 먹으면 안 된다고 하거나 회개한 후에 참여해야 한다고 가르치기도 합니다. 그렇지 않으면 오히려 죄라고 협박을 하기도 하는데 그것은 정말 잘못된 가르침입니다.

예수님은 바로 우리의 그러한 죄 때문에 살이 찢기시고 피를 흘리시는 수난을 당하신 것입니다. 오히려 우리가 죄인임을 인식하는 것이야말로 우리가 성찬식에 참여해야 할 가장 이유가 되는 것입니다. 성경은 앞의 그런 이야기를 하는 것이 아닙니다.

우리는 예수 그리스도의 몸을 이루는 지체가 되었기 때문에 교회 안에서 교회의 성도들을 미워하고 시기하고 질투하고 무시하는 것은 예수 그리스도의 몸을 모독하는 죄이므로 그런 죄를 바로 알고 성찬식에 참여하라는 것입니다. 성찬식을 행하는 것이 중요한 것이 아니라 그것이 무엇을 의미하는 것인지 바로 알고 행하라는 것입니다. 사랑을 근거로 하지 않은 것은 아무리 거룩하게 보여도 다 그리스도의 몸을 욕되게 하는 죄입니다.

하나님의 백성들은 하나님의 속성인 사랑을 하기 위해서 존재하는 자들인데 중요한 사랑에는 관심이 없고 종교적 형식만 좇아 성찬식 하고 예배하고 찬송하고 봉사하고 있다면 아무 소용이 없습니다.

(3) 사랑으로 하나가 되어야

우리 몸은 외부에서 세균이나 바이러스나 이물질이 들어오면 그것을 물리치기 위해서 항체라는 것을 형성합니다. 자기 자신의 몸속에 있는 세포에 대해서는 절대로 그런 항체를 형성하지 않습니다. 그런데 자기 몸에 있는 조직에 대해 스스로 항체를 형성하는 병이 있습니다. 그것을 자가 면역성 질환이라고 하지요. 자기 몸의 연골이나 신장, 간, 갑상선 같은 것을 그 항체가 공격을 합니다. 그래서 건강한 면역세포를 죽이는 것을 '자가 면역성 질환'이라고 합니다. 류머티즘 관절염 같은 것이 바로 그런 것이지요. 자기 몸의 항체가 자기 몸의 조직을 공격하는 것입니다.

우리가 교회 안에서 자꾸 분열을 초래하고 교회 성도들을 미워하는 것은 자가 면역성 질환처럼 그리스도의 몸을 서서히 죽여 가는 중대한 범죄입니다. 십자가에서 죽기까지 피 흘리고 고통받은 예수님의 몸을 또 고통 속으로 밀어 넣는 것과 같은 것입니다. 예수님이 사랑한 사람을 내가 미워한다면 그것은 당연히 큰 죄라고 할 수밖에 없지 않겠습니까?

〈마 18:35〉
너희가 각각 마음으로부터 형제를 용서하지 아니하면 나의 하늘
아버지께서도 너희에게 이와 같이 하시리라

형제를 용서하지 않으면 우리에게 베풀어 주신 구원도 취소하시겠다는 경고의 말씀입니다. 하나님이 왜 이렇게 과격하게 말씀하실까요? 교회라고 불림을 받은 사람들은 반드시 서로 용서하고 용납하는 행위가 나와야 한다는 것을 강조하는 말입니다.

〈마 5:22〉

나는 너희에게 이르노니 형제에게 노하는 자마다 심판을 받게 되고 형제를 대하여 라가라 하는 자는 공회에 잡혀가게 되고 미련한 놈이라 하는 자는 지옥 불에 들어가게 되리라

예수님께서 창녀나 다른 죄인들에게 이런 저주의 말을 퍼부으신 적이 있으신가요? 예수님 곁에서 함께 십자가에 매달려 죽은 살인강도에게조차 그런 저주의 말을 하시지 않았습니다.

그런데 형제를 용서하지 않고, 형제를 미련하다 하고, 형제에게 노하고 형제에게 미련하다고 모독을 하는 자들에게 심판받을 것을 경고하시며 너희는 지옥 불에 들어가게 될 것이라고 하셨습니다. 이토록 엄하게 경계하는 것은 교회는 적어도 이것만은 반드시 지켜야 한다는 것입니다. 그러므로 교회를 이루는 지체들은 서로 존중하고, 서로에게 덕을 세우며, 온유와 겸손으로 나보다 상대를 낮게 여겨야 합니다.

우리는 이러한 교회의 정체성을 늘 잊지 말아야 합니다. 우리는 예수 그리스도를 믿는 믿음 안에서 서로 사랑으로 하나 된 한 몸입니다. 교회는 오히려 내가 손해를 보고, 나를 죽여서라도 형제를 살려야 하는 희생으로 넘치는 사랑의 공동체이기 때문입니다.

〈골 3:12-15〉

12그러므로 너희는 하나님이 택하사 거룩하고 사랑 받는 자처럼 긍휼과 자비와 겸손과 온유와 오래 참음을 옷 입고 13누가 누구에게 불만이 있거든 서로 용납하여 피차 용서하되 주께서 너희를 용서하신 것 같이 너희도 그리하고 14이 모든 것 위에 사랑을 더하라

이는 온전하게 매는 띠니라 ¹⁵그리스도의 평강이 너희 마음을 주장하게 하라 너희는 평강을 위하여 한 몸으로 부르심을 받았나니 너희는 또한 감사하는 자가 되라

〈롬 15:1-7〉

¹믿음이 강한 우리는 마땅히 믿음이 약한 자의 약점을 담당하고 자기를 기쁘게 하지 아니할 것이라 ²우리 각 사람이 이웃을 기쁘게 하되 선을 이루고 덕을 세우도록 할지니라 ³그리스도께서도 자기를 기쁘게 하지 아니하셨나니 기록된 바 주를 비방하는 자들의 비방이 내게 미쳤나이다 함과 같으니라 ⁴무엇이든지 전에 기록된 바는 우리의 교훈을 위하여 기록된 것이니 우리로 하여금 인내로 또는 성경의 위로로 소망을 가지게 함이니라 ⁵이제 인내와 위로의 하나님이 너희로 그리스도 예수를 본받아 서로 뜻이 같게 하여 주사 ⁶한마음과 한 입으로 하나님 곧 우리 주 예수 그리스도의 아버지께 영광을 돌리게 하려 하노라 ⁷그러므로 그리스도께서 우리를 받아 하나님께 영광을 돌리심과 같이 너희도 서로 받으라

(4) 사랑의 실천

우리 그리스도인들은 자신을 기쁘게 하기 위해 사는 자들이 아니라 하나님과 이웃의 기쁨을 위해서 세상에 보내진 자들입니다. 그것이 하늘나라의 삶의 원리이고, 하나님의 속성인 사랑이 드러나는 삶이며, 하나님의 영광을 나타내는 삶입니다.

또 교회는 이 땅에서 어떤 대단한 업적이나 실적을 이루어 내는 것을 위해서 존재하는 것이 아닙니다. 우리는 교회를 통해서 '서로 사랑하는 것' '하나님을 사랑하는 것' 그것을 배우고 경험하고 연습하면서 살다가 마

지막에 천국(본향)으로 가는 것입니다. 우리는 천국에서의 삶을 위해 이 땅에서 작은 것부터 하나하나 사랑하는 훈련을 해야 하는 것입니다.

〈고전 11:33-34〉
33그런즉 내 형제들아 먹으러 모일 때에 서로 기다리라 34만일 누구든지 시장하거든 집에서 먹을지니 이는 너희의 모임이 판단 받는 모임이 되지 않게 하려 함이라 그밖의 일들은 내가 언제든지 갈 때에 바로잡으리라

말씀과 같이 우리가 해야 할 사랑이라는 것은 어렵고 힘든 일이 아닙니다. 아주 단순하고 간단한 일이기도 합니다. 하나님께서 우리에게 "지구의 저쪽 땅 끝까지 이르러 내 증인이 되라."고 전도를 요구하고, "내가 불편하니 예배당을 크게 지어라." "각종 헌금을 많이 해서 나를 기쁘게 하라."라고 우리에게 그런 형식적인 신앙 행위를 요구하실까요? 아닙니다. "나중에 굶는 형제들이 생기지 않도록 밥 먹을 때 좀 기다려 줘라. 배가 많이 고프면 집에서 먹고 와라." 이와 같이 이웃을 위한 작은 배려를 하라는 것입니다. 나의 지체들을 사랑하는 마음으로 작은 것부터 배려하는 것, 그것이 바로 교회가 해야 할 가장 중요하고 큰일인 것입니다.

신앙생활을 하다 보면 조금 섭섭하고 마음에 들지 않게 하는 지체들이 있을 수 있습니다. 그러나 그때 그들을 잘못된 사람이라고 판단해서 상대하지 못할 사람으로 간주해 버리면 안 됩니다. 사람마다 각기 다른 성품이 있으니 자비의 마음으로 그 다양성을 인정해 주면 서로 마음이 가볍고 편합니다. 그리고 함께 기도해 주는 관계까지 나아가야 합니다.

내가 다른 사람을 용서하지 못하고 사랑하지 못하는 것을 근심하면서

그들을 위해 얼마나 기도해 보았는지, 또 다른 이들의 아픔을 내 아픔으로 생각하고 얼마나 기도해 보았는지 생각해 봅시다. 솔직히 말해서 우리는 우리 자신의 필요를 구하는 기도 외에는 다른 사람을 위해서 별로 기도하지 않습니다. 그것은 우리가 믿음 안에 있다 할지라도 아직도 내가 우선인 그런 죄성이 우리 안에 남아 있기 때문입니다. 그로 인해 우리의 기도는 너무 이기적이고, 너무 계산적입니다. 진실로 우리가 믿음 안에 있다면 우리의 기도 내용도 바뀌어야 합니다. 그렇게 해야 우리가 살고 교회도 삽니다.

우리는 믿음 안에서 성령 충만한 삶을 살아야 합니다. 성령 충만이란 기도원이나 철야예배 때 거품 물고 쓰러지는 것이 성령 충만이고, 방언하고 예언하는 것이 성령 충만일까요? 우리를 하나 되게 하신 성령의 인도하심을 따라 교회가 하나 됨을 기쁘게 지켜내는 것이 바로 '성령 충만'입니다.

땅 끝까지 이르러 증인이 될 생각을 하는 것보다, 바로 곁에 있는 형제자매를 먼저 사랑하는 마음을 갖는 것이 더 중요합니다.

〈엡 4:1-3〉
1그러므로 주 안에서 갇힌 내가 너희를 권하노니 너희가 부르심을 받은 일에 합당하게 행하여 2모든 겸손과 온유로 하고 오래 참음으로 사랑 가운데서 서로 용납하고 3평안의 매는 줄로 성령이 하나 되게 하신 것을 힘써 지키라

8. 온전함을 향하여 함께 가는 무리

〈요 17:20-23〉

20내가 비옵는 것은 이 사람들만 위함이 아니요 또 그들의 말로 말미암아 나를 믿는 사람들도 위함이니 21아버지여, 아버지께서 내 안에, 내가 아버지 안에 있는 것 같이 그들도 다 하나가 되어 우리 안에 있게 하사 세상으로 아버지께서 나를 보내신 것을 믿게 하옵소서 22내게 주신 영광을 내가 그들에게 주었사오니 이는 우리가 하나가 된 것 같이 그들도 하나가 되게 하려 함이니이다 23곧 내가 그들 안에 있고 아버지께서 내 안에 계시어 그들로 온전함을 이루어 하나가 되게 하려 함은 아버지께서 나를 보내신 것과 또 나를 사랑하심 같이 그들도 사랑하신 것을 세상으로 알게 하려 함이로소이다

(1) 성도의 온전함을 위한 기도

예수 그리스도께서 잡히시던 날 밤에 주님은 겟세마네 동산에서 하나님께 땀이 피가 되도록 기도하셨습니다. 우리는 그 기도를 예수 그리스도의 '대제사장적 기도'라고 부릅니다.

그 기도는 전부 예수님의 제자들과 또 그 제자들의 말을 듣고 앞으로 예수를 믿게 될 사람들을 위한 기도입니다. 한마디로 우리 교회를 하나님의 자녀로 완성시키시기 위해서 예수님이 하나님께 부탁을 드리고 가신 내용이 전부 그 기도 안에 들어있습니다.

주님은 일부러 그 기도를 큰 소리로 제자들에게 들려주셨습니다. 그래서 제자들이 그 기도를 글로 기록할 수 있었지요. 예수님은 의도적으로

그 기도를 기록으로 남겨서 앞으로 오게 될 교회들에게 꼭 전하고 싶으신 메시지가 있었던 것입니다. 결국 그 기도는 우리 교회에게 주시는 메시지입니다.

그 기도의 내용은 하나님과 예수 그리스도가 하나이신 것처럼 하나님의 백성들이 예수 그리스도와 함께 하나가 되게 해달라는 결론으로 모아집니다.

하나님께서 주신 하나님의 백성들을 예수 그리스도께서 십자가의 대속 사역으로 죄로부터 완전하게 건져냈으니 이제 그들을 이 땅에서 지키고 보호하셔서 그들이 이 역사의 시간 속에서 하나님이 원하시는 신분에 맞는 사람으로 변해갈 수 있도록 도와주시기를 부탁하는 것이 이 위대한 기도의 내용입니다.

23절에 하나님의 교회가 "온전함을 이루어 하나가 되게 하옵소서"라고 간절히 기도하십니다. 우리는 이 땅에서 그 '온전함'으로 향해 가는 자들입니다. 그래서 그 전지전능하신 하나님께서 우리를 창세 전에 부르시고 자녀 삼으셨음에도 불구하고 우리의 온전함을 이루기까지 바로 천국으로 부르시지 않은 것입니다. 우리를 온전하게 만드시기 위해 이 땅의 역사 속에 두시고 우리에게 '신앙생활'이라는 것을 요구하시는 것입니다. 하나님은 그렇게 우리가 하나님의 백성으로서 온전하게 될 때까지 우리의 전 인생에 걸쳐서 그런 신앙을 우리에게 요구하십니다.

〈고전 5:7〉

너희는 누룩 없는 자인데 새 덩어리가 되기 위하여 묵은 누룩을 내 버리라 우리의 유월절 양 곧 그리스도께서 희생되셨느니라

이 말씀은 조금 이상하게 볼 수 있습니다. 이미 누룩 없는 자로 선포해 놓고 새 덩어리가 되기 위해서 또 묵은 누룩을 버려서 누룩 없는 자가 되라고 주문하고 있습니다. 이는 죄에 힘없이 무너지는 그런 옛 습관에 젖어있는 '너'가 아니고 진리이신 예수님께서 완전하게 바꾸어 놓으신 '진정한 너'가 되기 위해서 묵은 누룩을 없애라는 것입니다.

이것이 바로 '이미 그러나 아직(already, not yet)'의 원리입니다. 즉 우리는 예수 그리스도의 십자가 희생으로 이미 구원을 받았지만, 그 구원을 아직 온전하게 이루지는 못했다는 얘기입니다. 누룩이란 우리의 습관적 행위와 생각에 의해서 길들여진 죄를 말합니다. 하나님이 원하시는 나, 그 '진정한 나'를 향해 가면서 이 땅에서 우리가 젖어있던 그 죄의 찌꺼기들을 하나하나 버려 가는 것이 하나님께서 우리에게 요구하시는 신앙생활입니다. 이것이 자기 부인의 삶입니다

하나님께서 택하신 하나님의 백성들을 천국의 생활에 합당할 수 있도록 그렇게 온전하게 만들어 가시기 위해서 여러 가지 상황과 여건들을 허락하시면서 우리를 인도해 나가고 계십니다.

〈엡 4:7-13〉

7우리 각 사람에게 그리스도의 선물의 분량대로 은혜를 주셨나니 8 그러므로 이르기를 그가 위로 올라가실 때에 사로잡혔던 자들을 사로잡으시고 사람들에게 선물을 주셨다 하였도다 9올라가셨다 하였은즉 땅 아래 낮은 곳으로 내리셨던 것이 아니면 무엇이냐 10내리셨던 그가 곧 모든 하늘 위에 오르신 자니 이는 만물을 충만하게 하려 하심이라 11그가 어떤 사람은 사도로, 어떤 사람은 선지자로, 어떤 사람은 복음 전하는 자로, 어떤 사람은 목사와 교사로

삼으셨으니 12이는 성도를 온전하게 하여 봉사의 일을 하게 하며
그리스도의 몸을 세우려 하심이라 13우리가 다 하나님의 아들을
믿는 것과 아는 일에 하나가 되어 온전한 사람을 이루어 그리스도
의 장성한 분량이 충만한 데까지 이르리니

사도 바울은 교회가 이 땅에 존재하는 목적은 성도들이 하나님께서 원
하시는 온전함에 이르는 것이며, 그 목적을 이루기 위해서 서로 사랑하고
봉사하는 것도 결국 교회의 지체들이 온전하게 되어가기 위한 것이라고
설명하고 있습니다.

12절의 "성도를 온전하게 하여"에서 '온전하게 한다'는 것은 히브리어
로는 군대를 훈련하고 무장시킬 때 쓰는 단어입니다. 오합지졸 같은 사
람들을 훌륭한 군인이나 프로 선수로 키워 내는 과정을 가리킬 때 사용
하는 것입니다.

〈갈 6:1〉

형제들아 사람이 만일 무슨 범죄한 일이 드러나거든 신령한 너희
는 온유한 심령으로 그러한 자를 바로잡고 너 자신을 살펴보아
너도 시험을 받을까 두려워하라

여기서 쓰인 범죄한 자들을 "바로잡고"가 바로 그 '온전'과 같은 의미
의 단어입니다. 그러나 13절에 쓰인 "온전한"이라는 단어는 그 뜻이 전
혀 다른 단어입니다. 13절에 쓰인 "온전한 사람을 이루어"에서 '온전함'은
'perfect' 즉 완전하게 된 상태를 뜻합니다. 이 단어는 본문에 나오는 예
수 그리스도의 기도에서 '온전함(perfect)'이라는 단어와 같은 단어입니다.

그러므로 하나님의 백성들이 이 땅에 존재하는 이유는 'perfect' 그 온전함을 위함이며, 그러므로 교회는 거룩함으로 온전하게 되는 과정을 밟고 있는 것입니다.

그 거룩을 향해 가는 길을 위해서 하나님의 뜻에 따라 허락된 집단이 바로 교회라는 공동체입니다. 그래서 바울이 에베소서에서 교회의 직분들을 나열해 놓고 "그것이 모두 성도들의 온전함을 위해 하나님께서 주신 것이다."라고 강조하는 것입니다.

그러므로 교회도 알곡들끼리 모여서 지상의 천국을 만들어내는 것이 아니라 때로는 싸우고, 다투고, 끌어안고, 끌어안는 듯이 하다가 또 다투는 등 여러 가지 우여곡절을 겪으면서 그런 상황들을 통해 온전하게 지어져 가는 것입니다. 그것이 바로 교회입니다.

그렇게 여러 부류에 속한 하나님의 백성들, 즉 성숙한 사람과 성숙하지 못한 사람, 알곡과 가라지 같은 자들이 모여서 버려야 할 것은 버리고 익혀야 할 것은 익히며 하나님의 백성답게 온전함을 향해 지어져 가는 것이 바로 교회입니다.

그러므로 신자에게 주어지는 모든 상황이나 여건들은 신자가 온전하게 되는 것을 목적으로 주어지는 것이고 또 교회에 주어지는 모든 것은 신자의 신앙생활을 위해서 꼭 필요하고 소중한 것입니다.

그런데 그 교회가 교회의 존재 목적을 잘못 이해하고 또 목표지점을 잘못 잡게 되면, 교회는 교회 본연의 임무를 잃어버리고 엉뚱한 일만 하다가 천국의 문 앞에도 가 보지 못하고 세상에서 망해 버리게 되는 것입니다.

이렇게 신자들은 이 땅에서의 신앙생활을 교회 공동체를 통해서, 그들에게 주어지는 여러 가지 환경과 여건들을 통해서, 온전함을 향해 한 걸음씩 나아가고 있는 자들입니다. 그런 면에서 그리스도인들에게 허락되는 가정도 마찬가지입니다.

그 온전함을 훈련하고 연습하는 데에 있어서 가장 작지만 가장 효과적인 공동체가 바로 가정입니다. 가정도 역시 그리스도인의 온전함을 위해 존재하는 것입니다. 그중에서도 우리는 특히 부부 관계를 통해서 하나님께서 요구하시는 온전함을 잘 훈련해야 합니다.

(2) 성도들의 평등

하나님께서 남자와 여자를 만드실 때 하나님의 형상으로 '남자와 여자'를 창조하셨습니다. 그래서 남자는 여자 없이 완전할 수 없고 여자는 남자 없이 완전할 수 없습니다. 남자와 여자는 상호 보완적 관계로 지어졌기 때문에 각자가 홀로 존재할 때는 절대 온전하지 못하게 지어진 것입니다.

그래서 여자와 남자는 서로 가지지 않은 부분에 대해 동경하고 그리워하고 호기심을 갖게 되는 것이지요. 교회에서 아직 결혼하지 않은 이성 간에 서로 호감을 갖는 것은 절대 잘못된 것이 아닙니다. 만일 남자만 모이는 교회, 혹은 여자만 모이는 교회, 그런 교회가 있다면 사람들이 많이 모일까요? 남자가 있는 곳에 여자가 모이고 여자가 있는 곳에 남자가 모이는 것입니다. 그것은 절대 잘못된 것이 아닙니다. 하나님께서 그렇게 만드셨습니다.

남자와 여자는 우열관계도 아니고 상하의 관계도 아니고 주종의 관계도 아닙니다. 남자는 여자가 갖지 못한 것을 보완해 주고 여자는 남자가 갖지 못한 것을 보완해 주도록 하나님께서 지으신 것입니다. 그들은 동등하게 세상을 다스리고 정복하도록 명령을 받았습니다.

〈창 1:27-28〉

27하나님이 자기 형상 곧 하나님의 형상대로 사람을 창조하시되 남자와 여자를 창조하시고 28하나님이 그들에게 복을 주시며 그들에게 이르시되 생육하고 번성하여 땅에 충만하라, 땅을 정복하라, 바다의 물고기와 하늘의 새와 땅에 움직이는 모든 생물을 다스리라 하시니라

이렇게 남자와 여자는 동등한 위치에서 서로 다른 모양을 하고 있지만 서로 다른 것으로 하나를 추구하며 하나님의 온전하심을 배우도록 지어진 것입니다.

그러나 타락한 인간은 하나님과 단절이 되었고 그들은 자기의 힘으로 자신을 보호해야 했기 때문에 힘을 추구하기 시작했습니다. 당연히 힘을 추구하는 인간은 외형적으로 볼 때 힘이 없고 연약한 여자들을 약자로 취급했고, 힘이 강한 남자들을 그 위에 군림하는 강자의 위치에 올려놓았습니다.

하나님의 의도와 상관없이 인간의 의지와 욕망에 의한 행위가 모두 다 죄의 결과입니다. 그래서 유사 이래로 늘 남자들은 여자들 위에 군림해 왔습니다. 오죽하면 유대인 남자들은 매일 기도할 때마다 여자로 태어나지 않은 것과, 노예로 태어나지 않은 것과, 이방인으로 태어나지 않은 것에 대해 깊은 감사를 드리는 것으로 기도를 시작했겠습니까.

예전에 우리나라에서도 할머니가 할아버지의 밥상에서 함께 식사를 하는 것조차 금기시했습니다. 한술 더 떠서 며느리는 밥상은커녕 거의 부뚜막에서 식사를 해결했지요. 물론 그런 현상들은 잘못된 문화나 동양사상의 결과이기도 했지만, 성경에 있는 '남자는 여자의 머리'라거나 '여자는

교회에서 잠잠하라' 같은 구절들이 마치 남녀 차별을 조장하는 듯한 뜻으로 곡해되면서 교회 안에서도 남녀의 차별이 있었던 것입니다. 지금도 어떤 교회에서는 그런 잘못된 신앙의 잔재들이 남아있습니다.

고린도전서 11장에 나오는 "여자의 머리는 남자"(3절)라는 구절에서 그 '머리'라는 단어는 여자를 이끌어가는 리더(boss)라는 뜻이 아닙니다. 거기서 쓰인 '머리'라는 단어는 헬라어로 '생명의 근원(source of life)'이라는 뜻입니다. 창세기에 의하면 여자를 남자의 갈비뼈로 지었다는 것을 알 수 있습니다. 성경에서 여자의 머리라는 것은 바로 그 이야기를 하는 것입니다.

예수 그리스도가 남자의 머리이고 남자는 여자의 머리라는 뜻은 창조의 실행자이신 예수 그리스도에 의해 남자가 창조되었고 그 남자의 뼈로 여자를 지으셨다는 창조에 대한 질서의 측면을 설명하는 것입니다.

그리고 고린도전서 14장에 나오는 "여자는 교회에서 잠잠하라"(34절)는 구절은 당시 고린도교회에 있었던 여인들의 행태에 대한 지엽적인 예를 가지고 교회의 질서를 강조하는 구절입니다.

당시에 여자들은 남자들에게 억압받고 핍박받고 언제든지 남자에게 죽임을 당할 수도 있는 사회적으로 약한 존재였습니다. 심지어 정당한 이유가 있을 때는 남편이 여자를 사사로이 죽일 수도 있었습니다. 또 남자는 여자가 마음에 안 들면 언제든지 구실을 만들어 이혼할 수도 있었지요. 그런 시대에 남녀가 평등하다는 복음이 전해지면서 여자들의 목소리가 커지고 자신의 권리를 주장하기 시작했습니다. 그 결과 교회 안에서 여자들이 마땅히 여자로서 지켜야 할 것들을 지키지 않는 경우가 생겼고 목소리가 커지면서 예배에 방해를 주기도 했던 것입니다.

또 고린도전서 11장에 보면 여자들은 교회에서 술을 쓰고 기도를 해야 했는데 여자들이 그 자유를 지나치게 남용해서 머리를 산발하고 기도를 했다는 내용이 나옵니다. 당시에는 고관들의 정부들이나, 아프로디테 신전에서 일하는 창녀들이나 노예들을 제외한 모든 여자는 평소에도 숄을 쓰고 다녔습니다. 그런데 예배를 하러 온 여자들이 창녀들처럼 머리를 산발하고 그대로 와서 예배를 드렸다는 것입니다. 그런가 하면 고린도전서 14장에는 여자들이 교회 안에서 지나치게 말이 많고 오히려 교만해져서 예배에 방해가 되었다고 합니다.

그래서 고린도전서 14장 35절에 쓰인 "너희 여자들이 교회에서 말하는 것을 허락함이 없다"는 말은 여자들은 예배 시간에 입 꼭 다물고 아무 말도 하지 말라는 뜻이 아닙니다. 그 말은 여자들이 예배 시간에 정숙하지 못하고 쓸데없이 떠드는 것에 대해 경고를 한 것입니다. 거기에서 '말하다'라고 쓰인 헬라어 단어는 '재잘재잘 떠들다'라는 뜻입니다. 즉 쓸데없이 그렇게 떠들지 말라는 것입니다. 말이 많은 여자들이 마치 자기들만 복음을 아는 것처럼 교회에서 교만하게 목소리를 높여서 떠들어댔습니다. 그러므로 사도 바울이 36절에서 "하나님의 말씀이 너희로부터 난 것이냐 또는 너희에게만 임한 것이냐?"라고 질책했던 것입니다. "왜 하나님의 말씀이 너희에게만 임한 것처럼 그렇게 경솔하게 떠드느냐?" "너희는 질서와 예의도 없느냐?"와 같은 질책이며 경고라고 할 것입니다.

무조건 여자는 남자 아래에서 침묵하고 교회에서도 아무 소리 하지 말아야 하고 밥도 남자가 다 먹고 난 다음에 먹어야 한다는 그런 뜻이 아닙니다. 만일 바울이 남녀 차별의 의도로 그런 말을 했다면 다음과 같은 구절은 바울의 가르침과 배치될 것입니다.

〈갈 3:28〉

너희는 유대인이나 헬라인이나 종이나 자유인이나 남자나 여자나

다 그리스도 예수 안에서 하나이니라

〈고전 11:11-12〉
11그러나 주 안에는 남자 없이 여자만 있지 않고 여자 없이 남자만 있지 아니하니라 12이는 여자가 남자에게서 난 것같이 남자도 여자로 말미암아 났음이라 그리고 모든 것은 하나님에게서 났느니라

그리스도 예수 안에서는 남녀의 차별이 없고, 더구나 복음으로는 남녀의 구별이 의미가 없으며, 오직 예수 그리스도 안에 있느냐가 중요한 문제라는 것입니다.

성경에 나오는 그런 구절들은 단지 여자들이 지나친 방종으로 절제를 하지 못하고 도에 넘치게 교만해져서 교회의 예배에 혼란과 무질서가 야기되고 있으니 좀 자중하라는 의도에서 충고하는 말들이지 결코 남녀 차별에 대한 이야기가 아닙니다.

그럼에도 불구하고 여자들이 남자들과 차별을 받아 오다 2차 세계대전이 끝나고 20세기 중반 이후 여자들이 선거권을 갖게 되면서 여권 신장 운동이 일어나기 시작했습니다. 산업이 발달하고 고용이 증대되면서 여자들도 직장을 갖기 시작했고, 그 결과 여자에게도 스스로 경제력을 갖게 된 사람들이 생기기 시작했습니다.

그때까지는 주로 남자의 능력과 경제력에만 의존하던 여자들이 스스로 경제력을 갖게 됨으로써 남자에 대한 의존도가 점차 약화하기 시작한 것입니다. 그리고 여자 혼자 하기에는 벅찼던 가정일도 세탁기나 전기밥솥, 청소기, 좋은 세제 같은 유용한 문명의 이기들이 등장함에 따라 시간적 여유가 생기면서 그때부터 페미니즘이라든가 여권신장 같은 구호들이

나오게 되었습니다.

앞으로 점점 더 남녀의 사회적 차별이 없어지고 심지어 남녀의 평등을 넘어 역차별적인 상황이 도래할 수 있을지 모릅니다. 심지어 최근에 '한국 기독교 여성 신학자 협회'에서는 주기도문에 나오는 '하늘에 계신 우리 아버지'를 '어머니'로 바꾸자고 공식적으로 신학계에 입장을 표명하기도 했다고 합니다.

그동안 여자들이 얼마나 남자들에게 억압당하고 착취당했으면 그럴까 하는 마음도 없지 않지만 그런 시도들은 성경이 말하는 남녀의 동등함과는 별로 관계가 없습니다. 서두에서도 언급한 바와 같이 남자와 여자가 이 땅에 구별되어 존재하는 유일한 목적은 서로 다른 자들이 각자의 장점을 가지고 상대방의 부족한 것들을 채워줌으로써 둘이 하나가 되어 온전함을 이루도록 하기 위하여 그렇게 구별되어 지어진 것입니다.

성경적으로 보면 상대방의 유익을 위해 내가 가진 가장 좋은 것들을 이용해서 내가 죽기까지 희생함으로써 상대방이 온전하게 되는 하늘나라의 삶의 원리를 훈련하고 연습할 수 있도록 하기 위해 남자와 여자가 구별되어 존재하는 것입니다. 그 온전함을 위해서 남자가 여자를, 또는 여자가 남자를 그렇게 희생적으로 도와야 한다는 의미가 아니라 믿음의 온전함을 위해서 서로 같은 마음으로 세워가야 한다는 것입니다.

하나님 나라의 완성이라는 것은 다양한 군상들이 예수 그리스도를 머리로 하여 하나로 통일되는 것을 말하는 것처럼, 남자와 여자는 그 다름이 어떻게, 어떤 원리로 하나가 되는지를 더 자세하고 훌륭하게 연습할 수 있는 차이를 가지고 있는 존재이기 때문입니다.

우리가 바라는 인간의 구원은 단순히 죄에서 해방된 것을 의미하지 않습니다. 죄에서 해방된 것뿐만 아니라 하나님의 형상으로 회복이 되는 것까지를 구원이라고 합니다. 하나님의 형상으로 지어진 남자와 여자가 타락함으로 말미암아 잃어버린 남자의 남자다움과 여자의 여자다움이 회복되어 온전한 하나님의 형상이 회복된 상태가 바로 구원입니다.

그러므로 남자가 여자 옷을 입고 여자가 남자 옷을 입고 여자가 남자를 부리는 위치에 서고 남자에게 명령하고 하는 것이 바람직한 남녀평등이 아닙니다. 남자는 더욱 남자다워지고 여자는 더욱 여자다워져서 서로의 온전함을 위해 서로 희생적인 삶을 살아가는 것이 하나님이 원하시는 성도의 삶입니다.

남자가 남자다워지고 여자가 여자다워지는 것이 남자는 밖에 나가서 열심히 일을 해서 돈을 벌고 여자는 집안에서 열심히 밥하고 설거지하고 빨래나 하라는 것이 아닙니다. 그렇게 먹고 사는 문제에 있어서의 역할 분담을 말하는 것이 아니라는 것은 문화적인 차이 속에서도 금방 발견할 수 있습니다. 중국에서는 남자가 밥을 하고 남자가 반찬을 하는 경우가 훨씬 많다고 합니다. 미국에서도 여자만 음식을 하고 여자만 설거지를 하지 않는다는 것은 대부분 알고 있는 사실입니다. 남자가 여자보다 음식을 더 잘하면 남자가 할 수도 있고, 남자가 여자보다 더 깔끔하게 청소를 잘하면 남자가 청소를 하는 것입니다. 그렇게 우리가 정해놓은 인간적인 상식이나 문화라는 이름으로 설정한 정의를 성경에서도 남자와 여자의 역할을 염두에 두고 남자다움과 여자다움을 정의한 것처럼 오해해서는 안 됩니다.

우리 인간은 범죄함으로 타락하고 아주 이기적인 존재로 변해버렸습니다. 그 이기심을 이타심(나를 희생함으로 남을 먼저 생각하는 마음)으로 바꾸는 연습을 하는 것이 바로 성도의 삶입니다.

그러므로 남자가 남자다워지고 여자가 여자다워진다는 것은 남자는 남자의 장점인 힘과 너그러움과 포용력과 인자함으로 여자를 잘 배려함으로써 그 여자가 더욱 하나님의 형상으로 온전하게 지어져 갈 수 있도록 돕는 것이 남자다워지는 것입니다.

여자가 진짜 여자다워지는 것은 여자가 가진 장점인 아름다움과 따뜻함과 섬세함과 부드러움을 최대한 발휘해서 남자를 잘 배려함으로 그 상대방이 하나님의 온전한 형상으로 지어져 갈 수 있게 도와주는 것을 '여자다운 여자'라고 하는 것입니다. 그것이 성경에서 말하는 남자가 남자다워지고 여자가 여자다워진다는 것의 진정한 의미입니다.

〈신 22:5〉
여자는 남자의 의복을 입지 말 것이요 남자는 여자의 의복을 입지
말 것이라 이같이 하는 자는 네 하나님 여호와께 가증한 자이니라

이 말은 단순히 의복에 관한 규례가 아니고 하나님의 율법입니다. 여자는 여자답게 남자는 남자답게 서로에게 맡겨진 역할을 충실하게 함으로써 하나님이 요구하시는 온전함의 수준으로 자라가는 것이 하나님의 원하신 목적입니다.

그러나 지금도 근본주의 교회에서는 여자들이 바지를 입지 않습니다. 형식적으로나마 여자는 계속 여자답고 남자는 계속 남자답게 살자는 것이지요. 물론 이런 규례를 율법의 잣대로 본다면 잘못된 것입니다. 그러나 오늘날처럼 젊은 남녀들을 겉으로 봐서는 남자인지 여자인지 쉽게 구분하기 어려운 사람들을 흔히 볼 수 있는 시대에는 설사 그것이 율법적 행위일지라도 오히려 보기 좋다는 사람들도 많이 있는 것은 분명한 것 같습니다.

어떻게든지 자기라는 존재감을 돋보일 수 있도록 하기 위해서 남자들이 귀걸이를 하고 다니고 여자들이 군복을 입고 다니는 세상이지만 그렇게 외모에 대한 변화나 치장만으로 본질이 바뀌지는 않습니다.

남자든지 여자든지 이 땅에 태어나는 수많은 사람은 모두 다 그 역할이 다릅니다. 그 역할은 모두 최고의 연출가이신 하나님께서 우리에게 맡기신 것입니다. 우리가 그 맡은 역할을 충실히 해낼 때 구원의 드라마는 성공적으로 끝날 수 있습니다. 교회를 이루고 있는 우리는 모두 그 역할에 충실하기로 결단하고 예수를 믿고 있는 사람들입니다.

그런데 예수를 열심히 믿어서 성공하겠다고 하거나 병을 고치겠다고 교회를 다니는 사람들이 있습니다. 물론 처한 환경의 절박함과 안타까운 마음은 이해할 수 있습니다. 또 믿는 사람이라면 결과에 상관없이 믿음의 주인이신 하나님께 그 사정을 아뢸 수 있을 것입니다.

그러나 믿음에 대한 근본적 본질에서 벗어난 신앙 행위는 아무것도 아닙니다. 그런 마음으로 교회를 다닐 바에는 차라리 그런 시간에 열심히 일하는 것이 삶에 도움이 될 것입니다. 그런데 문제는 그런 신앙을 지향하고 심지어 부추기까지 하는 교회가 있다는 것입니다. 세상에서의 영광과 축복을 바라고 기대하는 힘든 사람들에게 신앙을 통해서 그 바라고 원하는 것을 이룰 수 있다고 희망의 메시지를 전해 주는 것입니다. 물론 인간적으로 보면 삶에 지치고 절박한 자들에게 위로와 희망을 제시하는 것이 인간적으로 보면 좋은 일이지 결코 질책할 일이 아닙니다. 그러나 성경의 잣대로 보면 이런 것은 결코 예수 그리스도를 믿는 신앙과는 아무 상관이 없습니다. 이런 것을 신학에서는 '번영신학(health and wealth gospel)'이라고 하는데, 이는 한마디로 비성경적인 저주받을 신학입니다.

세상의 축복을 구하는 그 신학이 우리나라의 전통적인 샤머니즘과 결합하여 기복신앙을 만들고 수많은 교회를 망하게 했습니다. 교회가 망한다는 것은 그 교회를 이루는 신자 개인들도 망한다는 뜻입니다. 그럼에도 불구하고 그런 기복신앙은 지금도 우리나라에서 성경의 본질적 신앙을 밀어내고 많은 교회에서 주인행세를 하고 있는 것이 현실입니다. 그 결과 결국 한국 교회의 침체가 아닌 쇠퇴기를 가져오고 말았습니다. 지금이라도 교회는 성경적 진리를 추구하는 신앙의 본질로 돌아가야 합니다.

이처럼 성경의 가장 기초적이고 근본적인 남자와 여자의 역할에 대한 구분조차 제대로 이해하지 못한 상황에서 그들에게 또 다른 역할을 원하고 구하는 것은 성경에 근거한 것이 아니라 욕심일 뿐입니다. 따라서 남자와 여자, 특히 부부는 서로 다른 두 존재가 서로의 장점으로 상대방을 섬겨 하나님의 형상을 회복해 가는 것을 목적으로 구별되어 존재하는 것입니다.

이성인 상대방이 왜 나와 구별되어 존재하는지에 대한 성경적 정의를 모르는 사람들은 자기와 다른 이성의 사람을 만나면 평등한 인격적 존재로서의 이성으로 바라보지 않습니다. 그런 사람들은 상대방이 가지고 있는 지식이나 인격적 가치에 관심을 갖기보다는 육체적 관점의 이성으로서 바라보는 것이 보편적인 심리입니다. 그래서 타락한 죄인들은 아담 이래 모두 간음이라는 죄에 노출되어 있는 것입니다.

창세 이래로 이 땅에 존재한 모든 나라의 사회법에 '간음'에 대한 문제는 빠지지 않고 들어가 있다는 것을 생각해 봅시다. 간음은 인류 공통의 관심사이며 보편적인 죄이기 때문입니다. 이러한 성적인 범죄는 인간 존재의 의미를 잃어버린 이기적이며 자기의 힘만을 추구하는 타락한 죄인들의 어쩔 수 없는 성향입니다. 상대방을 이용해서 나의 만족을 채우고 나의 행복을 추구하는 것입니다. 그래서 성경에서도 돌로 쳐서 죽일 수 있는 범죄에다가 간음을 넣어 두고 있는 것입니다.

부부란 서로 자기가 가진 다른 것으로 상대방을 섬기며 둘이 하나가 되어 가는 그리스도인들의 삶을 몸으로 깨닫고 느낄 수 있는 하나님의 귀한 선물입니다.

예수 그리스도로 말미암아 거듭난 자들은 자신들의 존재의 의미를 발견한 자들입니다. 그 사람들은 왜 남자와 여자가 존재하는지 왜 교회가 존재하는지 왜 나에게 이해하지 못할 상황들이 일어나는지 깨달아 알게 됩니다. 그래서 그 모든 것들을 자신의 거룩과 온전함을 위해 활용합니다.

살인이 하나님의 형상으로 지어진 인간을 죽임으로써 창조주 하나님을 모욕하는 것이라면 간음은 하나님의 선물을 모독하는 것입니다. 그래서 그 두 가지 죄는 다른 죄와 다르게 하나님의 율법에 의해서 돌로 쳐서 죽이는 것입니다.

특히 교회는 믿음을 근거로 하는 남자와 여자들로 구성되었습니다. 그 이성을 통해서 상대방에게 무엇을 기대하고 있고 무엇을 요구하고 있으며 어떻게 함께 온전함을 향해 가고 있는지 고민해야 합니다. 또 교회 안에서 형제이며 자매 된 우리는 서로의 믿음을 세우고 지키는 것에 힘쓰고 하나님을 더 알아가는 것으로 기뻐해야 합니다. 욕정의 여인 사마리아 여인이 예수를 만나자 그녀에게 참 만족이 왔다는 것을 기억해 봅시다. 자기 안에 예수가 없는 자들이 만나면 인간적인 불순한 생각과 욕구가 나올 수밖에 없는 것입니다.

교회는 어떤 이성이라 할지라도 서로의 믿음을 세워주고 그 믿음을 통해 하나님을 알아가고 신자의 삶이 무엇인지를 배우며 하나님의 거룩한 백성으로 지어져 가야 하는 신앙공동체입니다.

〈고전 5:1-8〉

¹너희 중에 심지어 음행이 있다 함을 들으니 그런 음행은 이방인 중에서도 없는 것이라 누가 그 아버지의 아내를 취하였다 하는도다 ²그리하고도 너희가 오히려 교만하여져서 어찌하여 통한히 여기지 아니하고 그 일 행한 자를 너희 중에서 쫓아내지 아니하였느냐 ³내가 실로 몸으로는 떠나 있으나 영으로는 함께 있어서 거기 있는 것 같이 이런 일 행한 자를 이미 판단하였노라 ⁴주 예수의 이름으로 너희가 내 영과 함께 모여서 우리 주 예수의 능력으로 ⁵이런 자를 사탄에게 내주었으니 이는 육신은 멸하고 영은 주 예수의 날에 구원을 받게 하려 함이라 ⁶너희가 자랑하는 것이 옳지 아니하도다 적은 누룩이 온 덩어리에 퍼지는 것을 알지 못하느냐 ⁷너희는 누룩 없는 자인데 새 덩어리가 되기 위하여 묵은 누룩을 내버리라 우리의 유월절 양 곧 그리스도께서 희생되셨느니라 ⁸이러므로 우리가 명절을 지키되 묵은 누룩으로도 말고 악하고 악의에 찬 누룩으로도 말고 누룩이 없이 오직 순전함과 진실함의 떡으로 하자

이 말씀은 음행을 하는 고린도교회 사람들에게 바울이 엄히 경고하는 대목입니다. "나는 음행한 자들을 사탄에게 내주었다. 그러니 회개하고 구원을 받아라. 너희에게 있는 누룩을 내버려라." 하고 경계할 것을 주문한 내용입니다. 여기서 누룩은 죄를 의미합니다.

유대인들이 유월절을 지킬 때 집안에 누룩이 조금이라도 남아있으면 하나님께서 그 집을 멸하셨습니다. 유월절 어린 양의 피로 구원을 얻은 자들은 그 죄의 습관, 경향, 죄를 부추기는 유혹 같은 누룩을 자꾸 버려야 한다는 것입니다.

교회를 이룬 우리의 삶은 하루하루가 모두 유월절과 같습니다. 예수

그리스도의 십자가로 말미암아 구원을 얻은 교회는 모든 날을 그 구원의 감격으로 살아가야 하며, 하루하루를 유월절처럼 지켜야 합니다.

우리는 우리를 유혹하는 죄의 누룩을 버려야 합니다. 우리는 생리적으로 더러운 것들을 우리 몸 밖으로 내버리면서 살아가는 자들입니다. 그래서 인체를 위해서 필요한 영양분을 흡수하고 남은 찌꺼기를 버리기 위해 화장실을 가는 것처럼, 거듭난 자들은 본능적으로 죄의 더러운 것들을 피하고 버리게 되어 있습니다.

(3) 본질에서 벗어남

죽은 자들은 그냥 더러운 세상 원리에 젖어있다가 사망으로 가게 되지만, 살아있는 자들은 더러운 것들에 대한 노출을 피하고 외면합니다. 따라서 우리가 믿음으로 살아있는 진정한 그리스도인이라면 죄와 싸우는 피나는 노력을 계속해야 합니다.

믿음으로 성도된 자들은 끊임없이 우리 속에 있는 죄성과 욕망의 자아를 비우고 하나님의 것으로 채우는 일에 진실로 피나는 노력을 해야 합니다. 그것이 우리의 믿음을 지키고 또 믿음의 장성한 분량에 이르는 길이며 하나님이 우리에게 원하시는 일이기 때문입니다.

〈잠 4:23〉

모든 지킬만한 것 중에 더욱 네 마음을 지키라 생명의 근원이 이에서 남이니라

마음은 생각과 행위를 제어하는 '컨트롤 타워'입니다. 요즈음은 TV나 컴퓨터, 스마트폰 같은 많은 문명의 이기들에 의해 새로운 뉴스나 정보들

이 날마다 수없이 쏟아져 나오고 있습니다. 그러나 그 정보들 속에는 불륜이나 패륜 같은 자극적이고 선정적인 사건 사고들이 뉴스라는 이름으로 여과 없이 우리에게 전달되고 있습니다.

이렇게 자극적인 뉴스에 노출되어 적응하게 된 우리의 이성과 감성은 이제 작은 사건 사고에는 관심이나 흥미조차도 느낄 수 없을 정도로 무뎌졌습니다. 그것은 곧 죄에 대한 의식이나 인식까지도 함께 무뎌짐을 의미합니다.

동 시대를 함께 살아가면서 모든 뉴스나 정보를 외면할 수는 없습니다. 어차피 세상은 죄가 왕 노릇 하는 죄의 온상이기 때문에 우리가 믿음 안에 있다 할지라도 육신의 모습으로 세상에 존재하는 한 우리는 어느 누구도 죄로부터 자유로울 수는 없습니다.

그래서 교회가 필요한 것입니다. 그것도 하나님에 관한 정보만 가득해서 그 정보를 함께 공유하고 서로 나눌 수 있는 그런 교회가 필요한 것입니다. 교회에 모여서조차 세상 것을 구하고, 세상일을 논한다면 그런 곳은 교회가 아닙니다.

우리는 자극적이고 흥미 위주의 잘못된 정보나 유혹으로부터 우리의 생각과 마음을 지켜야 합니다. 우리 안에 채워 넣은 것은 다시 밖으로 나오게 되어 있습니다. TV나 스마트폰을 켜면 보이는 것이 범죄와 죄의 유혹들뿐입니다. 더러운 것들은 가능한 피해야 합니다. 죄는 계속해서 죄를 낳습니다. 인간은 죄를 지으면 의식적으로 하나님을 피하게 되어 있습니다. 그렇게 하나님으로부터 한 번 두 번 숨게 되면 계속해서 어두운 삶을 살게 되는 것입니다. 그래서 교회에서는 성도들의 그러한 죄를 발견하게 되면 교회 앞에 드러내 놓고 회개하게 하고 고치게 하고 바로잡는 행위를 하는 것입니다. 그것이 바로 '치리'입니다.

만일 교회 안에서 그리스도인으로서 바람직하지 못한 누룩들이 발견이 될 때는 반드시 교회에서 치리를 해야 합니다. 교회의 세를 불리기 위해 한 사람이라도 더 있어야 한다는 마음으로 교회가 치리를 미루거나 포기한다면 나중에 더 큰 문제에 봉착하게 될 것입니다. 요즈음은 교회 건물에 들어와서 앉아있기만 하면 모두 그리스도인이라고 하니까 그런 권징이 제대로 시행되지 않습니다. 혹시 한 사람이라도 떨어져 나갈까 봐 교인들에게 싫은 소리는 하지 않는 것이지요.

　　그러나 올바른 교회는 성도가 잘못했을 때 반드시 징계를 해야 합니다. 바울이 음행한 자들을 사탄에게 내주었다는 것은 그들을 교회라는 공동체에서 잠시 내쫓았다는 말입니다. 하나님의 통치 아래에 있는 하나님의 백성들이 모여 있는 곳이 교회라면 그 무리에서 쫓겨난 자들은 결국 세상 속으로 갈 수밖에 없습니다. 교회 밖의 그 세상은 사탄의 통치가 있는 곳입니다. 그것을 사탄에게 내주었다라고 표현하는 것입니다. 그 사람이 진짜 믿음 안에 있는 성도가 맞다면 그 사람은 절대 그것을 견디지 못합니다. 그는 당연히 심적인 절망과 아픔을 느낄 수밖에 없을 것입니다.

　　요즘처럼 교회가 타락한 상태에서는 그것이 무슨 큰 벌이라고 할 수 있겠는가 하고 생각할 수 있지만 교회 안에서 사랑으로 교제하는 진정한 하나님의 백성이라면 성도들과의 교제권에서 멀어지는 것에 대해 힘들어할 수밖에 없습니다.

　　하나님의 백성을 하나님의 백성들의 무리에서 잠시라도 떨어져 있게 하는 것은 하나님의 백성들에게는 견딜 수 없는 큰 벌입니다. 물론 이런 상황은 믿음 안에 있는 자의 일탈에 의한 징계를 말하는 것이지만 그런 과정에서 혹시 치리를 받은 사람이 낙심하여 교회에 나오지 않을 수도 있습니다. 그 사람이 치리의 결과 출교라는 중한 징벌을 받은 자가 아니라면 교회의 형제자매들이 그를 위해서 기도하고 그에 대한 관심을 끊지 말아야 합니다. 만약에 그 사람이 진정한 그리스도인이라면 치리를 수용하고 회개하는 마음으로 돌아올 것입니다. 그러나 사람들이 교회를 떠나 교회 운영이 어려워서 혹시 교회의 문을 닫게 될지라도 교회는 교회가 해야 할 역할을 해야 합니다. 그래도 하나님께서 남기신 자는 결국 돌아올 것이기 때문입니다.

이 땅의 교회는 설사 그렇게 망할지라도, 그런 상황을 교훈으로 하나님의 백성들이 하나님의 백성답게 만들어지는 것, 그것이 하나님 나라의 원리입니다. 우리는 더욱 더 힘써 우리의 삶 속에 남아있는 누룩을 쳐서 없애고, 어린 유아기적 신앙에서 벗어나 장성한 분량에 이르기까지 가야 합니다. 그래서 하나님이 예비해 두신 그 영원한 '온전한 곳'에 갈 때까지 우리는 믿음의 온전함을 위해 열심히 나아가야 합니다.

9. 교회와 직분

(1) 교회의 온전함을 위함

〈골 1:25-29〉

25내가 교회의 일꾼 된 것은 하나님이 너희를 위하여 내게 주신 직분을 따라 하나님의 말씀을 이루려 함이니라 26이 비밀은 만세와 만대로부터 감추어졌던 것인데 이제는 그의 성도들에게 나타났고 27하나님이 그들로 하여금 이 비밀의 영광이 이방인 가운데 얼마나 풍성한지를 알게 하려 하심이라 이 비밀은 너희 안에 계신 그리스도시니 곧 영광의 소망이니라 28우리가 그를 전파하여 각 사람을 권하고 모든 지혜로 각 사람을 가르침은 각 사람을 그리스도 안에서 완전한 자로 세우려 함이니 29이를 위하여 나도 내 속에서 능력으로 역사하시는 이의 역사를 따라 힘을 다하여 수고하노라

우리 성도들은 믿음으로 '교회의 온전함' 속에 거하기를 바라며 온전하게 되어 가는 과정에 있는 자들입니다. 우리는 그 과정의 삶을 신앙생활이라고도 부르고 나그네 같은 인생길이라고도 부릅니다.

그래서 교회는 마땅히 올바른 말씀과 올바른 성례와 올바른 권징, 치리를 행사함으로 교회를 이룬 성도들이 거룩하고 온전하게 지어져 가는 데에 온 힘을 기울여야 한다고 성경은 확인해 주고 있습니다.

하나님의 뜻에 합당한 온전한 자로, 예수 그리스도의 거룩한 신부로 지어져 가는 길에 하나님의 방법이요 수단으로 주어진 것이 지상의 교회라면, 그 지상의 교회 안에서의 직분은 어떻게 정의할 수 있는지 알아봅시다.

교회의 직분은 교회의 온전함을 이루기 위해서 존재하는 만큼, 경건과 거룩으로 성도들의 온전함을 이루기 위해 힘쓰는 것이 무엇보다 중요합니다.

〈엡 4:11-12〉

11그가 어떤 사람은 사도로, 어떤 사람은 선지자로, 어떤 사람은 복음 전하는 자로, 어떤 사람은 목사와 교사로 삼으셨으니 12이는(그러한 직분들은) 성도를 온전하게 하여 봉사의 일을 하게 하며 그리스도의 몸을 세우려 하심이라

하나님이 세우신 교회는 이렇게 '온전함(perfect)'으로 자라가야 합니다. 그래서 교회가 구원받은 것을 새 생명을 소유한 것이라고 합니다. 그것을 '새 신분'이나, '새 운명', '새 지위' 같은 말로 표현할 수도 있는데 왜 굳이 '새 생명'이라고 표현했을까요?

그것은 '자라남'이라는 단어가 그 단어 안에 숨겨져 있기 때문입니다. 생명이라 함은 자라남을 전제로 합니다. 그 '교회의 자라남'에 기여하는 것이 교회 자신이요 또 교회 안의 직분들입니다.

이 지상의 교회는 여러 부류의 각기 다른 사람들이 모여서 이루어져 있기 때문에 그 조직이 바르게 세워지고 존재하기 위해서는 당연히 질서가 필요합니다. 교회는 영적인 유기체입니다. 유기체라는 것은 서로 떨어질 수 없는 한 생명이라는 의미입니다. 그러면 하나의 생명으로 통일이 된 유기체에 왜 조직이 필요할까요?

성경에서 말하는 교회는 영적 유기체로서 천상의 완성된 교회, 영적인 교회를 말합니다. 물론 이 지상의 가시적인 교회는 그 자체가 유기체는 아닙니다. 교회에는 많은 가라지나 쭉정이들이 알곡과 함께 공존하고 있습니다. 그리고 그 안에 있는 하나님의 백성들도 아직 온전한 유기체로서의 삶을 배워야 하는 과정에 있고, 여전히 이 광야의 삶을 살아내야 하는 육신을 가지고 있습니다. 그래서 때에 따라 먹어야 하고 마셔야 하고 그들이 함께 모이는데 비가 오면 비를 피해야 하고 바람이 불면 바람도 막아야 합니다. 거기에는 당연히 일손이 필요하고 그 일손들을 규모 있게 움직이게 하는 리더도 필요합니다. 그리고 또 성도들을 가르치고 양육하는 데에 있어서도 여전히 인간이 가진 한계 때문에 질서를 유지하는 것이 필요합니다.

그래서 그러한 일들을 체계적이고 효율적으로 그 일을 감당해 내기 위해서 그 조직을 위한 질서라는 것이 필요한 것입니다. 따라서 그 조직의 질서를 세우기 위한 직분과 직책이라는 것이 당연히 있어야 하고 또 있을 수밖에 없습니다. 예수님의 제자들 중에도 유다처럼 돈궤를 맡은 자가 있었던 것처럼 당연히 공동체에는 직분과 직책이 있습니다. 여기서 직분이라 함은 직무상의 본분을 말하는 것이고, 직책이라 함은 직무상의 책임을 말하는 것입니다.

교회로 모인 사람들이 모두 완전하게 성화 된 하나님의 백성들이라면 그런 질서나 조직이 있어야 할 필요가 없습니다. 그러나 교회에는 아직 참 생명에 대해서 알지 못하는 사람들이 있고, 새 생명을 받기는 받았는데 아직도 젖이나 이유식을 먹고 있는 어린아이 같은 사람들도 있고, 성숙한 사람들도 있으므로 질서가 필요한 것입니다. 그런 질서가 없으면 난장판처럼 혼란이 올 수 있기 때문입니다. 왜 꼭 목사만 설교를 합니까? 집사들도 돌아가면서 설교를 해도 될 터인데 왜 교회가 그것을 허락하지 않을까요? 그것은 질서의 차원에서 그러는 것입니다.

물론 뉴스에서 자주 볼 수 있듯이 버젓이 신학교를 졸업한 가짜 목사들도 얼마든지 많습니다. 그러나 질서의 차원에서 신학교를 졸업한 사람에게 목사 안수의 기회를 주는 것입니다. 그 안수도 꼭 안수받은 목사들과 장로들이 안수를 해야 합니다. 형식적이라 할지라도 그것이 교회를 위한 질서 차원이기 때문입니다. 그렇지 않으면 어떤 사람이 어느 날 꿈에 계시를 받고 와서 "하나님이 오늘부터 나에게 목사를 하라고 했습니다." 하면서 자기들끼리 모여서 안수하고 설교도 하는 현상을 상상해 봅시다. 그렇게 되면 요즘 말로 개나 소나 다 목사 되고 성경도 자기 생각대로 가르치려고 할 것입니다. 또 교회는 교회로서의 그 기능이나 가치를 잃어버리고 단순하게 힘과 욕망에 좌우되는 사람들의 모임으로 전락할 수밖에 없습니다. 그러므로 질서의 차원에서 교회에 조직과 직분이 있는 것입니다.

그러나 우리가 살펴본 대로 그러한 교회 공동체의 모든 직분과 직책은 모두 성도들을 온전케 하는 것을 목적으로 삼아야 합니다. 그런 직분과 직책이 단순하게 인간적인 조직체의 운영을 위한 것으로 초점이 맞춰져서는 결코 안 됩니다. 교회는 사람들이 운영하는 것이 아니라 하나님에 의해 이끌려가야 하는 것이기 때문입니다. 그러한 교회 안에서의 직분과 직책이 세속적으로 변질되어 믿음과 말씀의 능력이 아니라 돈을 주고 직분자의 자격을 획득하는 등의 편법과 변칙에 의해서 하나님의 원하신 뜻을 배반하는 상황에 이르게 되면 결국 교회는 세속으로 침몰하게 됩니다.

그렇지 않아도 요즈음 교회의 세습 문제, 성희롱 문제 등 교회 지도자들의 차마 입에 담기조차 민망한 일들이 뉴스에 오르내리는 것에 대해서 하나님께서는 왜 침묵하실까 하는 의문을 가진 사람들도 많이 있을 것입니다. 그러나 죄와 허물로 죽을 수밖에 없었던 우리를 구원해 주셨듯이 때가 이를 때까지 하나님의 계획을 우리는 알 수 없습니다. 만약에 교회가 추구하는 것이 세상의 일이라면 교회도 운영을 잘해서 재정이 풍족한 운영을 목표로 해야 할 것입니다. 그렇게 되면 교회의 직분자들은 모두 세상의 능력자나 전문가들로 구성하는 것이 가장 이상적일 것입니다. 그러나 교회의 일은 그런 세상의 전문적인 지식과 능력이 있다고 잘 될 수 있는 것이 아닙니다. 대학교수들이라고 주일학교나 중고등부 교사를 잘하는 것이 아니고, 성악가들이 찬양대에 들어가 있다고 그 찬양대가 아름다운 화음을 만들어내는 것도 아닙니다. 물론 훌륭한 회계사가 교회의 재정을 맡는다고 교회의 재정이 좋아지는 것도 아니지요.

교회의 일은 그렇게 사람의 생각과 노력으로 이루어지지 않습니다. 그래서 성경은 직분자들의 조건이나 자격을 제시할 때 그들이 가진 능력을 논하지 않습니다.

〈딤전 3:1-13〉

¹미쁘다 이 말이여, 곧 사람이 감독의 직분을 얻으려 함은 선한 일을 사모하는 것이라 함이로다 ²그러므로 감독은 책망할 것이 없으며 한 아내의 남편이 되며 절제하며 신중하며 단정하며 나그네를 대접하며 가르치기를 잘하며 ³술을 즐기지 아니하며 구타하지 아니하며 오직 관용하며 다투지 아니하며 돈을 사랑하지 아니하며 ⁴자기 집을 잘 다스려 자녀들로 모든 공손함으로 복종하게 하는 자라야 할지며 ⁵(사람이 자기 집을 다스릴 줄 알지 못하면 어찌 하나님의 교회를 돌보리요) ⁶새로 입교한 자도 말지니 교만하여져서 마귀를 정죄하는 그 정죄에 빠질까 함이요 ⁷또한 외인에게서도 선한 증거를 얻은 자라야 할지니 비방과 마귀의 올무에 빠질까 염려하라 ⁸이와 같이 집사들도 정중하고 일구이언을 하지 아니하고 술에 인박히지 아니하고 더러운 이를 탐하지 아니하고 ⁹깨끗한 양심에 믿음의 비밀을 가진 자라야 할지니 ¹⁰이에 이 사람들을 먼저 시험하여 보고 그 후에 책망할 것이 없으면 집사의 직분을 맡게 할 것이요 ¹¹여자들도 이와 같이 정숙하고 모함하지 아니하며 절제하며 모든 일에 충성된 자라야 할지니라 ¹²집사들은 한 아내의 남편이 되어 자녀와 자기 집을 잘 다스리는 자일지니 ¹³집사의 직분을 잘한 자들은 아름다운 지위와 그리스도 예수 안에 있는 믿음에 큰 담력을 얻느니라

(2) 직분자의 자격

교회 직분자의 자격은 남들에게 좋은 평가를 얻고, 가정을 잘 다스리며, 술을 즐기지 않고, 신앙이 깊은 사람들이면 자격에 해당되는 것입니다. 교회의 직분자는 돈이 많아야 하고 경영 능력도 있어야 하며 추진력도 있어야 하고 머리도 좋아야 한다는 등의 인간적인 능력이나 조건을 필요로 한다는 것은 성경에 없습니다.

교회의 직분자들은 결국 성도들의 온전함을 위해서 존재하는 자들이지 결코 교회를 운영하는 사람들이 아닙니다. 교회는 능력 있는 사람들이 그들의 능력을 발휘해서 훌륭한 업적을 만들어 내거나 또 그런 능력을 요구하는 곳이 아닙니다. 그렇게 교회의 직분과 직책이 성도들의 온전함을 위해서만 존재하는 것이라면, 교회 안에서 가장 중요한 성도들의 신앙을 위해서 그 책무를 충실히 하는 것이 직분자의 일입니다.

하나님은 교회를 통해서 성도들을 천국에서의 삶에 합당한 사람으로 온전하게 만들어서 데리고 가기 위해 하나님께서 그 필요를 위한 봉사의 일꾼으로 세우신 것이 바로 직분자입니다. 목사나 장로, 집사 등 모든 사역자들이 그런 역할을 하는 것입니다. 그런 일꾼으로서의 직분과 역할을 수행하면서 직분자 자신들도 거룩하고 온전하게 지어져 가게 되는 것입니다. 직분이라는 것은 그 이상도 그 이하도 아닙니다.

만약에 목사, 장로, 어떤 부서의 팀장이나 부서의 회장, 부회장 같은 직책은 그 사람이 그 직책을 맡을 만한 능력이 있어서 맡는 것이 아니라, 그 직책을 맡지 않으면 오히려 그 정도의 신앙생활조차도 제대로 감당할 수 없는 사람들을 그 직책을 통해서 신앙으로 붙들어 주시는 하나님의 방법이라고 할 수 있습니다.

목사나 장로, 집사 등 많은 직분자들은 가끔 자신의 인간적인 정체성을 생각해 보면서 만약에 자신이 예수 그리스도를 믿지 않고 직분자로서 교회를 위해 봉사하는 위치에 있지 않았다면 봉사는커녕 주일조차 제대로 지키지 않았을 것이라고 스스로 그런 부정적인 정체성에 대한 생각을 해 본 경험이 있을 것입니다.

하나님은 때로는 이렇게 직분이나 직책을 통해서 봉사하게 하시고 그런 과정을 통해서 우리를 믿음으로 꼭 붙들어 놓으시는 것입니다. 하나님이 우리를 붙들어 주지 않으시면 우리가 조금만 눈을 돌려도 신나고 재미있는 일들이 주위에서 얼마나 많이 우리를 유혹하고 있습니까.

우리는 하나님의 개입이 없으면 우리 스스로 성경을 열심히 읽고 공부할 수 있는 사람들이 결코 아닙니다. 그래서 하나님께서는 이렇게 목사나 장로, 집사 등의 직분을 맡게 하심으로 성경을 읽게 하시고 주일을 지키게 하시며 교회를 위해서 봉사하게 하시는 것입니다. 그렇게 직분을 수행하는 과정을 통해서 우리를 '거룩함'으로 만들어 가게 하시고 아울러 그 직분으로 말미암아 교회의 다른 지체들에게 유익이 되게 하시는 것입니다. 그것이 직분입니다. 역설적인 것 같지만 직분이 없는 사람들은 목사나 장로, 집사가 아니어도 신앙생활을 성실하게 할 수 있는 사람들이기 때문에 직분에 상관없이 그대로 두시는 것일 수도 있습니다.

그런데 많은 교회에서는 직분이 마치 교회의 계급처럼 인식되는 상황이 되어버렸습니다. 목사 밑에 장로, 장로 밑에 집사, 집사 밑에 평신도라는 식입니다. 그러나 그것은 매우 잘못된 인식이며 오해입니다. 교회 안에는 그런 인간적인 계급이나 서열이 결코 있을 수 없고 또 있어서도 안 됩니다.

그럼에도 불구하고 많은 교회에서는 그런 인식이 팽배해 있는 경우를 많이 볼 수 있습니다. 그래서 어떤 교회는 직분을 없애고 교회의 성도들을 형제자매로만 호칭하는 교회도 있습니다. 심지어 목사의 칭호도 쓰지 않는 교회도 있다고 합니다. 그러나 그것은 직분자들의 잘못된 의식과 행위의 부정적인 결과에 대응해서 나타난 현상이라고 할 수 있지만 그것을 꼭 옳거나 바람직한 현상이라고 할 수는 없습니다. 성경에서 직분에 대한 필요를 인정하고 있고 직분자의 자격과 책임을 분명하게 적시하고 있기 때문입니다. 물론 교회는 결국 에베소서의 말씀처럼 거룩이라는 목표 지점을 향해서 함께 손을 잡고, 함께 연결되어 가는 형제자매만 있을 뿐입니다.

그런데 왜 직분자들이 필요할까요? 그것은 교회의 거룩을 위해서 필요합니다. 그렇게 실수도 하고 흠이 많음에도 불구하고 직분자로 세우신 것은 아직 여물지 않은 직분자들의 실수와 실패를 통해서 우선 직분자 본인들의 신앙이 자라가기 때문입니다. 그리고 그러한 모습을 보면서 그 속에서 신자들의 신앙이 커가는 것입니다.

다시 한번 강조하지만 교회는 어떤 일을 해서 업적을 쌓고, 가시적인 목적을 위해서 일하는 단체가 아닙니다. 그러나 교회에서 발생하는 많은 문제는 교회를 인본주의적인 관점으로 이해하는 것으로부터 시작됩니다. 그것은 교회 건축이나 전도 봉사 등 눈에 보이는 가시적인 업적이나 실적을 추구하는 것들이거나 그 과정에서 생기는 것이 대부분입니다.

그 과정에서 인간적인 오해와 갈등이 결국 불신과 파벌과 같이 신앙과는 상관없는 현상이 나타나고 극단적으로는 파국으로 이어지기도 합니다. 그 문제를 해쳐보면 결국 하나님의 뜻이 아닌 인간의 이성과 의지가 개입되어 문제를 일으킨 것입니다. 그래서 종교개혁가 루터는 인간의 이성을 신앙과 반대 개념으로 보았습니다. 물론 철학자 칸트도 완전하지 못한 인간의 이성에 대해서 비판적인 입장을 취했지요.

따라서 불완전한 인간의 의지가 아닌 완전하신 하나님의 뜻을 구하며 나아가는 교회는 직분자와 신자들이 함께 손을 잡고 오직 거룩을 향해 지어져 가는 공동체라는 불변의 명제를 꼭 기억해야 합니다. 재정 운영을 잘못해서 교회 전체가 거리로 나가게 되었다고 할지라도 그것을 통해서 교회의 성도들이 하나님의 백성으로서 배워야 할 무엇인가를 바로 알게 되었다면 그것으로 족하게 여길 수 있어야 하는 것이 교회입니다.

교회는 인간적인 실적이나 업적을 필요로 하지 않고, 오직 하나님을 배우고 하나님 나라의 삶에 대한 원리만 바르게 배우고 믿으면 됩니다. 그것이 교회의 나아갈 길입니다. 우리가 하나님 앞에 갔을 때 하나님이 우리를 보시는 것은 예수님의 피, 그 진리의 피만 보시고 찾으십니다. 우리의 업적을 가지고 가려는 생각은 나의 의를 보이려는 것인데 이는 오히려 하나님에 대한 불경이며 신성모독의 죄입니다. 교회가 세상에서 아무 업적이 없을지라도 하나님이 원하시는 그 진리만 잘 배우고 믿으면 하나님은 그 자체로서 기뻐하시며 때가 이르렀을 때 우리를 영원한 나라의 백성으로 불러올리시는 것입니다.

세상 사람들은 어떤 사람을 판단할 때에 그가 한 일에 대한 실적을 가지고 평가합니다. 보릿고개를 없앤 박정희 대통령, 소 한 마리 팔아서 자수성가한 정주영 회장, 노예를 해방시킨 링컨 대통령, 이토 히로부미를 암살한 안중근 의사, 이런 식으로 그들의 업적 중심으로 사람을 평가하는 것이지요. 그것을 성과주의, 세속주의라고 합니다.

그러나 하나님은 사람이 해 놓은 일에는 전혀 관심이 없으십니다. 그렇지만 하나님은 또 우리에게 무엇인가를 행하라고 분명히 요구하십니다. 그러나 하나님이 우리에게 요구하시는 행함은 우리가 생각하는 것처럼 우리의 능력으로 만들어 내놓는 가시적인 업적을 말하는 것이 아닙니다.

설사 그것이 많은 사람에게 유익을 주는 선한 행위일지라도 하나님은 그런 행위에 대해서 인정해 주시거나 그런 것에 관심이 전혀 없으십니다.

(3) 하나님이 원하시는 열매

<마 7:15-23>

15거짓 선지자들을 삼가라 양의 옷을 입고 너희에게 나아오나 속에는 노략질하는 이리라 16그들의 열매로 그들을 알지니 가시나무에서 포도를, 또는 엉겅퀴에서 무화과를 따겠느냐

분명히 우리에게 요구하시는 열매가 있다는 것입니다.

17이와 같이 좋은 나무마다 아름다운 열매를 맺고 못된 나무가 나쁜 열매를 맺나니 18좋은 나무가 나쁜 열매를 맺을 수 없고 못된 나무가 아름다운 열매를 맺을 수 없느니라

그런데 그 열매는 자기가 맺는 것이 아니라 좋은 나무가 맺는 것입니다. 우리는 그 좋은 나무에 붙어 있기만 하면 되는 것입니다.

19아름다운 열매를 맺지 아니하는 나무마다 찍혀 불에 던져지느니라 20이러므로 그들의 열매로 그들을 알리라

그러나 "착각하지 말라 내가 바라는 열매는 이런 열매가 아니다"라고 21절부터 확실하게 정리를 해주십니다.

²¹나더러 주여 주여 하는 자마다 다 천국에 들어갈 것이 아니요 다만 하늘에 계신 내 아버지의 뜻대로 행하는 자라야 들어가리라

가시적인 실적을 위해서 열심을 내는 것이 능사가 아니라 하나님 아버지의 뜻대로 행하는 것이 하나님의 요구입니다. 그러면 어떻게 하는 것이 아버지의 뜻대로 행하는 것일까요?

> ²²그 날에 많은 사람이 나더러 이르되 주여 주여 우리가 주의 이름으로 선지자 노릇 하며 주의 이름으로 귀신을 쫓아내며 주의 이름으로 많은 권능을 행하지 아니하였나이까 하리니 ²³그때에 내가 그들에게 밝히 말하되 내가 너희를 도무지 알지 못하니 불법을 행하는 자들아 내게서 떠나가라 하리라

어떤 자들이 주의 이름으로 선지자 노릇하고, 주의 이름으로 귀신을 쫓아내고, 주의 이름으로 많은 권능을 행했다고 항의했습니다. 그런데 주님은 그들에게 "불법을 행하는 자들아 나를 떠나 지옥으로 가라"고 말씀하십니다.

도대체 무엇이 잘못된 것일까요? 주님의 이름으로 선지자 노릇하고 주님의 이름으로 귀신을 쫓아내고 주님의 이름으로 많은 권능을 행한 것이 나쁜 일입니까? 그렇지 않습니다. 그것은 분명히 좋고 훌륭한 일입니다. 더구나 그런 일들은 사도들이 전도하는 과정에서 분명히 행하였던 일들입니다. 사도들은 주님의 이름으로 선지자 노릇하고 주님의 이름으로 귀신을 쫓아내고 주님의 이름으로 권능을 행하였음에도 불구하고 천국에 갔습니다.

그런데 왜 주님은 똑같은 일을 한 어떤 사람들에게는 불법을 행하는

자들이라고 말씀하시는 것일까요? 사도들이 행한 행함과 그들이 행한 행함은 무엇이 다른 것일까요? 바로 다음 절에 그 답이 나옵니다.

〈마 7:24-27〉

²⁴그러므로 누구든지 나의 이 말을 듣고 행하는 자는 그 집을 반석 위에 지은 지혜로운 사람 같으리니 ²⁵비가 내리고 창수가 나고 바람이 불어 그 집에 부딪치되 무너지지 아니하나니 이는 주추를 반석 위에 놓은 까닭이요 ²⁶나의 이 말을 듣고 행하지 아니하는 자는 그 집을 모래 위에 지은 어리석은 사람 같으리니 ²⁷비가 내리고 창수가 나고 바람이 불어 그 집에 부딪치매 무너져 그 무너짐이 심하니라

예수 그리스도의 말씀을 듣고 행한 일, 곧 예수를 알고 복음을 알고 행한 일은 분명히 좋은 열매이지만, 예수 그리스도의 말씀과는 상관없이 행한 것, 즉 복음이 무엇이고 예수님이 누구이신지 알지 못하고 자기 의로 행한 행함은 모두 '지옥에 들어갈 수밖에 없는 불법'이라는 것입니다.

그 말은 우리가 어떤 일을 행하고 난 뒤에 그것이 '자기의 열매'가 되어서 자기 자랑이 되고, 자기 의가 되어서 주님 앞에 가서 "저는 이런저런 일을 분명히 했습니다."라고 하나님 앞에 자신의 업적이나 성과를 제시하는 자는 모두 불법을 행하는 가짜라는 것입니다. 즉 선지자 노릇도 하고 귀신도 쫓아내고 권능을 행하고도 그것을 자기의 자랑으로 차곡차곡 쌓아 놓은 사람들은 오히려 지옥에 들어갈 범죄 행위를 한 것이 되는 것입니다.

그러므로 교회 일을 얼마나 겸손하고 신중하게 해야 하는 것인지 알게 해 주는 교훈입니다. 자칫하면 열심히 해 놓고 하나님의 저주를 받게 되

는 결과가 될 수 있으니까요. 그러므로 진리에 대한 깨달음이나 믿음이 없으면 차라리 아무 일도 하지 않는 것만 못한 것이 될 수 있습니다.

〈눅 17:7-10〉

7너희 중 누구에게 밭을 갈거나 양을 치거나 하는 종이 있어 밭에서 돌아오면 그더러 곧 와 앉아서 먹으라 할 자가 있느냐 8도리어 그더러 내 먹을 것을 준비하고 띠를 띠고 내가 먹고 마시는 동안에 수종들고 너는 그 후에 먹고 마시라 하지 않겠느냐 9명한 대로 하였다고 종에게 감사하겠느냐 10이와 같이 너희도 명령받은 것을 다 행한 후에 이르기를 우리는 무익한 종이라 우리의 하여야 할 일을 한 것뿐이라 할지니라

하나님의 백성들은 이렇게 무슨 일을 하든지 전혀 생색을 낼 수 없는 무익한 종 같은 마음으로 일을 해야 하는 사람들입니다. 어떤 일을 하더라도 전혀 자랑을 할 수 없습니다. 마땅히 해야 할 일이고, 또 자연스러운 행위이기 때문입니다. 그래서 마태복음 25장을 보면 최후의 심판을 보여 주는 양과 염소의 심판 때 양들은 자기들이 한 일을 기억하지 못하는 것입니다. 왜냐하면 양들은 자기가 한 일을 가지고 자기를 증명하고 자기의 자랑으로 삼지 않는 자들이고, 염소들은 세상에서 자신이 일궈낸 모든 업적을 자랑하고 사람들로부터 이미 모든 칭찬을 들었기 때문입니다.

〈마 25:31-39〉

31인자가 자기 영광으로 모든 천사와 함께 올 때에 자기 영광의 보좌에 앉으리니 32모든 민족을 그 앞에 모으고 각각 구분하기를 목

자가 양과 염소를 구분하는 것 같이 하여 33양은 그 오른편에 염소는 왼편에 두리라 34그 때에 임금이 그 오른편에 있는 자들에게 이르시되 내 아버지께 복 받을 자들이여 나아와 창세로부터 너희를 위하여 예비된 나라를 상속받으라 35내가 주릴 때에 너희가 먹을 것을 주었고 목마를 때에 마시게 하였고 나그네 되었을 때에 영접하였고 36헐벗었을 때에 옷을 입혔고 병들었을 때에 돌보았고 옥에 갇혔을 때에 와서 보았느니라 37이에 의인들이 대답하여 이르되 주여 우리가 어느 때에 주께서 주리신 것을 보고 음식을 대접하였으며 목마르신 것을 보고 마시게 하였나이까 38어느 때에 나그네 되신 것을 보고 영접하였으며 헐벗으신 것을 보고 옷 입혔나이까 39어느 때에 병드신 것이나 옥에 갇히신 것을 보고 가서 뵈었나이까 하리니

"너희가 이러저러한 행위를 했기 때문에 내가 너희를 천국에 보낸다."고 하니까 그 사람들은 그 말의 의미를 알지 못하는 것입니다. 그들은 세상에서 자신들이 한 일을 당연한 것으로 여겼기 때문에 자신이 한 일에 대해서 전혀 기억하고 있지 않았던 것입니다.

여기서 우리는 하나님께서 양들에게 요구하시는 '행할 일'이 어떤 것인지 알 수 있습니다. 양들이 해야 할 일이란 목자이신 예수님이 겪으신 그 고난에 동참하는 것, 바로 그 일입니다.

주님의 양들은 주님이 주리셨을 때 음식을 드리고, 목마르실 때 물을 드려 마시게 하고, 나그네 되셨을 때 영접하였고, 주님이 벌거벗으셨을 때 옷을 입혔고, 병드셨을 때 수발을 했고, 옥에 갇히셨을 때 찾아가서 뵈었다고 합니다. 이것이 우리 성도들이 '행해야 할 일'입니다.

(4) 하나님이 원하시는 성도의 삶

믿음 안에 있는 우리가 해야 할 일이란 바로 이렇게 예수님과 연합해서 동행하는 삶을 말합니다.

우리가 맺어야 할 열매는 어떤 가시적으로 드러나는 업적이 아니라 예수 그리스도와 믿음으로 연합해서 예수 그리스도의 고난에 동참하는 자의 삶을 사는 것입니다. 그것이 우리가 배우고 해야 할 일입니다.

우리가 열심히 선교를 해서 5,000명이 구원을 받았다고 생각해 봅시다. 그러나 하나님이 기뻐하시는 열매는 5,000명이 돌아온 것이 아닙니다. 그것은 어차피 하나님이 하시는 일이니까요. 다만 선교에 참여한 사람들이 선교 활동을 통해 사랑의 마음을 품게 되고 인내하게 되고 온유한 심령으로 변해가게 되는 그 자체를 열매라고 할 것입니다.

병든 사람이 기도를 열심히 해서 병이 나은 것을 열매라고 하지 않습니다. 병든 사람이 그 병을 통해 인간의 유한함과 생명의 부질없음과 하나님 나라의 소중함을 깨닫게 되는 것을 열매라고 하는 것입니다. 또 공부를 잘해서, 사업을 잘 꾸려서 세상 사람들에게 예수 믿는 자로서 본을 보여 주는 것이 하나님이 요구하시는 열매가 아닙니다. 사업이 망했어도 하나님으로만 기뻐할 수 있는 그 마음 그 그리스도인의 희락을 열매라고 하는 것입니다. 그것이 바로 하나님이 우리에게 요구하시는 교회가 해야 하는 일이요, 직분자들이 교회를 위해서 할 일입니다. 그런 사랑과 희락과 화평과 오래 참음과 온유함 같은 열매는 우리가 그리스도의 고난에 동참함으로써만 얻을 수 있는 것들입니다. 환난이 없이는 인내를 배울 수 없고, 고통이 없이는 하늘의 희락을 깨닫기 어렵습니다. 또 나의 생각과 의지에 반대하고 시비하는 사람이 없이는 온유함을 배울 수 없습니다.

우리는 예수 그리스도와의 연합을 통해서 그리스도의 고난에 동참할 수 있으며 그런 열매를 맺을 수 있는 것입니다. 그런데 그런 열매들은 우리가 알지 못하는 부지불식간에 아주 조금씩 맺히기 때문에 양들이 나중에 "우리가 언제 그랬어요?"라고 묻게 되는 것입니다. 그 열매들은 우리가 맺는 것이 아니라 우리 안에 계신 성령님이 맺히게 하시기 때문에 우리는 좋은 나무인 예수님께 붙어만 있으면 된다는 것입니다.

그런 사람들에게는 인생의 성공과 실패에 대한 개념이 바뀌게 됩니다. 또 내가 이루어 놓은 일에 대해서 절대 자랑하지 않습니다. 그 일이 성공하든지, 실패하든지 그 일들을 통해서 주님을 더 깨닫게 하시고, 거룩하게 만들어 가시며, 내 안에 열매를 맺게 하시는 주님으로 인해 기뻐하게 되는 것입니다. 때로는 배반을 당하고 때로는 멸시를 당하고 때로는 수치를 당하면서도 내 안에 그리스도께서 맺으시는 열매가 맺혀진다면 성공적인 그리스도인의 삶이 되는 것입니다.

"아, 나 같은 인간을 그 영광스러운 그리스도의 고난에 동참시키셔서 이렇게 열매를 맺어가시다니, 너무나 감사합니다."

우리가 어느 순간 어떤 상황에 놓일지라도 궁극적으로는 이런 고백이 우리의 것이 되어야 합니다. 예수를 믿는다는 것은 바로 그런 것입니다. 예수를 믿으면 이 세상에서 성공하거나 어떤 보상을 받게 된다고 가르치는 사람들은 아무리 정통교단에 속한 교회라 할지라도 모두 이단이고 적그리스도라고 할 수 있습니다.

한 번 생각해 봅시다. 하나님의 사람 아벨은 믿음을 통해서 어떤 보상을 받았습니까? 가인에게 맞아 죽었습니다. 노아는 심판 전날까지 어떤 보상을 받았습니까? 세상 사람들의 조롱거리만 되었습니다. 바울을 비롯한 사도들은 예수를 믿고 어떤 보상을 받았습니까? 죽도록 두들겨 맞거나 감옥에 갇히고 도망 다니면서 전도하다 비참한 최후를 맞이했습니다. 스데반 집사도 물론이고요.

성경에 나오는 어떤 사람도 예수를 믿고 이 세상의 것으로 보상받은 사람은 없습니다. 예수를 믿으면 우리가 세상의 것으로 보상받는 것이 아니라 예수 그리스도의 거룩을 따라 우리도 거룩해지는 것입니다. 그렇게 거룩하게 된 자들이 천국에 들어가기 때문에 우리가 예수 그리스도를 믿음으로 거룩에 나아가야 하는 것입니다. 그 거룩으로 가는 길은 오히려 고난이요 환난이요 핍박이 있는 좁은 길이기에 찾는 이가 적다고 예수님이 말씀하신 것입니다.

그래서 사도 바울은 우리에게 "너희가 환난을 당하느냐? 기뻐하라."라고 말하는 것입니다. 직분은 오직 교회를 유익하게 하며, 교회의 온전함을 위해 쓰여야 하며, 자기 자신의 거룩을 위한 훈련하는 데 쓰여야 하는 것입니다. 그래서 그 직분이 하는 일은 절대 자랑이 될 수 없는 것이고 때로는 그 직분으로 인하여 고통스럽고 외로운 일을 겪게 된다 하더라도 그것으로 말미암아 그리스도가 기뻐하시는 열매를 맺을 수 있으니 잘 참고 이겨내야 한다고 성경은 말씀하고 있습니다.

그 과정에서 세상적인 고통 가운데 던져진다 할지라도 나의 거룩을 위해서 그 일에 동참하도록 불러주신 하나님을 찬양할 수 있을 만큼 담대해야 하는 것입니다. 나는 나의 자랑을 위해 존재하는 사람이 아니라 나의 형제자매들의 온전함을 위해 존재하는 사람이라는 것을 항상 명심해야 합니다.

자신을 드러내기보다는 남을 높여 주고, 많이 들어주되 말을 많이 하지는 말아야 합니다. 불평불만을 드러내고 공론화시켜서 교회의 혼란을 초래해서는 안 됩니다. 불평과 불만이 생기게 되면 그 일과 관계된 사람들의 잘못을 공격하는 것이 아니라 그 일을 놓고 기도할 수 있는 사람들이 되는 것, 그런 과정이 곧 자신의 거룩을 위해 필요한 훈련이며 그것이 바로 주님이 원하시는 그리스도인들입니다.

그런데 왜 뒤에서 불평하고 불만이 있는 사람들이 있을까요? 거기에는 나름대로 이유가 있겠지만 가장 먼저 생각해 볼 수 있는 것은 아직 믿음이 없거나 약하기 때문이라고 생각해 볼 수 있습니다. 그것은 곧 아직도 하나님의 의가 아닌 자기 의가 강하다는 반증이라고 할 수 있습니다. 즉 신앙적 미성숙의 결과라고 할 수 있지요. 교회는 사랑과 희생을 전제로 만들어진 유기체임에도 아직 그런 사랑이나 희생을 수용하고 행할 만한 믿음이 없기 때문에 교회의 일이라 할지라도 자신의 인간적인 욕망이나 가치와 충돌하면 불평불만이 터져나오게 되는 것입니다.

그럼에도 불구하고 교회는 각기 다른 사람들이 하나의 목적을 위해서 모인 영적 공동체입니다. 따라서 교회에서 어떤 문제가 생기면 성경의 교훈과 가르침에 근거해서 해결하려는 마음으로 접근하면 별 어려움이 없이 해결할 수 있습니다.

그런데 대부분의 교회 문제는 인본주의적인 생각과 오해에서 발생합니다. 또 문제의 해결에 대한 접근이나 방법도 인간적인 차원에서 시도합니다. 그러나 그런 것은 예수 그리스도가 주인이신 교회의 모습이 아닙니다. 그래서 교회를 통해서 훈련하게 하시고 믿음으로 더 성숙해지기를 바라시며 성령이 충만하여 성령의 열매를 맺기를 원하시는 것입니다.

불평과 불만은 전염병처럼 다른 사람들에게 쉽게 전이될 수 있습니다. 그런 사람들은 그런 부정적인 언사나 행위는 다른 형제자매의 신앙에 좋지 않은 영향을 줄 뿐만 아니라 때로는 교회를 위험에 빠뜨릴 수도 있습니다.

교회에서는 정치나 사회 문화 등을 세상적인 문제로 부질없는 논쟁은 삼가야 합니다. 논쟁이란 지면 억울하고 이기면 원한만 남깁니다. 우리는 각자의 자리에서 자기 일만 열심히 하면 됩니다. 그 일이란 서로 자신의 거룩을 이루는 일에만 열심을 갖는 것입니다.

그래서 저는 개인적으로 저를 견인하는 저만의 표어를 하나 만들었습니다. 그것은 나 자신을 향해서 던지는 질책으로 '너나 잘해'입니다. 좀 점잖지 못한 표현 같지만 삶 속에서 부족한 나의 입과 행동을 제어하기에는 아주 좋은 것 같습니다. 더 나아가 교회의 질서를 위해서 이것을 교회에 적용해도 무방할 것 같다는 생각입니다.

우리는 생활 속에서 끊임없이 문제와 부딪치고 선택과 집중에 의한 결정을 해야 합니다. 그런데 그 결과가 좋으면 문제가 없지만 좋지 않으면 그 책임을 다른 사람 탓으로 돌리거나 다른 변명을 해서라도 자신의 무고함을 주장하려 합니다. 그런데 문제는 교회라는 공동체 안에서 "세상과 나는 간 곳 없고 구속한 주만 보이도다"라고 은혜로운 찬송을 하면서도 다른 한 편에서는 거꾸로 구속한 주는 안 보이고, 죽었다고 고백한 자신은 살아서 펄펄 뛰는 모습이 보이는 경우가 많이 있다는 것입니다.

교회도 결국은 여러 부류의 사람들이 모인 집단이기 때문에 당연히 삶의 가치나 신앙에 대한 오해로 인한 충돌이 있을 수 있으나 그때 자신을 향해서 "너나 잘해"라고 속으로 자신을 경계하고 성찰하는 문구로 기억해서 적용하면 도움이 될 것입니다.

교회에서 각자 이렇게 먼저 자신을 돌아보고 성도들을 이해하려는 마음으로 신앙생활을 하면 겸손과 온유함이 넘치는, 진정으로 성도 서로를 사랑으로 섬기는 교회가 될 수 있을 것입니다.

10. 인간의 문제와 종교

(1) 인간과 종교

〈엡 2:1-10〉

¹그는 허물과 죄로 죽었던 너희를 살리셨도다 ²그 때에 너희는 그 가운데서 행하여 이 세상 풍조를 따르고 공중의 권세 잡은 자를 따랐으니 곧 지금 불순종의 아들들 가운데서 역사하는 영이라 ³전에는 우리도 다 그 가운데서 우리 육체의 욕심을 따라 지내며 육체와 마음의 원하는 것을 하여 다른 이들과 같이 본질상 진노의 자녀이었더니 ⁴긍휼이 풍성하신 하나님이 우리를 사랑하신 그 큰 사랑을 인하여 ⁵허물로 죽은 우리를 그리스도와 함께 살리셨고 (너희는 은혜로 구원을 받은 것이라) ⁶또 함께 일으키사 그리스도 예수 안에서 함께 하늘에 앉히시니 ⁷이는 그리스도 예수 안에서 우리에게 자비하심으로써 그 은혜의 지극히 풍성함을 오는 여러 세대에 나타내려 하심이라 ⁸너희는 그 은혜에 의하여 믿음으로 말미암아 구원을 받았으니 이것은 너희에게서 난 것이 아니요 하나님의 선물이라 ⁹행위에서 난 것이 아니니 이는 누구든지 자랑하지 못하게 함이라 ¹⁰우리는 그가 만드신 바라 그리스도 예수 안에서 선한 일을 위하여 지으심을 받은 자니 이 일은 하나님이 전에 예비하사 우리로 그 가운데서 행하게 하려 하심이니라

모든 인간은 누구나 마음속에 몇 가지 질문을 기본적으로 갖고 있을 것입니다.

(1) 우주와 생명의 기원은 언제부터 어떻게 시작되었을까?

(2) 그 속에서 인간은 어떤 존재이며 나는 누구인가?

(3) 모든 인간은 왜 죽는 것이며 죽음 이후에는 어떤 세상이 있을 것인가?

(4) 그 문제에 대한 해결책은 있는가? 있다면 그것은 무엇인가?

우리의 인생 가운데 던져진 이 질문들 속에서 '우리는 어떻게 해야 이런 문제에 대한 해답을 찾을 수 있을까?'를 고민합니다. 그런데 또 모든 인간은 자신들의 문제를 인식하고 있으며 그 문제의 해결책을 나름대로 내놓고 있습니다.

모든 인간이 품고 있는 이 근본적인 질문들에 대한 대답으로 나온 것이 바로 종교입니다. 종교란 인간이 스스로 풀 수 없는 문제를 신의 도움으로 해결하고자 하는 마음으로 인간의 생각이 만들어 낸 산물입니다.

또 학문에 의한 지식과 철학이 만들어 낸 것이 바로 이념이며 사상입니다. 특별하게 어떤 종교가 없고 이념이나 사상 같은 자신만의 철학을 가지고 있지 않더라도 거의 모든 사람은 그 범주를 벗어나지 못하고 살아갑니다.

춘추전국시대를 살았던 공자는 인간의 문제를 예(禮)의 결여로 보았습니다. 임금과 신하 사이의 예가 결핍되어 끊임없는 쿠데타가 일어나고, 또 부자 사이의 예, 형제 사이의 예, 사제 사이의 예, 이웃 사이의 예의 결핍으로 인해서 인간 세상이 이렇게 평화를 잃게 된다는 것이 공자의 해석이었습니다. 그래서 유교는 예를 회복하는 것이 인간이 당면한 고통에서 해방되는 유일한 길이라고 가르쳤습니다.

유교에서 말하는 인간 문제에 대한 해결은 예(禮)의 회복입니다. 그래서 유교에서는 '수기치인(修己治人)', 즉 자신의 도덕적 수양을 쌓는 것을 최고의 덕목으로 삼고 있습니다.

유교에서 인간에게 꼭 필요한 수양의 덕목으로 꼽는 것이 '사덕오상'이 며 그것은 '인, 의, 예, 지, 신'입니다. 그리고 대인 관계에서는 항상 '삼강 오륜'에 입각해서 행동해야 한다고 가르쳤습니다. 삼강오륜의 이념에 입 각해서 대인 관계를 가지게 되면 삶에 평화가 온다는 것이지요. 각자의 자리에서 그렇게 잘 살아내면 우리 인간이 겪고 있는 고통과 악의 문제가 해결될 수 있을 것이라는 가르치는 것이 유교입니다. 우리 한국에도 이미 BC 3세기경에 유교가 전래되었습니다. 그러므로 벌써 2,000년 넘게 유교 의 그늘 아래 살고 있는 것입니다.

그런데 정말 우리 인간의 문제가 이 예의 문제일까요? 우리는 우리의 생 각과 힘으로 그런 이상적인 예의 삶을 살 수 없습니다. 유교가 가장 폭넓 게 전파되고 나라의 국교처럼 되었던 때가 조선시대입니다. 그때는 예가 가장 강조되었던 시대입니다. 소위 양반이나 선비라는 사람들이 그런 예 를 중시하는 시대였지요. 그러나 그 조선왕조 500년 동안 우리 조상들은 가장 많은 내분을 겪었습니다. 공자의 가르침을 받들었던 중국의 왕조도 세계 어떤 나라 못지않게 당파 싸움과 피비린내 나는 쿠데타로 점철된 나라입니다. 그것으로는 결코 문제가 해결되지 않습니다.

석가모니는 우리 인간이 당면하고 있는 고통의 문제를 힌두교적인 관 점에서 바라보았습니다.

힌두교는 기원전 3000년경부터 존재했습니다. 힌두교는 종교라기보 다는 생활양식이나 철학에 가깝습니다. 힌두교는 창설자도, 선지자도, 교리체계도 알려져 있지 않습니다. 그냥 다산과 성장에 관심을 두고 사 는, 타락한 인간들의 생활양식이 종교화된 것입니다.

힌두교에서는 인간 세상에 나타나는 고통과 행복과 선과 악 같은 것들은 모두 우주의 중심에 존재하는 브라만이라는 진리의 투영이라고 봅니다. 그 브라만 안에는 고통과 행복과 선과 악의 개념이 없습니다. 그런데 그것이 인간 세상에 투영되면서 인간들이 그 현상들과 사건들을 고통으로, 행복으로, 선으로, 악으로 느끼는 것일 뿐이라는 것이지요. 그러므로 그러한 인간의 감정들은 다 허상이라는 것입니다. 그래서 그런 느낌에 속지 말고, 모든 것들이 허상이라는 것을 깨닫고 브라만 안으로 자신을 일치시키라는 '물아일체' '무념무상'의 사상이 힌두교의 가르침입니다. 그런데 BC 600년경에 그 힌두교의 개혁 운동이 시작되었습니다.

그래서 개혁 힌두교가 나왔는데, 그 하나가 '마하비라'라는 사람이 창시한 '자이나교'이고, 다른 하나는 '고타마 싯다르타'가 창시한 '불교'입니다. 이 두 종교는 개혁 힌두교의 소산입니다.

고타마 싯다르타는 힌두교에 있는 희생제사와 카스트(신분계급 제도)를 없애고 불교를 창시했습니다. 그러나 힌두교나 불교나 자이나교 모두 그 맥은 같습니다. 인간은 인간이 처한 고통의 문제에서 벗어나기 위해서 '대오각성(大悟覺醒)' '견성오도(見性悟道)' 해야 한다는 것입니다. 그 모든 것이 허상이라는 것을 깨달아야 한다는 것이지요.

불교의 '반야심경'에는 '색즉시공 공즉시색 색불이공 공불이색'이라는 내용이 있는데, 모든 현상은 '공'이며 '허상'이라는 것을 깨달아야 고통에서 벗어날 수 있다는 말입니다. 그렇게 함으로써 '반야 바라밀'의 지혜를 얻어 열반(涅槃)에 이를 수 있다는 것이지요. 힌두교나 불교에서 말하는 인간 문제에 대한 해결 방법은 이렇게 모든 것이 허상이라는 것을 깨달음이라는 것입니다.

그리고 또 한 가지 방법은 윤회와 환생에 의한 업보(業報)를 통해서도 불교 용어로 열반에 이를 수 있다고 합니다. 업보라는 것은 '카르마', 즉 전생에 지은 악행을 이생에서 갚는 것을 말합니다. 계속해서 다시 태어나 그 업을 하나하나 갚아나감으로 인해 결국에는 열반에 이를 수 있게 된다는 것입니다. 그 중간에 대오각성을 하게 되면 윤회의 사슬에서 벗어나게 되고 극락왕생하게 된다는 것입니다.

그런데 정말 우리 인간의 문제가 그런 깨달음에 의해서 해결될 수 있으며, 우리가 겪는 모든 악과 고통은 다 허상이라는 것만 깨달으면 인간의 문제는 해결될 수 있을까요?

(2) 사상과 철학

이번에는 물질주의와 성공주의를 포함하고 있는 자연주의를 한번 생각해 봅시다. 자연주의란 초월적인 영역과 초월적인 존재를 인정하지 않고 모든 것의 근본을 물질이라고 보는 것을 말합니다. 또 그런 자연주의를 추종하는 사람들을 자연주의자라고 합니다.

이들의 주장에 의하면 눈에 보이는 물질은 영원 전부터 어떠한 모양으로든지 존재해 왔다는 것입니다. 그리고 그 물질과 역사는 점점 더 발전하고 진화해서 마침내 우리가 바라는 유토피아가 이루어질 것이라고 기대합니다. 그런 과정에 어떤 초월적인 존재가 개입해서 도움을 주거나 역사를 운행한다고 믿는다는 것은 어리석은 자들의 맹신이라고 비웃고 있습니다.

자연주의자들이 주장하는 인간의 문제는, 인간은 아직 충분히 교육받지 못했고 충분히 발전하지 못했기 때문에 아직 평화를 누리지 못한다는 것입니다. 그러므로 더 많이 교육하고, 더 많이 훈련하고, 더 많이 노력하면 분명히 유토피아가 온다고 주장합니다. 인간이 당면한 고통의 문제

는 인간 스스로의 힘으로 해결할 수 있다는 것이지요. 그 자연주의 시대
정신의 정점에 있는 중요한 이데올로기가 바로 공산주의입니다.

공산주의는 19세기 중반에 독일의 칼 마르크스(Karl Marx)에 의해 주창이
되었던 이데올로기입니다. 대체적으로 공산주의는 물질주의라는 이념의
틀에만 갇혀 있는 것처럼 보이지만 공산주의야말로 물질주의, 자연주의
의 정점에 있는 이데올로기입니다.

칼 마르크스는 독일 국교회 목사의 가정에서 태어난 유대인입니다. 그
의 할아버지가 루터교 목사였고 아버지도 독실한 크리스천이었습니다.
칼 마르크스도 신학을 공부했고 신학생 시절에 쓴 요한복음 15장의 포
도나무 비유에 관한 논문은 유명합니다. 그는 헤겔(G. W. F. Hegel)과 포이
에르바하(Ludwig Feuerbach)로부터 큰 영향을 받은 천재적인 철학자였고 사
회학자였습니다. 그래서 그가 대학에 다닐 때는 청년 헤겔학파들의 모임
인 '박사클럽'에서 활동하기도 했습니다.

헤겔의 변증법은 정반합(正反合)의 원리에 관한 이론입니다. 정반합이라
는 것은 어떤 주장에 대한 이론(these)은 시간이 지나면 언젠가는 그에 대
한 반대 이론(anti these)이 나오게 되고 그리고 양쪽을 적절히 수용하는 합
의(syn these) 결과가 도출된다는 이론을 말합니다. 그러므로 '합'은 '정과
반'의 결점을 털어내고 장점을 이끌어내서 통합한다는 것입니다.

헤겔의 역사관은 바로 이 정반합 논리의 역사관입니다. 또한 시대정신
이 오랫동안 세상에 존재하게 되면 반드시 그 시대정신에 반하는 시대정
신이 나오게 되고 그 두 시대정신의 장점을 모두 품고 있는 새로운 시대
정신으로의 발전, 이것이 반복되는 것이 바로 역사라고 보는 것입니다.
따라서 인간의 역사는 반드시 발전할 수밖에 없다는 것이지요. 이것을

변증법이라고 합니다. 칼 마르크스는 헤겔로부터 이 변증법을 배우고 포이에르바하로부터는 유물론을 배웠습니다.

포이에르바하는 인간의 존재에 대해서 인간을 먹는 것으로 정의했던 사람입니다. 그가 남긴 유명한 말이 있습니다. "Human is what he eats(인간은 그가 무엇을 먹는가의 차이일 뿐이다)". 인간의 존재에 대해서 매우 예리한 분석을 했다고 할 수 있지요. 타락한 인간들이 무엇을 추구하면서 사는지 정확하게 인식한 사람입니다.

포이에르바하가 지적한 것처럼 우리 타락한 인간은 모두 자기 먹을 것을 위해서 존재하는 것처럼 살아갑니다. 우리가 일상에서 쓰는 언어들을 잘 생각해 봅시다. 어른을 만나면 자연스럽게 하는 인사가 "식사 하셨습니까?"이며 친구들에게 흔히 하는 인사도 "언제 밥 한번 먹자."입니다. 자기의 경제 상태나 상황을 남에게 말할 때는 "먹고살 만합니다."라고 말합니다. 타락한 인간은 이렇게 먹는 것이나 자기 배 부르는 것에만 관심을 가지고 살아갑니다.

포이에르바하도 인간에게 가장 중요한 것이 물질, 즉 먹는 것이라고 본 것입니다. 그는 아주 극단적인 물질주의자였습니다. 그는 종교에 대해서 "종교는 한계 상황에 봉착한 인간이 그 한계 상황을 극복하기 위해서 인위적으로 만들어 낸 것이라"고 정의했습니다. 이렇게 극단적인 물질주의자였던 그는 사람들이 믿는 신앙에 대해서 한계 상황에 봉착한 인간이 그 문제를 풀기 위해서는 많은 물질을 생산해 내야 하는데, 종교에 심취한 인간들은 자기들이 열심히 노력해서 많은 물질을 창출함으로 그 한계 상황을 극복하려 하지 않고 전부 신에게 매달려 자기들이 할 일을 게을리 한다고 생각했습니다.

그래서 그는 "종교는 민중의 악이다." 또는 "종교는 아편이다."라고 종교에 대한 무용론을 서슴없이 외쳤습니다. 철저한 물질주의자인 포이에르바하는 초월적인 영역과 초월적인 존재에게 매달리는 인간들이 어리석고 나약하게 보였던 것입니다.

이와 같은 주장을 하는 철학자 헤겔로부터 변증법을, 그리고 포이에르바하로부터 유물론을 배운 칼 마르크스는 새로운 변증법적 유물론을 정립하여 '공산주의'를 만들어낸 것입니다. 마르크스는 헤겔의 변증법에서 정반합에 등장하는 시대정신 대신에 '경제(물질)'와 그로 말미암아 파생되는 '계급'을 집어넣었습니다. 그래서 인류의 역사는 경제와 계급의 정반합의 원리에 의해서 발전해 간다는 주장을 폈습니다. 마르크스의 역사발전 5단계를 보면 원시 공산사회, 고대 노예사회, 중세 봉건사회, 근대 민주사회, 미래(또는 현대) 공산사회로 역사가 발전될 것이라고 주장합니다.

원시 시대에는 계급도 없고 경제적 불균형도 없는 공산사회였다는 것이지요. 공동으로 생산하고 공동으로 분배가 되는 사회였다는 것입니다. 그러다 시간이 지나면서 직업이 분화되고 산업이 발달하면서 노동을 하지 않고 노동자들을 다스리고 착취하는 어떤 무리가 생겨나게 되었다는 것입니다. 마르크스는 그것을 계급이라고 불렀습니다. 그렇게 계급이 생기게 되면 하부 계급에 있는 사람들의 불만이 점점 커지게 되고 그들의 불만이 폭발하게 되어 혁명이 일어나게 되고 다시 그들이 지배계급이 되고 그리고 또 다른 계급이 지배계급으로 등장하는 계급의 정반합이 이루어지는 것을 역사의 발전 과정이라고 본 것입니다.

그래서 마르크스는 역사의 진행 과정을 '계급투쟁'이라고 말한 것입니다. 마르크스가 분석한 인간의 역사에 대해서 많은 사람들이 공감했습니다. 프롤레타리아(노동자 계급)와 부르주아(사용자)의 계급으로 나뉘어 있는 계급사회를 자본주의 사회라고 말합니다. 그런데 그 자본주의의 약점은 점점 부가 소수의 계급에게 편중이 되고 노동자들은 점점 힘을 잃게 됩니다. '빈익빈 부익부'가 자본주의의 대표적인 특징입니다. 이것이 마르크스가 본 자본주의에 대한 평가였습니다.

한국을 비롯한 전 세계 자본주의 국가들이 마르크스가 분석한 대로 점점 그렇게 변화하고 있는 것은 사실이라고 할 수 있습니다. 실제로 사회는 상위 1%의 계급을 위해 나머지 99%가 노력하고 봉사하는 모양으로 변해가고 있습니다.

그렇게 되면 프롤레타리아 계급은 점점 증가하게 되고, 그로 말미암아 생산을 담당하는 사람은 점점 늘게 됩니다. 부가 한쪽으로 편중되면 사려는 사람이 줄고, 그에 따라 재화의 수요가 줄어들고 상품의 수요가 줄어들게 되면 당연히 실업이 늘어날 수밖에 없습니다.

아무리 열심히 일을 해도 그 성과의 대부분은 자기 위의 계급인 부르주아가 가져갑니다. 그래서 빈부의 격차는 점점 더 심화될 수밖에 없게 됩니다. 한쪽에서는 밥을 굶을까 걱정을 하는데 또 다른 한쪽에서는 수억 원짜리 물방울 다이아몬드가 매진이 되는 그런 현상이 벌어지는 것입니다. 그렇게 힘이 없는 프롤레타리아 계급에 속한 사람들이 그 빈곤의 악순환을 깰 수 있는 방법으로 마르크스는 '혁명'을 제시합니다. 혁명을 통해서 프롤레타리아가 부르주아의 철옹성을 무너뜨릴 수 있다는 것입니다. 그 프롤레타리아는 숫자가 많기 때문에 혁명에 성공해서 그들이 지배계급이 되면 부가 공평하게 분배되고 이 땅은 다툼과 시기와 경쟁이 없는 유토피아가 될 것이라는 것이 마르크스의 이론입니다.

그래서 마르크스가 엥겔스와 함께 공동으로 집필한 '공산당 선언'의 마지막에는 "만국의 노동자들이여, 단결하라"로 끝을 맺고 있습니다. 단결해서 혁명을 일으키라는 것입니다. 6.25를 전후해서 공산당들이 왜 지주들을 적으로 간주하고 그렇게 닥치는 대로 무자비하게 살상을 했는지 이해할 수 있을 것입니다.

칼 마르크스는 "혁명을 통해 세상이 바뀌면 생산을 할 수 있는 기술은 이미 충분히 발달해 있어서 생산물은 계속해서 많아지고 또 부를 손에 쥐고 있던 일부 소수의 계급이 없어지게 되므로 모든 사람이 공평하고 행복하게 살게 되는 그런 사회, 경쟁과 투쟁과 악재가 없는 그러한 지상 천국이 오게 될 것이다."라고 공산주의 혁명을 예찬합니다.

마르크스는 그런 공산사회에서 살게 될 인간을 '새로운 사회주의적 인간'이라고 불렀습니다. 경쟁과 시기와 다툼을 버리고 나를 죽여 남을 살리는, 남을 위해 사는 그러한 인간군이 생겨나게 될 것이라는 것이지요. 그 새로운 사회주의적 인간은 마치 성경에서 말하고 있는 그리스도인을 말하는 것 같습니다. 그리고 실제로 프랑스 대혁명의 결과로 프랑스의 프롤레타리아 계급이 혁명에 성공하고 지배계급으로 자리매김을 하게 되는 것을 보게 됩니다. 그 프랑스 대혁명의 성공으로 마르크스는 자신의 공산주의 이론에 더욱 더 확신을 갖게 되었습니다.

이러한 공산주의에 전 유럽과 아시아, 아메리카, 전 세계의 많은 지식인들이 빠져들었습니다. 우리나라에서도 일제 말기부터 조선의 지식인이라고 하는 사람들은 거의 모두 이 공산주의에 심취해 있었습니다. 이 이론처럼 인간의 존엄성을 강조하는 이론은 지금까지 인간의 역사 어디에도 없었습니다. 그래서 대부분의 가난한 지식인들이 그 이론과 사상에 열광했던 것입니다.

마르크스의 장례식에서 엥겔스가 읽었던 조사가 그것을 입증해 줍니다. "유럽의 정부들은 절대 왕정과 공화정을 막론하고 그를 추방하였고 부르주아들은 보수파와 급진파를 막론하고 날조된 비방을 그에게 가했습니다. 그는 그 모든 것을 거미줄처럼 옆으로 밀쳐 버리고 무시해 버렸으며 오직 어쩔 수 없는 경우에나 대답했습니다. 그리고 그는 죽어서 시베리아의 광산 노동자들로부터 유럽 전체와 아메리카 대륙을 넘어 캘리포니아에 이르는 수백만 혁명 동지들의 존경과 사랑과 애도를 받고 있습니다. 이제 나는 감히 이렇게 말할 수 있습니다. 그에게 많은 적대자들이 있었는지는 모르지만 개인적인 적은 단 한 사람도 없었습니다."

실제로 칼 마르크스는 방법을 잘못 선택했던 사람이지만 그의 인간의 존엄성에 대한 열정은 누구도 따라갈 수 없는 것이었습니다.

마르크스는 그렇게 인간의 문제를 가난과 물질적인 궁핍과 계급의 갈등으로 보았습니다. 그것만 없어지면 인간은 그들이 갖고 있는 탐욕과 경쟁과 갈등의 문제로부터 구원을 받게 되고 행복하게 될 것이라고 한 것입니다. 정말 그럴까요?

하지만 마르크스는 모든 인간이 타락한 죄인이라는 점을 놓친 것입니다. 죄인들은 절대로 자기를 죽여서 남을 위해 살 수 없습니다. 계급투쟁으로 옛 계급을 몰아내면 모든 사람이 평등한 사회가 되는 것이 아니라 또 다른 계급이 등장합니다.

지금은 몰락한 옛 소련의 스탈린이나 후루시쵸프 같은 경우도 그렇고 북한의 김일성 김정일, 그리고 그 계보를 이어받은 김정은을 비롯한 공산당 간부들이 바로 그들입니다. 그들이 정말 새로운 사회주의적 인간이 되어서 자기를 희생해서 남을 살리는 자들인가요? 그리고 인간의 문제가 정말 돈이나 물질의 부족과 계급의 갈등에서 오는 것이 전부일까요? 만일 그것이 사실이라면 공산주의도 세상에 대한 하나의 구원 방법일 수 있을 것입니다.

그러나 그것은 모든 인간 안에 내재된 이성이나 욕망, 정신적 욕구 등을 무시하고 인간을 단순한 물질적 욕구나 계급이라는 초등적 본능만을 염두에 둔 설정의 실수라고 할 수 있습니다. 세계의 많은 부자들이 진정으로 행복할까요? 인간은 물질적인 필요나 명예가 채워진다고 해서 행복해지지 않습니다.

힘을 추구하는 사람 중에 가장 성공했다고 하는 사람들은 바로 국가의 대통령이라고 할 수 있습니다. 그러면 우리의 세대에서 직접 확인해 볼 수 있는 한국의 역대 대통령들을 봅시다. 그분들은 지금 모두 어떤 생활을 하면서 살아가고 있습니까? 살기 위해서 과거의 행적을 부인하고 심지어 감옥에 가거나 자신의 반대자들에 의해서 혹시 돌에 맞아 죽을까 봐 잠깐 밖에 나갈 때도 경호원들의 보호를 받고 있습니다. 가고 싶은 곳을 마음대로 가지도 못하고 남들 눈 때문에 사고 싶은 것을 마음대로 사지도 못합니다. 그 가족들도 모두 행복하지 않습니다.

(3) 진정한 행복

인간은 환경을 윤택하게 바꾸어 주거나 물질의 풍요가 주어진다고 해서 절대 행복하다고 할 수 없습니다. 우리는 주위에서 그런 증거들을 얼마든지 목격할 수 있습니다.

우리가 생각할 수 없는 돈이 있음에도 불구하고 재벌 그룹 자식들이 형제간에 법정 투쟁까지 하면서 서로 멱살잡이를 하고 있는 장면을 어렵지 않게 찾아볼 수 있습니다. 인간은 이렇게 좋은 환경을 만들어 준다고 해서 행복해지지 않다는 것을 역사가 증명해 주고 있는 것입니다.

우리는 모두 천국을 소망하고 그곳에 가고 싶어 합니다. 그런데 만약 우리가 천국에 가고 싶은 이유가 "거기는 너무나 좋은 환경과 거처가 제공되고 어떤 부자들보다 더 좋은 삶이 보장되는 곳이기 때문에 가고 싶다."라고 한다면 그것은 너무나 초라하고 가난한 소망입니다. 그런 소망은 자연주의자들이나 공산주의자들의 관심과 조금도 다르지 않은 것입니다.

우리가 살아가면서 좋은 집이나 좋은 차를 가져본 적이 있는 사람들이 많이 있을 것입니다. 정말 갖고 싶었던 것을 가져본 경험도 있을 것입니다. 그런데 그토록 바라고 소망했던 것들이 이루어질 때 그 기쁨과 행복이 얼마나 오래가던가요? 물질과 재화는 우리에게 궁극적인 만족을 가져다주지 못합니다.

만일 천국이 그렇게 금과 은으로 만들어진, 세상에서 우리가 누리고 싶은 모든 환경을 제공하는 것이 전부라면 우리는 그곳에서도 이내 싫증이 날 것입니다. 싫증이 나는 곳이라면 그곳은 세상과 크게 다를 바가 없다는 것입니다. 그런데 천국은 하나님이 계신 곳이지 내가 세상에서 누리지 못했던 환경이 제공되고 내가 원하는 모든 것이 채워지는 그런 곳이 아닙니다.

공산주의가 주장하는 지상낙원이나 구원관이 바로 그런 물질적인 것입니다. 과학의 발달에 의해서 인간의 의식이 변하고 역사가 바뀔 것이라고 주장하는 과학 문명 주의도 마찬가지입니다. 그들은 인간의 문제를 풀 수 있는 길은 과학 문명의 발달뿐이라고 믿고 있습니다. 과학 문명이 더욱더 발달해서 더 많은 재화의 생산이 일어나게 되고 인간의 질병이 극복되면 인간은 그 고통의 굴레에서 해방될 것이라고 믿는 것입니다.

그러면 믿음을 통해서 문제를 해결하려는 그리스도인이 된 사람들의 구원관은 무엇일까요? 우리의 문제는 우리가 모두 죄인이라는 것으로부터 출발합니다. 우리는 죄로 말미암아 타락을 하게 되어서 하나님과의 관계가 단절되었습니다. 그것이 바로 우리의 문제라는 것입니다.

우리 인간은 영적인 것과 육적인 것으로 결합되어 지어진 존재입니다. 그래서 우리는 육적인 양식뿐만 아니라 영적인 양식도 먹어야 합니다. 그 영적인 양식은 하나님으로부터만 주어집니다. 그런데 그 양식의 공급 통로가 죄로 인해 막혀 버린 것입니다. 그것이 문제이고 우리는 신앙생활을 통해서 바로 그 문제를 풀어야 합니다. 그 문제가 풀려서 막혔던 하나님과의 관계가 회복되는 것을 구원이라고 하는 것입니다. 그 구원이 기독교가 제시하는 인간이 당면한 문제에 대한 유일한 해결책입니다.

그러므로 우리는 유교 사상에서 요구하는 예의 회복을 목표로 삼고 사는 사람들이 아니고, 불교의 주장처럼 인간의 모든 고통은 허상이라는 것을 깨닫는 것을 목표로 삼고 사는 사람들도 아니며, 샤머니즘이 추구하는 세상의 풍족한 물질을 목표로 삼고 사는 사람들도 아닙니다.

그러면 우리는 무엇을 목표로 해서 살아가는 사람들일까요? 우리는 하나님과 화해한 자로 영원히 그분과 함께 살게 되는 초월적인 하나님 나라를 목표로 삼고 사는 사람들입니다. 우리가 힘과 물질의 획득을 목표로 하는 세상적인 것을 바라는 삶을 사는 한, 절대로 우리에게 안식과 평안은 주어지지 않습니다.

우리가 앞에서 살펴본 것처럼 세상의 종교와 시대정신과 이데올로기가 힘과 권력과 자기 자랑을 좇아 사는 것이라면, 우리는 그것과는 다르게 오히려 정반대의 시대정신으로 세상을 살아야 하는 사람들입니다.

예전에는 지금과 다르게 자신의 철학과 소신을 지키는 것이 명예이며 삶의 가치라고 생각하는 사람들이 많이 있었습니다. 소위 민족 지도자들이 그랬고, 나라의 독립을 위해서 자신의 재산을 팔아 독립운동 자금을 지원하는 사람들이나 초개와 같이 자신의 목숨을 버린 독립군들이 그런 사람들이지요.

그러나 지금은 그런 사람들을 쉽게 찾아보기 어렵습니다. 물론 지금도 가끔 그런 사람들이 있기는 하지만 신문이나 방송 뉴스를 통해서 접할 정도로 주위에서 찾기조차 쉽지 않습니다. 그래서 어느 철학자는 요즘 시대를 '몰개성의 시대'라고 표현하기도 합니다. 그래서인지 밖에 나가면 우선 사람들의 겉모습조차도 거의 획일적으로 변하고 있는 듯합니다.

그중에서 가장 찾기 쉬운 집단이 바로 정치인들입니다. 자신의 이해득실에 따라 쉽게 당이나 정책을 포기하고, 힘 있는 자와 손잡을 생각이나 하면서 철학이나 소신도 없고 때로는 마음에도 없는 선심으로 대중과 영합하는 포퓰리즘의 선봉에 서있는 사람들이니까요.

그러면 그리스도인은 무엇을 어떻게 하면서 어떻게 살아야 할까요? 그리스도인의 삶은 현재가 아니라 내세를 준비하면서 살아야 하는 것이 그리스도인들이라면 우리는 구체적으로 무엇을 어떻게 준비해야 할까요?

〈딤전 4:6-8〉
6네가 이것으로 형제를 깨우치면 그리스도 예수의 좋은 일꾼이 되어 믿음의 말씀과 네가 따르는 좋은 교훈으로 양육을 받으리라 7망령되고 허탄한 신화를 버리고 경건에 이르도록 네 자신을 연단하라 8 육체의 연단은 약간의 유익이 있으나 경건은 범사에 유익하니 금생과 내생에 약속이 있느니라

〈딤전 6:6-10〉
6그러나 자족하는 마음이 있으면 경건은 큰 이익이 되느니라 7우리가 세상에 아무 것도 가지고 온 것이 없으매 또한 아무 것도 가

지고 가지 못하리니 8우리가 먹을 것과 입을 것이 있은즉 족한 줄
로 알 것이니라 9부하려 하는 자들은 시험과 올무와 여러 가지 어
리석고 해로운 욕심에 떨어지나니 곧 사람으로 파멸과 멸망에 빠
지게 하는 것이라 10돈을 사랑함이 일만 악의 뿌리가 되나니 이것
을 탐내는 자들은 미혹을 받아 믿음에서 떠나 많은 근심으로써
자기를 찔렀도다

〈딛 2:11-14〉

11모든 사람에게 구원을 주시는 하나님의 은혜가 나타나 12우리
를 양육하시되 경건하지 않은 것과 이 세상 정욕을 다 버리고 신중
함과 의로움과 경건함으로 이 세상에 살고 13복스러운 소망과 우
리의 크신 하나님 구주 예수 그리스도의 영광이 나타나심을 기다
리게 하셨으니 14그가 우리를 대신하여 자신을 주심은 모든 불법
에서 우리를 속량하시고 우리를 깨끗하게 하사 선한 일을 열심히
하는 자기 백성이 되게 하려 하심이라

〈벧후 2:9〉

주께서 경건한 자는 시험에서 건지실 줄 아시고 불의한 자는 형벌
아래에 두어 심판 날까지 지키시며

〈벧후 3:10-13〉

10그러나 주의 날이 도둑같이 오리니 그날에는 하늘이 큰 소리로
떠나가고 물질이 뜨거운 불에 풀어지고 땅과 그중에 있는 모든 일
이 드러나리로다 11이 모든 것이 이렇게 풀어지리니 너희가 어떠한
사람이 되어야 마땅하냐 거룩한 행실과 경건함으로 12하나님의
날이 임하기를 바라보고 간절히 사모하라 그날에 하늘이 불에 타

서 풀어지고 물질이 뜨거운 불에 녹아지려니와 ¹³우리는 그의 약속
대로 의가 있는 곳인 새 하늘과 새 땅을 바라보도다

우리는 하나님이 약속하신 새 하늘과 새 땅을 바라보며 하루하루 경
건을 연습하며 살아가야 하는 사람들입니다. 여기에서 '경건'이라는 번역
은 '거룩'과 같습니다.

우리는 세상 사람처럼 힘과 명예와 권력을 좇아 그것으로 만족을 하는
사람들이 아니라 '거룩함'에 이르는 연습을 하고 훈련하면서 그렇게 예비
된 사람들이 가는 새 나라를 위한 준비를 하면서 살아야 하는 사람들입
니다. 거기에 진정한 평화와 안식이 있다는 것을 믿고 또 세상에 보여 주
면서 살아야 하는 사람들입니다.

그러나 작금의 교회는 신앙생활마저도 미래의 영원한 참 평안의 안식을
위한 나라가 아니라, 현실적인 유익을 위해서 하는 사람들이 너무 많이
있습니다. 남들에게 나의 필요를 성취해서 나를 자랑하고 싶고, 인정받
고 싶은 마음으로 신앙생활을 한다면 그것은 자연주의자들이나 성공주
의자, 물질주의자, 공산주의자들과 조금도 다름없는 것입니다. 물론 그
것은 하나님이 원하시는 믿음이 결코 아닙니다.

〈딤전 6:5〉
마음이 부패하여지고 진리를 잃어버려 경건을 이익의 방도로 생각
하는 자들의 다툼이 일어나느니라

자기의 거룩에 이르는 것조차도 자기 자랑과 자기 이익을 위해 이용한
다는 것입니다. 그것이 바로 죄의 속성이고 그 속성에서 벗어나지 못하는

것이 바로 죄인입니다.

(4) 마치면서

한 해가 지나가면 또 새해가 옵니다. 하나님께서 왜 이렇게 새 달과 새 해, 새 시간을 우리에게 나누어 주셨을까요? 어차피 이 날이 저 날보다 나은 것이 없고 다 같은 날인데 왜 이렇게 시간의 경계를 만들어서 우리에게 알려주실까요?

그것은 우리에게 새롭게 다시 시작할 수 있는 기회를 주시기 위해서입니다. 하루의 시작인 아침과 마감하는 저녁을 주시고, 한 주를 시작하는 날과 끝 날을 주시며 계절을 주시고, 한 해를 시작하는 달과 마무리하는 달을 통해서 우리가 새롭게 되기를 바라시는 것입니다. 이것이 바로 하나님의 사랑의 결과입니다.

믿음 안에 있는 우리가 시간이라는 도화지에 어떤 그림을 그려나가야 할까요?

지금까지 우리는 처음 시작할 때의 기대와 계획을 대부분 이루지 못하고 한 해를 마감합니다. 그리고 새해가 밝았습니다. 이제 지금까지 그렇게 실패한 그림은 버리고, 다시 하나님이 주신 새 도화지를 받아서 시작해 봅시다. 그리고 그 새 도화지에는 유다의 다음 고백과 같은 이런 그림을 그려봅시다. (유다서의 새 번역본입니다.)

〈유 1:1-25〉

¹예수 그리스도의 종이요 야고보의 동생인 나 유다는, 부르심을 받은 사람들, 곧 하나님 아버지께서 사랑하시고 예수 그리스도께서 지켜 주시는 이들에게, 이 편지를 씁니다. ²자비와 평화와 사랑

이 여러분에게 가득하기를 빕니다. ³사랑하는 여러분, 나는 여러분에게 우리가 함께 나눈 구원에 관해서 편지를 써 보내려고, 여러 가지로 애써 준비를 해 왔는데 이제 여러분에게, 간곡한 권고의 편지를 쓸 필요가 생겼습니다. 그것은 성도들에게 한 번 결정적으로 전해진 그 믿음을 지키기 위하여 여러분이 힘써 싸우라는 것입니다. ⁴어떤 침입자들이 여러분 가운데 몰래 들어왔기 때문입니다. 그들은 옛날부터 정죄를 받기로 미리 기록된 자들입니다. 그들은 경건하지 못한 자들로서, 우리 하나님의 은혜를 남용해서 방종한 생활을 하고, 오직 한 분이신 통치자요 우리의 주님이신 예수 그리스도를 부인하는 자들입니다.

⁵여러분이 이미 다 알겠지만, 내가 다시 여러분의 기억을 일깨워 드리려는 것은 이것입니다. 주께서는 백성을 애굽에서 한 번 결정적으로 구원해 내시고서, 그 다음에 믿지 않는 자들을 멸하셨습니다. ⁶또 자기네가 통치하는 영역에 머무르지 않고 자기들의 거처를 떠난 천사들을, 그 큰 날의 심판에 붙이시려고, 영원한 사슬로 매어서 어둠에 가두어 두셨습니다. ⁷그리고 소돔과 고모라와 그 주위의 성들도, 그들과 마찬가지로 음란함에 빠져서 다른 육체를 좇았으므로, 영원한 불의 형벌을 받음으로써, 사람들에게 본보기가 되었습니다.

⁸이와 마찬가지로, 이 사람들도 몽상에 빠져서 육체를 더럽히며, 권위를 업신여기며, 영광스러운 존재들을 모독하고 있습니다. ⁹천사장 미가엘은 모세의 시체를 놓고 악마와 다투면서 논쟁을 할 때에, 차마 모욕적인 말로 단죄하지 못하고 '주께서 너를 꾸짖으시기를 바란다'고만 말하였습니다. ¹⁰그런데 이 사람들은 무엇이든지, 자기들이 깨닫지 못하는 것은 욕합니다. 그들은 이성이 없는 짐승과 같이, 무엇이든지 본능으로만 알고, 바로 그 일로 멸망합니다.

¹¹그들에게 화가 있습니다. 그들은 가인의 길을 걸었으며, 삯을 바라서 발람의 그릇된 길에 빠져들었으며, 고라의 반역을 따르다가 망하였습니다. ¹²이 사람들은 자기들만을 생각하면서, 염치없이 먹어대므로, 여러분의 사랑의 식탁을 망치는 암초입니다. 그들은 바람에 밀려다니는 구름 곧 비를 내리지 않는 구름이요, 가을이 되어도 열매 하나도 맺음이 없이 죽고 또 죽어서 뿌리째 뽑힌 나무요, ¹³자기들의 수치를 거품처럼 뿜어 올리는 거친 바다 물결이요, 길을 잃은 별들입니다. 짙은 어둠이 영원히 그들에게 마련되어 있습니다.

¹⁴이런 사람들을 두고 아담의 칠대 손 에녹은 이렇게 예언하였습니다. "보아라, 주께서 수만 명이나 되는 거룩한 천사들을 거느리고 오셨으니, ¹⁵이것은 모든 사람을 심판하시고, 모든 불 경건한 자들이 저지른 온갖 불 경건한 행실과, 또 불경건한 죄인들이 주님을 거슬러 말한 모든 거친 말을 들추어내서, 그들을 정죄 하시려고 하는 것이다." ¹⁶이들은 불만에 쌓여서 불평을 늘어놓는 사람들이요, 자기들의 욕심대로 사는 사람들입니다. 그들은 입으로 허풍을 떨다가도, 이익을 챙기기 위해서는 남에게 아첨을 합니다. ¹⁷사랑하는 여러분, 여러분은 우리 주 예수 그리스도의 사도들이 예고한 그 말을 기억하십시오.

¹⁸그들은 여러분에게 말하기를 "마지막 때에는 여러분을 조롱하는 자들이 나타나서, 자기들의 경건하지 못한 욕정을 따라 살 것입니다" 하였습니다. ¹⁹이 사람들은 분열을 일으키는 자들이며, 성령을 받지 않고 본능대로 사는 자들입니다. ²⁰그러나 사랑하는 여러분, 여러분은 가장 거룩한 여러분의 믿음을 터로 삼아서, 스스로를 세우고, 성령으로 기도하십시오. ²¹하나님의 사랑 안에 머무르면서 스스로를 지키고, 영원한 생명에 이르게 하는 우리 주 예수 그리스

도의 자비를 기다리십시오. [22]의심을 품는 사람들을 동정해 주고, [23]불구덩이에 빠진 사람들을 끌어내어 구원해 주십시오. 또 본능적인 욕정에 빠진 사람들에 대해서는 욕정으로 더럽혀진 그들의 속옷까지도 미워하되, 그들에게는 조심스럽게 자비를 베푸십시오. [24]여러분을 넘어지지 않게 지켜 주시고, 흠이 없는 사람으로 자기의 영광 앞에 기쁘게 나서게 하실 능력을 가지신 분, 25곧 우리의 구주이시고 오직 한 분이신 하나님께, 영광과 위엄과 주권과 권세가 우리 주 예수 그리스도로 말미암아 영원 전에서부터 이제와 영원까지 있기를 빕니다. 아멘.

생각해 봅시다

진지한 마음으로 예수를 믿지 않더라도 일요일 날 성경을 들고 예배를 드리기 위해 지붕 위에 십자가가 있는 교회 건물을 찾아가는 사람들을 일컬어 교인, 또는 예수를 믿는 사람이라고 합니다. 그러나 정확히 말하면 그런 외형적인 모습만을 보고 그런 사람들을 모두 교회의 성도라고 예단할 수는 없습니다.

더구나 그런 교회 안에서조차 성도들끼리 누구누구 장로는 믿음과는 거리가 멀고, 어느 집사는 믿음이 좋다는 식의 평가를 합니다. 물론 이런 것은 모두 자기 생각과 입맛에 따른 자기중심적인 판단이지요. 그러나 장로나 집사와 같이 교회의 직분자라 할지라도 하나님이 원하시는 믿음과는 상관없이 자기 스스로 믿음을 갖고 있다고 자기 암시적인 믿음을 가진 사람들도 많이 존재하고 있음을 부인할 수는 없습니다.

종교개혁가인 루터는 그런 사람들을 하나님과 관계없이 자기 스스로 신앙을 창조하는 사람들이라고 인정하며 그 자체가 우상숭배와 같다고 질책했습니다.

교회를 다니는 대부분의 사람은 교회의 담임목사님이나 교회 지도자들로부터 자신의 신앙에 대해서 좋은 평가를 기대하고 인정받기를 원합니다. 그때 교회 지도자들이 칭찬하더라도 그것은 그 사람의 믿음에 의한 영적 상태를 보고 판단하는 것이 아니라 그 사람의 종교적 행위를 보고 판단하는 것입니다. 그 행위가 믿음에 의한 행위일 수 있지만 대부분 인간적이며 습관에 의한 종교적 행위인 경우가 대부분입니다. 문제는 그런 종교적인 행위는 믿음과 관계가 없다는 사실입니다.

그런데 그런 인정을 받은 사람들은 자신이 칭찬받은 종교적인 행위를 곧 좋은 신앙이라고 자기암시 속에 붙잡아 두고 그 행위를 믿음이라는 이름으로 포장하여 그 행위에 매달리는 율법주의자가 될 수 있습니다.

율법이라고 하면 꼭 구약성경에 기록된 것만이 아닙니다. 오늘날에도 신앙을 행위로 접근하려는 사람들이 바로 율법주의자들입니다. 율법을 잘 지킨 바리새인이나 사두개인들을 향해서 독사의 자식들이라고 질책하신 예수님의 경고를 새겨들어야 합니다.

어떤 사람들은 자기가 붙잡고 있는 행위의 잣대로 심지어 다른 사람의 신앙에 대해서 판단하기도 합니다. 그러나 신앙은 다른 사람들에게 인정을 받는 것이거나 자신의 생각으로 결정되는 것이 아니고 하나님이 나의 신앙에 대해 어떻게 판단하시는가의 문제입니다. 다시 말해서 목사나 장로 같은 교회 지도자들의 판단이나 평가에 의해서 인정될 수 없지만 또 인정을 받더라도 그것은 의미가 없습니다. 각 개인의 신앙은 누구도 알수 없고 오직 하나님과 본인의 양심만이 알 수 있는 비밀의 영역이기 때문입니다. 나의 이성과 의지에 의한 자기 암시적인 믿음을 결코 하나님이 요구하시는 믿음이라고 할 수 없습니다.

따라서 우리는 성경을 통해서 우리 자신의 믿음을 항상 점검하고 시험할 수 있어야 하기 때문에 항상 성경을 가까이하고 기도해야 하는 것입니다.

〈고후 13:5〉

너희는 믿음 안에 있는가 너희 자신을 시험하고 너희 자신을 확증하라 예수 그리스도께서 너희 안에 계신 줄을 너희가 스스로 알지 못하느냐 그렇지 않으면 너희는 버림받은 자니라

성경에서는 이렇게 우리의 믿음에 대해서 분명한 자각을 요구하고 있습니다.

일반적으로 교회를 다니는 대부분의 사람은 자신이 출석하는 교회의 목사나 성도들이 그 사람의 종교적 행위를 인정하고 지지해주는 것을 근거로 자신의 믿음을 판단하고 인식하는 경우가 많이 있습니다.

그러면 우리가 믿음을 가지고 있다는 것을 스스로 어떻게 점검해 볼 수 있을까요?

- 주일성수나 새벽기도 등 교회의 공적 예배에 잘 참여하는 것?
- 십일조나 각종 헌금에 적극적으로 참여하는 것?
- 교회 안에 있는 성도들이나 형편이 어려운 이웃을 위해 구제하고 봉사하는 것?
- 목사님을 잘 섬기는 것?

보통의 경우 앞에 적시한 내용을 잘 실천하면 자신의 믿음에 대한 유무

와 관계없이 목사님이나 주위에서 믿음이 좋은 사람이라고 인정해 주는 것이 사실입니다. 그러나 문제는 성경과 믿음의 본질에 취약한 사람들은 그런 인정받는 자체를 믿음이라고 착각한다는 것입니다. 실제로 그런 사람들이 교회 안에 많이 있습니다. 더 큰 문제는 그렇게 행위에 의한 그런 율법적 프레임에 갇히게 되면 순수한 복음으로 돌아온다는 것이 너무 어렵다는 것입니다.

올바른 신앙이란 진리이신 하나님과 예수 그리스도에 대해서 바르게 알고 믿는 것입니다. 믿음은 형식이 아니라 그 내용입니다. 이 땅에서 믿는 자가 해야 할 일은 종교적 형식을 따르는 것이 아니라 우리를 향하신 하나님의 원하신 뜻을 알기 위해서 힘쓰고 오직 예수 그리스도를 믿는 것이 곧 하나님의 뜻이요 일입니다. 오직 하나님으로부터 거룩한 백성으로 인정받기까지 함께 경주하고 기도하는 공동체가 참 교회입니다.

나를 위하는 마음같이 타자를 이해하고 배려하는 마음, 나를 부인하고 십자가에 매달려 돌아가신 거룩하신 그리스도 예수님만 나타내는 삶, 그런 그리스도인이 되시기를 간절히 바라고 기원합니다.

거꾸로 가는 교회

초판발행 2020년 3월 10일

펴낸이_박종태
펴낸곳_비전북

마케팅_강한덕, 박상진, 박다혜
관리부_정문구, 정광석, 박현석, 김신근, 김태영(오퍼)
경영지원_이나리
토탈북_김경진
주소_경기도 고양시 일산서구 송산로 499-10(덕이동)
전화_031-907-3927 팩스_031-905-3927
이메일 visionbooks@daum.net
페이스북 @visionbooks 인스타그램 vision_books_
인쇄 및 제본 : 예림인쇄

공급처 : (주) 비전북
전　화 : (031) 907-3927
팩　스 : (031) 905-3927

*잘못된 책은 바꾸어 드립니다.
*책값은 뒤표지에 있습니다.
ISBN 979-11-86387-37-5

이 도서의 국립중앙도서관 출판예정도서목록(CIP)은 서지정보유통지원시스템
홈페이지(http://seoji.nl.go.kr)와 국가자료공동목록시스템
(http://www.nl.go.kr/kolisnet)에서 이용하실 수 있습니다.
(CIP제어번호: CIP2018002547)